Lars Borchert

Uruguay

uru015_084 lbo

„No te rindas que la vida es eso,
continuar el viaje, perseguir tus sueños,
destrabar el tiempo, correr los escombros
y destapar el cielo."

(Gib nicht auf, denn darum geht es im Leben,
die Reise fortzusetzen, deine Träume zu verfolgen,
sich von den Fesseln der Zeit zu befreien,
die Trümmer fortzuräumen
und den Himmel zu erobern.)

Mario Benedetti (aus: „No te rindas")

Impressum

Lars Borchert
Reise Know-How Uruguay

erschienen im
Reise Know-How Verlag Peter Rump GmbH,
Osnabrücker Str. 79, 33649 Bielefeld

**2., neu bearbeitete
und komplett aktualisierte Auflage 2017**

Gestaltung:
Umschlag: G. Pawlak, P. Rump (Layout);
M. Luck (Realisierung)
Inhalt: G. Pawlak (Layout); M. Luck (Realisierung)
Fotonachweis: der Autor (lbo); Ministerio de Turismo
y Deporte de Uruguay (mtd) – Enrique Pérez (ep),
Leonardo Correa (lc), Rafael Perotti (rp), Aguaclara (ac);
Presidencia de la República Oriental del Uruguay (rou)
Titelfoto: Kromopolis (Motiv: Sierras del Este)
Karten: B. Spachmüller; Th. Buri; der Verlag

Lektorat: M. Luck

Druck und Bindung: D3 Druckhaus GmbH, Hainburg

ISBN 978-3-8317-2947-0
Printed in Germany

Dieses Buch ist erhältlich in jeder Buchhandlung Deutschlands, der Schweiz, Österreichs, Belgiens und der Niederlande. Bitte informieren Sie Ihren Buchhändler über folgende Bezugsadressen:

Deutschland
Prolit GmbH, Postfach 9, D-35461 Fernwald (Annerod)
sowie alle Barsortimente
Schweiz
AVA Verlagsauslieferung AG
Postfach 27, CH-8910 Affoltern
Österreich
Mohr Morawa Buchvertrieb GmbH
Sulzengasse 2, A-1230 Wien
Niederlande, Belgien
Willems Adventure, www.willemsadventure.nl

Wer im Buchhandel trotzdem kein Glück hat, bekommt unsere Bücher auch über unseren
**Büchershop im Internet:
www.reise-know-how.de**

uru017_001 lbo

Wir freuen uns über Kritik, Kommentare und Verbesserungsvorschläge, gern auch per E-Mail an info@reise-know-how.de.

Alle Informationen in diesem Buch sind vom Autor mit größter Sorgfalt gesammelt und vom Lektorat des Verlages gewissenhaft bearbeitet und überprüft worden.

Da inhaltliche und sachliche Fehler nicht ausgeschlossen werden können, erklärt der Verlag, dass alle Angaben im Sinne der Produkthaftung ohne Garantie erfolgen und dass Verlag wie Autor keinerlei Verantwortung und Haftung für inhaltliche und sachliche Fehler übernehmen.

Die Nennung von Firmen und ihren Produkten und ihre Reihenfolge sind als Beispiel ohne Wertung gegenüber anderen anzusehen. Qualitäts- und Quantitätsangaben sind rein subjektive Einschätzungen des Autors und dienen keinesfalls der Bewerbung von Firmen oder Produkten.

Lars Borchert
URUGUAY

Vorwort

Uruguay ist nicht mehr ganz so sehr ein „Geheimtipp". **Noch vor ein paar Jahren** verbanden die meisten Menschen mit dem zweitkleinsten südamerikanischen Land nicht viel mehr als Fußball und Rindfleisch. Vielleicht sogar noch Gauchos und Tango. Dank des ehemaligen Guerrillero und Präsidenten *José Mújica,* der in vielen Teilen der Welt wie ein Popstar gefeiert wurde, ist schon sehr viel bekannter, dass das Land eines der politisch progressivsten und sozial gerechtesten in ganz Lateinamerika ist – und nicht nur dort. Einige Liebhaber feiner Weine haben auch schon mal den ein oder anderen Tannat (die nationale Rebsorte) getrunken. Aber Uruguay ist – gerade touristisch betrachtet – noch sehr viel mehr. Denn: Uruguay entschleunigt.

Das Urlaubsgefühl von **Entschleunigung und Entspannung** stellt sich im Land sogar schon auf der Autobahn ein, denn häufig nutzen auch Jogger, Kutschen oder Rinder die *Rutas Nacionales* – und der Anblick der Oldtimer, die hier manchmal noch beschaulich tuckern, ist schlicht unbezahlbar. Nach Feierabend stellen sich die Uruguayos auch mal einen Stuhl an den Straßenrand, um dem Verkehr zuzusehen. Dem Touristen werden eher alte Häuser und Estancias ins Auge stechen: Zum größten Teil in den 1930er Jahren erbaut, geben sie dem Betrachter das Gefühl, nicht nur eine Erholungs-, sondern eine wahre Zeitreise zu unternehmen.

Uruguay ist nur halb so groß wie Deutschland und hat mit knapp dreieinhalb Millionen Menschen gerade einmal so viele Einwohner wie Berlin. **Unendli-**

che Weiten und 660 Kilometer einsame **Strände** locken schon seit Jahrzehnten Brasilianer und Argentinier an. Und das Land ist nicht nur für lateinamerikanische, sondern auch für europäische Verhältnisse außerordentlich sicher.

„El Paisito" (Das kleine Land), wie es mal liebevoll, mal ironisch heißt, ist vielleicht ein kleines, aber ganz bestimmt kein unscheinbares Land. Auch vom **„warmen Herz Lateinamerikas"** ist die Rede, denn die Menschen in Uruguay sind liebenswert, freundlich und warmherzig. Das Landesinnere strahlt fast immer in einem saftigen Grün, das Klima ist meist angenehm. Jedes der zwölf Millionen Rinder hat angeblich zwei Fußballfelder Fläche zum Grasen. Das ist guter Grund für bestes Fleisch, aber auch für Obst und Gemüse mit Geschmack, für Zitrusfrüchte voller Saft. Das Land hat zwar auch etwas Industrie, doch rauchen hier nur wenige Schornsteine. Klare Luft also. Die Gauchos, die auf ihren Pferden über Weiden reiten, sind keine Legende, man sieht sie auf dem Land überall. Vor den Küsten tummeln sich Wale, Seelöwen und Delfine. In Montevideo und den Strandorten treffen sich Menschen aus der ganzen Welt. Im Norden locken heiße Thermen mit dem Wasser aus dem größten unterirdischen Trinkwasserreservoir der Welt. Fußballspieler sieht man allerorten in dem Land, das der erste Fußballweltmeister der Geschichte war. In den Schulen gibt es einen Laptop für jedes Kind. Das Land setzt auf erneuerbare Energien und zeigt sich in vielerlei Hinsicht modern – hat sich aber mit seinen Mate-Tees, Asados und Tango-Milongas seine besondere südamerikanische Identität bewahrt.

Dieser Reiseführer hilft Ihnen, die ganze Schönheit und alle Besonderheiten Uruguays kennenzulernen, seine Geheimnisse zu entdecken – und das Land in seiner ganzen Vielfalt zu genießen. Er führt Sie durch das alte und das moderne Montevideo ebenso wie durch die unendliche Weite des Landes, zu historischen Estancias und aufrechten Gauchos, in entlegene Naturschutzgebiete und zu kristallklaren Bächen, Flüssen und Wasserfällen, in urtümliche Fischerdörfer und verträumte Kolonialstädte, entlang der kilometerlangen einsamen Strände, in heilsame Thermalbäder und nach Punta del Este, dem „Monaco Lateinamerikas", von dem die meisten Uruguayer sagen, dass es eigentlich gar nicht Teil ihres Landes sei. Außerdem widmet sich dieses Buch dem schwarzen Gold Uruguays: den bereits erwähnten Weinen der tief dunklen Tannat-Traube. Natürlich kommen auch die anderen edlen Gewächse, Winzer und Weingüter zur Sprache, ebenso die Kultur und Gesellschaft des Landes, seine Rinder und natürlich der Tango.

Vor allem aber möchte ich Ihnen auf den folgenden Seiten zeigen, dass sich dieses Land selbst ohne Spanischkenntnisse in jedem Alter ganz entspannt bereisen lässt – nicht zuletzt dank der **Warmherzigkeit und Hilfsbereitschaft der Menschen,** die hier leben. Ich wünsche Ihnen eine erholsam-entschleunigte, erlebnis- und erkenntnisreiche Reise mit herzlichen Begegnungen und spannenden, unvergesslichen Eindrücken. Eine Reise, die Sie insgeheim wünschen lässt, Uruguay möge noch lange Zeit ein touristischer „Geheimtipp" bleiben.

Lars Borchert

Inhalt

Die **Internet- und E-Mail-Adressen** in diesem Buch können – bedingt durch den Zeilenumbruch – so getrennt werden, dass ein Trennstrich erscheint, der nicht zur Adresse gehören muss!

5 Der Süden und die Küste östlich von Montevideo 161

6 Praktische Reisetipps A–Z 223

7 Land und Leute 253

8 Anhang 285

Karten

Kapitelkarten

Nicht verpassen!

In jedem Kapitel sind einige (touristische) Highlights hervorgehoben – man erkennt sie an der **gelben Hinterlegung.**

MEIN TIPP: **Besonders empfehlenswerte Unterkünfte, Restaurants und sonstige besondere Tipps des Autors** sind entsprechend gekennzeichnet.

Der Schmetterling zeigt an, wo man **besonders gut Natur erleben** oder **Angebote im Bereich des nachhaltigen Tourismus** finden kann.

Stadt- und sonstige Pläne

4 Die **Ziffern** in den farbigen Kästchen bei den **„Praktischen Tipps" der Ortskapitel** verweisen auf den jeweiligen Legendeneintrag im Stadtplan.

Exkurse

uru015_095 mtd-eo

Die Regionen im Überblick

1 Montevideo und Umgebung 17

Uruguays Hauptstadt (S. 19) ist mit rund 1,5 Millionen Einwohnern die wirtschaftliche, politische und kulturelle Metropole. Im Vergleich zum Rest des Landes könnte man den Alltag hier fast schon als schnelllebig oder gar hektisch beschreiben – im Vergleich zu anderen lateinamerikanischen oder europäischen Hauptstädten eher als entspannt. Montevideo beeindruckt durch seine architektonische Vielfalt, sein buntes Nachtleben, seinen ganz eigenen Charme – aber vor allem durch den Río de la Plata. Ein großer Teil des Lebens der Menschen spielt sich am Flussufer bzw. Strand der

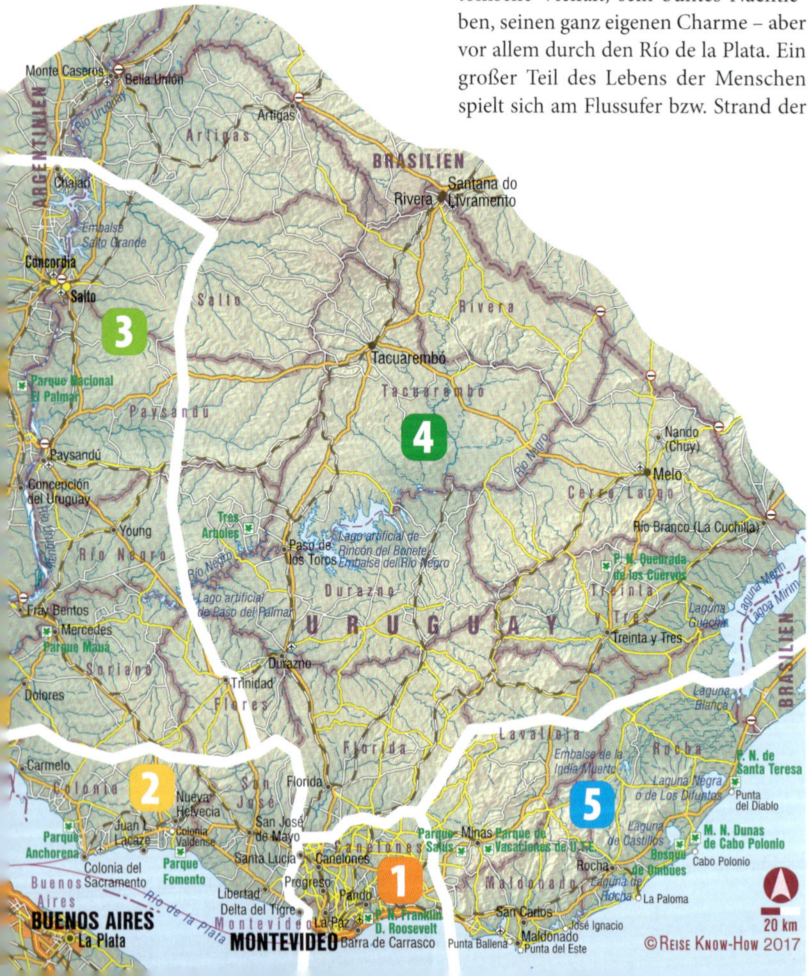

Stadt (ca. 20 km) ab. Und die unendlich scheinende Weite des Silberflusses trägt auf ihre Weise zur Gelassenheit und Offenheit der Menschen bei.

Die **Umgebung** (ab S. 56) ist ländlich geprägt, Wiesen, Weiden und Weinfelder dominieren die Landschaft zum Landesinneren hin. An den Küsten östlich und westlich von Montevideo erstrecken sich kilometerlange Strände, an denen sich die *Balnearios* befinden. Dabei handelt es sich um kleine Badeorte, die vor allem aus den Wochenend- bzw. Ferienhäusern der Familien der Mittelklasse von Montevideo entstanden sind. Mittlerweile sind sie nicht mehr nur in den Sommermonaten bewohnt, sondern meist das ganze Jahr über.

2 Der Süden und die Küste westlich von Montevideo 69

Die südliche Region westlich von Montevideo gehört zu den Gebieten, die im 17. Jahrhundert als erste besiedelt wurden. Noch heute gibt es einige alte Kolonialstädte oder zumindest kolonial geprägte Orte in dieser Gegend – allen voran **Colonia del Sacramento** (S. 86), das zu den schönsten Städten Lateinamerikas gehört. Aber auch die von den Einwanderern aus der zweiten Hälfte des 19. Jahrhunderts schweizerisch geprägten Gemeinden **Nueva Helvecia** (S. 82) und **Colonia Valdense** (S. 84) lohnen unbedingt einen Besuch – ebenso wie die kleinen verträumten Orte direkt an der Küste des Río de la Plata bis hoch zur Flussmündung, wo der Río Uruguay in den Río de la Plata fließt.

3 Der Westen und der Río Uruguay 105

Der Río Uruguay ist nicht nur der Namensgeber dieses kleinen Landes, er bildet auch von seiner Mündung in den Río de la Plata über knapp 580 km bis hoch in den Norden zur Stadt Bella Unión die Westgrenze zum Nachbarn Argentinien. Städte wie **Mercedes** (etwas weiter landeinwärts am Río Negro gelegen, S. 107), **Paysandú** (S. 117) und **Salto** (S. 124) sind die wichtigsten Häfen bzw. Handelsknotenpunkte in diesem Teil des Landes. Einige dieser Städte sind zwar kulturelle und wirtschaftliche Zentren, ihr Alltagsleben ist aber beschaulich bis gemächlich.

Am **Río Uruguay** (S. 120) dehnen sich flache Ebenen aus, die oft zum Ende des Winters hin überschwemmt werden, aber in der Regel durch ihr sattes Grün faszinieren. Der Fluss ist zwar in seiner vollen Länge schiffbar, eignet sich aber an vielen Stellen auch zum Schwimmen, Kajak- oder Kanufahren, Rudern oder Angeln. Ähnliches gilt für den Río Negro. Hier lohnt es sich zudem, eine Fahrt mit einem Ausflugsboot zu machen, um die Inselwelt mit ihrer naturbelassenen Flora und Fauna kennenzulernen.

4 Der Norden und das Landesinnere 131

Fast 1000 Kilometer lang ist die Grenze im Norden von Uruguay, die das Land von Brasilien trennt. Hier ist das Klima nicht mehr gemäßigt, sondern subtropisch. Die Temperaturen sind das ganze

Jahr über etwas höher als im Rest des Landes. Das zeigt sich auch in der Vegetation: Alles sieht etwas karger und nicht ganz so saftig aus. Die für Reisende interessantesten Städte sind **Artigas** (S. 133), das vor allem für seinen Karneval bekannt ist, und **Rivera** (S. 139). Ein Phänomen im Norden Uruguays ist die Sprache, das **Portuñol,** eine Mischung aus Spanisch und Portugiesisch.

Etwa eine Stunde Autofahrt südlich von Rivera ändert sich die Landschaft in ein **Tafelland,** durchzogen von Hügelketten, endlosen grünen Weiden, Flüssen, Bächen und Seen. Ab und an sieht man Rinder, Schafe oder Pferde grasen oder einen Ñandú (uruguayische Version des Vogel Strauß) am Straßenrand entlanglaufen. Hin und wieder taucht ein Tor in den fast endlosen Weidezäunen auf, das darauf hinweist, dass sich dort eine **Estancia** befindet. Oder man sieht in der Ferne Gauchos auf ihren Pferden reiten. Es kann aber auch passieren, dass man auf seinem Weg über Stunden niemand anderem begegnet.

5 Der Süden und die Küste östlich von Montevideo 161

Der Süden ist der am dichtesten besiedelte Teil Uruguays, rund drei Viertel der Bevölkerung leben hier. Die Landschaft ist insgesamt sehr flach, fällt aber an den Küsten zum Teil steil ab. Abgesehen von den Stränden ist auch diese Region geprägt von fruchtbarem Weide- und Ackerland, Flüssen und Seen sowie (Strand-)Lagunen. Im Küstenstreifen östlich von Montevideo bis hoch zur brasilianischen Grenze befinden sich neben der Touristenhochburg **Punta del Este** (S. 193) ehemalige Fischerdörfer, die in ganz Lateinamerika für ihre unberührten Strände und ihre hohe Lebensqualität berühmt sind: **José Ignacio** (S. 188), **Punta Ballena** (S. 203), **Cabo Polonio** (S. 182), **La Paloma** (S. 185) oder **Punta del Diablo** (S. 171). Weltweit einzigartig ist der **Monte de Ombúes** (S. 180), ein Waldbestand mit den breitkronigen Ombú-Bäumen. Hauptmagnet dieser Region ist aber das Wasser. Wer surfen, Wellenreiten, mit Delfinen schwimmen oder Wale beobachten möchte, ist hier richtig.

Kategorisierung und Preise der Unterkünfte

Die Preise für Unterkünfte variieren in Uruguay saisonabhängig sehr stark. Zum Teil steigen sie in der Hochsaison auf das Dreifache der Nebensaison und werden je nach Nachfrage sogar noch innerhalb einer Saison nach oben oder unten angepasst. Ohnehin werden sie angesichts der Inflationsrate von rund 10% jährlich angehoben. Es wäre irreführend, einen konkreten Übernachtungspreis anzugeben. Daher werden die Unterkünfte in diesem Reiseführer in drei Kategorien eingeteilt (Preise **pro Nacht und Person**):

① **Standard:** bis 20 €; gilt meist für Campingplätze und Hostels (oft Mehrbettzimmer in der Regel ohne eigene Toilette oder Dusche)
② **Medium:** 30–100 €
③ **Superior:** alles über 100 €

Routenvorschläge

Um Uruguay in seiner Vielfalt kennenzulernen und entspannt zu genießen, sind mindestens zwei Wochen nötig. Es gibt aber auch Möglichkeiten, in weniger Zeit einen ersten Eindruck vom Land zu bekommen. Einige der interessantesten Orte bzw. Sehenswürdigkeiten befinden sich in und um Montevideo und an den Küsten. Doch egal wie lang bzw. kurz der Aufenthalt ausfällt: Der Besuch von Colonia del Sacramento und einer Estancia im Landesinneren ist ein Muss!

Drei Routenvorschläge

Die hier vorgeschlagenen Routen sind **in der angegebenen Zeit nur per Auto realisierbar.** Mit dem Bus dauern sie entsprechend länger – einige Orte werden auch nur gelegentlich bzw. gar nicht von Bussen angefahren.

4 Tage

- **1. Tag:** Montevideo (Ciudad Vieja, Hafen und Zentrum, Nightlife: Tango im Zentrum)
- **2. Tag:** Bodega-Besuch in Canelones, Estancia Turística Don Joaquín (San José de Mayo)
- **3. Tag:** Colonia del Sacramento, Nightlife in Montevideo: Bars in Pocitos oder Punta Carretas
- **4. Tag:** Ciudad de la Costa, Atlántida oder Piriápolis und Sierra de la Ballena

14 Tage

- **1. Tag:** Montevideo (Ciudad Vieja, Hafen und Zentrum, Nightlife: Tango im Zentrum)
- **2. Tag:** Ciudad de la Costa, Atlántida, Montevideo: Nightlife (Bars in Pocitos oder Punta Carretas)

Hinweise zur Benutzung dieses Reiseführers

Da sich die Menschen des Landes als **Uruguayos** bezeichnen, sei dieser Begriff auch in diesem Buch verwendet, und zwar, wie im Spanischen üblich, für Frauen und Männer.

Die wichtigste Abkürzung in diesem Reiseführer gilt der Landeswährung **Peso Uruguayo:** Er schreibt sich zwar offiziell UYU, aber im alltäglichen Gebrauch ist UR-$ angegeben – was nicht mit dem US-Dollar (abgekürzt US-$) verwechselt werden sollte.

Die **Preise für Unterkünfte** sind in diesem Reiseführer in Kategorien eingeteilt (s. S. 12). Die Preise sind für lateinamerikanische Verhältnisse relativ hoch, dafür ist die Ausstattung in der Regel sehr gut und die Zimmer sehr sauber, selbst bei simplen Einrichtungen. Für aktuelle bzw. konkrete Preise lohnt der Blick auf die im Buch angegebenen Websites der Hotels oder die Nutzung eines Internet-Hotelportals.

Bei **Adressangaben** gibt es in Uruguay eine Besonderheit, die einiger Gewöhnung bedarf: Viele Gebäude (egal ob privat oder öffentlich) befinden sich an einer der Land- bzw. Schnellstraßen, den sogenannten „Rutas Nacionales" – selbst in geschlossenen Ortschaften. Die genaue Adresse wird daher auch hier mit „R" und der jeweiligen Kilometerzahl angegeben: also etwa R 1 km 94. An den Straßenrändern befinden sich in der Regel Kilometersteine, die die Orientierung erleichtern. Straße heißt auf Spanisch *Calle,* viele Straßen haben keinen Namen, sondern lediglich eine Nummer, wie 1 oder 23. Die Bezeichnung *Avenida* für Allee wird Av. abgekürzt. Wenn ein Gebäude keine Hausnummer hat, steht nach dem Straßennamen lediglich s/n (*sin número,* also ohne Hausnummer).

- **3. Tag:** Bodegas in Canelones, Colonia del Sacramento
- **4. Tag:** Colonia del Sacramento, Carmelo
- **5. Tag:** Mercedes
- **6. Tag:** Salto (Thermenbesuch)
- **7. Tag:** Artigas, Kurzbesuch über die Brücke in Quaraí (Brasilien)
- **8. Tag:** Halbedelstein-Minen um Artigas
- **9. Tag:** Valle del Lunarejo
- **10. Tag:** Tacuarembó, Valle Edén, Museo Gardel
- **11. Tag:** Treinta y Tres, Estancia-Besuch, Ausritt zur Quebrada de los Cuervos
- **12. Tag:** Cabo Polonio
- **13. Tag:** Punta del Este, Punta Ballena
- **14. Tag:** Montevideo

4 Wochen

- **1. Tag:** Montevideo (Ciudad Vieja, Zentrum), Nightlife: Tango im Zentrum
- **2. Tag:** Montevideo (Hafen, Carrasco, Rambla), Nightlife: Bars in Pocitos oder Punta Carretas
- **3. Tag:** Bodegas in Canelones, Colonia del Sacramento
- **4. Tag:** Colonia del Sacramento, Carmelo
- **5. Tag:** Mercedes
- **6. Tag:** Salto

Steckbrief Uruguay

- **Amtlicher bzw. vollständiger Name Uruguays:** República Oriental del Uruguay – die Republik östlich des Uruguay(-Flusses)
- **Gesamtfläche:** 176.215 km² (Deutschland: mehr als 357.000 km²), davon rund 2600 km² Wasserfläche; kleinstes spanischsprachiges Land in Südamerika
- **Grenzen:** Im Norden und Nordosten grenzt das Land an Brasilien (985 km), im Osten an den Atlantischen Ozean, im Süden an den Río de la Plata und im Westen an Argentinien (579 km; getrennt durch den Río Uruguay)
- **Küste:** insgesamt 660 km
- **Einwohnerzahl:** ca. 3,3 Millionen (Deutschland: fast 82 Millionen); Rinder gibt es knapp 12 Millionen
- **Bevölkerungsdichte:** 19,9 Einwohner / km²
- **Bevölkerungsentwicklung:** +0,36% / Jahr
- **Bevölkerungsstruktur:** 92% der Menschen leben in Städten, davon über 40% in Montevideo; insgesamt leben in Montevideo und der Südhälfte des Landes rund 75% der Gesamtbevölkerung
- **Minderheiten:** 8% Mestizen, 4% Schwarze
- **Bildung:** Analphabetenquote ca. 2,5%
- **Amtssprache:** Spanisch; an der Landesgrenze zu Brasilien sprechen viele Menschen auch Portugiesisch bzw. den spanisch-portugiesischen Sprachmix Portuñol
- **Hauptstadt** (und mit Abstand die größte Stadt des Landes): Montevideo (1,5 Mio. Ew.)
- **Staatsform:** Republik
- **Regierungssystem:** Präsidentielle Demokratie
- **Staatspräsident und Regierungschef:** *Tabaré Vázquez* (vom Mitte-Links-Bündnis Frente Amplio)
- **Nationalfeiertag:** 25. August (Unabhängigkeitstag)
- **Telefonvorwahl:** 00598
- **Zeitzone:** UTC-3 Standardzeit (UYT), UTC-2 Sommerzeit (UYST); Zeitunterschied zu Deutschland: 3 bzw. 4 Stunden (Beginn der Sommer- bzw. Winterzeit ist etwas zeitversetzt)
- **Klima:** gemäßigt bis subtropisch
- **KFZ-Kennzeichen:** ROU
- **Währung:** Peso Uruguayo (UYU, UR-$); 1 € = ca. 31 Pesos Uruguayos (Juni 2017)
- **Internet-TLD:** .uy

- **7. Tag:** Thermenbesuch (nahe Salto)
- **8. Tag:** Artigas, Kurzbesuch über die Brücke in Quaraí (Brasilien)
- **9. Tag:** Halbedelstein-Minen um Artigas
- **10. Tag:** Valle del Lunarejo
- **11. Tag:** Rivera
- **12. Tag:** Tacuarembó
- **13. Tag:** Valle Eden, Museo Gardel
- **14. Tag:** Treinta y Tres, Estancia-Besuch, Ausritt zur Quebrada de los Cuervos
- **15. Tag:** Puerto La Charqueada, Laguna Merín
- **16. Tag:** Chuy, Fuerte San Miguel
- **17. Tag:** Parque Santa Teresa, Fortaleza Santa Teresa
- **18. Tag:** Punta del Diablo
- **19. Tag:** Valizas, Bosque de Ombúes
- **20. Tag:** Cabo Polonio
- **21. Tag:** La Paloma
- **22. Tag:** José Ignacio
- **23. Tag:** Punta del Este, Punta Ballena
- **24. Tag:** Sierra de la Ballena, Piriápolis
- **25. Tag:** Villa Serrana
- **26. Tag:** Salto del Penitente, Minas (Lavalleja)
- **27. Tag:** Ciudad de la Costa, Atlántida
- **28. Tag:** Montevideo

Fußball ist in Uruguay die mit Abstand beliebteste Sportart

uru015_095 lbo

Reiseempfehlungen von Uruguayos und Travellern

- *Sabine Drückler,* Fernsehredakteurin aus Hamburg: „Ein Spaziergang an der Playa Grande von **Punta del Diablo** (S. 171)."
- *Martín Pérez,* Inhaber des Hostels Punta Ballena Bar: „Um die Seele unseres Landes zu verstehen, muss man unsere Folklore kennenlernen. Mein Tipp dafür ist die **Fiesta de la Patria Gaucha** (S. 145) in Tacuarembó."
- *Julia Leiendecker,* Filmemacherin aus Saarbrücken („Uruguay – unbekanntes Land am Silberfluss"): „Am Wochenende mit einer Candombe-Gruppe durch die Straßen von **Montevideo** ziehen – Rhythmus pur und nah dran (S. 50)! Eine gute Truppe ist *Yambo Kenia.*"
- *Youri Janssen,* Holländer und General Manager des Hostels El Diablo Tranquilo: „Ein Ort, der noch nicht wirklich entdeckt, aber sehr schön ist, ist **San Gregorio de Polanco** (S. 153). Er liegt inmitten von Flüssen und Seen."
- *Lucas* und *Marie Weber,* Rentner, Australien: „Wir fahren seit einem halben Jahr mit dem Wohnmobil durchs Land. Bislang hat uns das **Valle del Lunarejo** (S. 141) am besten gefallen – so etwas haben wir noch nie gesehen."
- *Kerstin* und *Hans Herbst,* Segler und Lebenskünstler, Zürich: „**Wale und Seelöwen** (S. 256) beobachten vor der Küste von Punta del Este."
- *Mark Sexton* (Brite!), Unternehmensberater, Montevideo: „**Tee trinken** im Hotel Sofitel Montevideo Casino Carrasco (S. 42), hier besonders der Lavendel-Tee, oder im Hotel Las Cumbres (S. 208) in der Sierra de la Ballena bzw. im Hotel L'Auberge (S. 200) in Punta del Este – am besten mit Waffeln."

uru017_002 lbo

1 Montevideo und Umgebung

22 km lang erstreckt sich die Hauptstadt am Río de la Plata, der hier so milchkaffeebraun und breit wie der offene Atlantik ist. 22 km, auf denen die Metropole ihre Pracht- und Glanzzeiten ebenso offenbart wie die Wechselfälle ihrer jungen Geschichte. In der Umgebung gibt es endlose Strände und historische Landgüter zu entdecken.

◁ Die Mauerverkleidung des neoklassizistischen Parlamentsgebäudes (Palacio Legislativo) besteht aus 24 verschiedenen Marmorarten

NICHT VERPASSEN!

- **Teatro Solís:** Besuch in einem der drei bedeutendsten Theater Lateinamerikas | 30, 33
- **Plaza Zabala:** einer der schönsten und beliebtesten Plätze Montevideos | 31
- **Fortaleza del Cerro de Montevideo:** beste Aussicht auf die Bucht und die Stadt | 36
- **Hotel Sofitel Montevideo Casino Carrasco:** prachtvolles, akribisch restauriertes Bauwerk, das von Uruguays vergangener Grandezza zeugt | 42
- **Mercado del Puerto:** schlemmen wie Gott in Uruguay | 43

Diese Tipps sind gelb hinterlegt.

⌃ Zentrale Flanier- und Shoppingmeile: Fußgängerzone in der Calle Sarandí

uru017_011 lbo

ÜBERBLICK

Die Hauptstadt Uruguays ist mit ihren knapp 1,5 Millionen Einwohnern die mit Abstand größte Stadt des Landes und eine echte Metropole: Architektur, Wirtschaft, Infrastruktur und Kulturleben sind absolut vergleichbar mit jeder europäischen Großstadt. Montevideo hat zudem den bedeutenden Vorteil, am Wasser zu liegen. Ein großer Teil des Soziallebens der Städter spielt sich am 22 km langen Strand ab. Groß ist der Kontrast zur Umgebung der Hauptstadt: Sie ist durchweg sehr ländlich geprägt. Land- und Viehwirtschaft sowie Weinbau gehören zu den Haupteinnahmequellen der Menschen, der Lebensrhythmus ist spürbar langsamer und ruhiger als in der Hauptstadt.

Montevideo – die Hauptstadt

„Monte vido eu!", soll der portugiesische Seefahrer *Magellan (Fernão de Magalhães)* ausgerufen haben, als er 1520 auf der Suche nach einer Westdurchfahrt zu den Gewürzinseln den Río de la Plata erforschte und einen über 130 m hohen Hügel entdeckte. Glaubt man dieser Legende – es gibt noch andere über die Entstehung des Namens der uruguayischen Hauptstadt –, heißt die Stadt also dank *Magellans* vermeintlich scharfem Blick „Ich sehe einen Berg".

Knapp 500 Jahre später ist Montevideo nicht nur das **politische und administrative Zentrum** Uruguays, sondern auch die **kulturelle und kommerzielle Metropole** des Landes. Mit seiner 22 km langen Strandpromenade *(rambla)* entlang des Río de la Plata, den Stränden am Fluss, den vielen Sehenswürdigkeiten und aufgrund seiner geografischen Lage sowie der ganz besonderen Freundlichkeit seiner Bewohner hat sich Montevideo von einem Anziehungspunkt für Seefahrer, Kaufleute und Weltenbummler im Laufe der Jahrhunderte zu einem

Magneten für Touristen entwickelt. Und im Gegensatz zu vielen anderen lateinamerikanischen Metropolen ist die Stadt ziemlich entspannt und relativ sicher.

Oftmals wird Montevideo als die **„kleine Schwester" von Buenos Aires** bezeichnet, gerade viele Uruguayos selbst ergießen sich in endlosen Vergleichen ihrer Hauptstadt mit der Kapitale Argentiniens. Es gibt auch einige Gebäude, die von denselben Architekten erbaut wurden und ähnlich aussehen. Dennoch würde man, wie das alte Sprichwort sagt, Äpfel mit Birnen vergleichen, betrachtete man Montevideo permanent durch die „Buenos-Aires-Brille". Genauso wie es abwegig wäre, Uruguay mit Argentinien vergleichen zu wollen, nur weil das Land ein geografischer Ausläufer der Pampa des großen Nachbarn ist.

Überblick

Montevideo erstreckt sich über eine **Fläche von 528 km²**, davon sind 192 km² städtisches und 336 km² ländliches Gebiet. 77% der uruguayischen Industrie konzentriert sich auf das Departamento Montevideo. Außerdem sind hier vor allem der internationale Bankensektor, Dienstleistungen und die Tourismusbranche vertreten. Der **Hafen** ist einer der wichtigsten in ganz Lateinamerika. Im Norden und Osten grenzt Montevideo an das Departamento Canelones, im Westen an San José. Verschiedene **Flüsse**

> Montevideo bei Sonnenuntergang: Blick über die Dächer der Altstadt bis zum Hafen

durchlaufen die Stadt bzw. fließen an ihr vorbei. Dazu gehören neben dem Río de la Plata und dem Río Santa Lucía die Flüsse Carrasco, Miguelete, Pantanoso und Pando. Die höchste Erhebung gab der Stadt ihren Namen, der **Cerro de Montevideo** (134 m).

In Montevideo Sehenswürdigkeiten anzuschauen oder sich einfach treiben zu lassen, ist angesichts der Übersichtlichkeit der Stadt und ihrer Entspanntheit sehr angenehm. Zudem sind viele Straßen kleine, von Bäumen gesäumte Alleen. Hier ist es auch dann schön schattig, wenn die Sonne hoch und heiß am Himmel steht. **Erkundungstouren** durch die Stadt lohnen sich vor allem im Zentrum und in der **Altstadt (Ciudad Vieja)** mit ihren Kolonial- und Art-déco-Gebäuden, den schönen Plätzen, der Fußgängerzone sowie den Straßencafés und dem am Hafen gelegenen Mercado del Puerto, in dem sich die halbe Stadt zum Essen trifft. Im **Stadtpark Rodó** kann man eine lange Pause einlegen und den künstlichen See, die Fontänen und Wasserfälle bestaunen oder einfach ins Museum für Moderne Kunst gehen, ein Konzert im Freilichttheater anschauen bzw. Spaß in dem Vergnügungspark haben. Auch der **Parque del Prado** mit seinen Grünanlagen und dem Botanischen Garten eignet sich optimal für eine Pause zwischendurch.

Pocitos ist eines der schickeren Stadtviertel und sein Strand einer der beliebtesten von ganz Montevideo mit vielen Bars, die man oft schon tagsüber ansteuern kann. Etwas weiter Richtung Flughafen befindet sich der Vorort **Carrasco** mit seinen Villen und einem der historisch interessantesten Hotels des ganzen Landes, dem Sofitel Montevideo Casino Carrasco & Spa, das vor knapp 100 Jahren zu den luxuriösesten Herbergen des ganzen Kontinens zählte und nun, nach jahrelanger Restaurierung, wieder eine der ersten Adressen des Landes ist.

uru017_003 lbo

Abgesehen von den einzelnen Stadtvierteln und ihren charakteristischen Gebäuden lohnen in Montevideo die zahlreichen **Museen und Kunstgalerien** einen Besuch (oft ist der Eintritt gratis), die **Uferpromenade** *(rambla)* und die **Strände,** an denen sich auch einige der besten Restaurants der Stadt befinden. Zum Baden, zur sportlichen Betätigung und als Treffpunkt besonders beliebt sind die Playa Ramírez vor dem Parque Rodó sowie die Strände Pocitos und Carrasco vor den gleichnamigen Stadtteilen.

Montevideo ist **reich an Gebäuden,** die nicht nur einen hohen historischen, sondern auch **architektonischen Wert** besitzen. Viele von ihnen sind jedoch sanierungsbedürftig, sodass es manchmal eines zweiten Blicks bedarf, um ihre

Substanz und Wertigkeit zu erkennen. Die Patina, die sich über die Jahrzehnte auf sie gelegt hat, macht sie jedoch nicht weniger attraktiv.

Ankunft am Flughafen und Fahrt in die Stadt

Der **Aeropuerto Internacional de Carrasco** ist ein sehr moderner internationaler Flughafen, der **angenehm übersichtlich** ist. Nach der Passkontrolle stößt man hinter den Gepäckbändern und dem Zoll direkt auf die Mietwagen-

uru015_001 mtd

Der moderne Aeropuerto Internacional de Carrasco ist der wichtigste Flughafen des Landes

Montevideo

Übernachtung
7 Che Legarto
14 Regency Golf
17 my suites
19 Ermitage
24 Hotel Sofitel Montevideo Casino Carrasco & Spa
27 Destino 26
28 Massini Suites

Essen und Trinken
13 La Pulpería
15 Oro del Rhin
18 La Otra
20 62 Bar
21 1921 Restaurante
22 García
23 Oro del Rhin
26 Montevideo Brew House

Nachtleben
1 Aruba
2 Tanguería Vieja Luna
3 Caín Dance Club
5 La Conjura Bar
6 El UniBar
8 Milonga Callejera
9 La Casona de Campbell
10 Perillan
11 El Living
12 WLounge
16 Che Montevideo

Einkaufen/Sonstiges
4 Avenida Tristán Narvaja (Feria Artesanal, Floh-, Antiquitäten- und Büchermarkt)
15 Punta Carretas Shopping
29 Montevideo Shopping Center (Apotheken und Geldinstitute)
30 Shopping Tres Cruces (Apotheken und Geldinstitute)
31 Portones Shopping

Uruguay 01

0 400 m
TRES CRUCES
Museo de la Memoria, • Pferderennbahnen (Hipódromo de Maroñas, Las Piedras)
Hospital de Clínicas
Aeropuerto Internacional de Carrasco,
Hospital Evangélico, 31,
Punta del Este, (Barra de) Carrasco
Busterminal Tres Cruces
30
Plaza de La Democracia
Banco Itaú
Estadio Centenario
Parque J. Batlle y Ordóñez
Museo del Fútbol
Hospital Británico
Hospital Italiano
Plaza Liber Seregni
Obelisco de los Constituyentes
PARQUE BATLLE
CORDÓN
Clínica Española
Hospital Asociación Española
Biblioteca Nacional
Cuartel de Bomberos
Universidad de la República
Plaza de los Treinta y Tres Orientales
Banco de la República (BROU)
Instituto Alfredo Vázquez Acevedo
Homöopathische Apotheke
PARQUE RODÓ
Parque Rodó
Museo Nacional de Artes Visuales
PALERMO
Apotheke
POCITOS
20 21 22 23 24
Playa Pocitos, Playa Carrasco
Banco de la República (BROU),
(Barra de) Carrasco
Apotheke
Playa Ramírez
Estadio Franzini
PUNTA CARRETAS
Teatro de Verano
Parque de las Instrucciones del Año XIII
Parque Juan Zorrilla de San Martín
Strände
Banco de la República (BROU),
Apotheke
Banco Itaú
Club de Golf de Uruguay
LA PLATA
Av. 18 de Julio
Av. Dr. L. Morquio
Av. Italia
Bv. Gral. Artigas
Bv. España
Av. Brasil
Av. Dr. Francisco Soca
Av. Ing. Luis P. Ponce
Constituyente
Av. Sarmiento
Rambla Wilson
Rambla Mahatma Gandhi
Av. Gral. Rivera
José Enrique Rodó
Av. D. Fernandez Crespo
Arenal Grande
Colonia
Mercedes
Guayabo
Canelones
Maldonado
Durazno
Carlos Gardel
San Salvador
Av. Gonzalo Ramírez
Cebollatí
1 2 3 4 5 6 7 8 9 10 11 12 13 14 15 16 17 18 19 26 27 28 29

anbieter. In diesem Bereich befinden sich auch Geldautomaten. Direkt vor dem Haupteingang stehen Taxis bereit; eine **Fahrt ins Zentrum** kostet umgerechnet 30 bis 40 € und dauert je nach Verkehrslage 30 bis 60 Minuten. Die Busfahrt (die Haltestelle befindet sich seitlich des Haupteingangs) kostet je nach Anbieter 2 €. Zudem gibt es noch den sog. **Remise-Service** (Autos, Minibusse, Vans etc. mit Fahrer), der sich vor allem für kleine Gruppen (vier bis acht Personen) lohnt. Auch hier gibt es Standardpreise nach Montevideo sowie in andere Städte, die man aber vorher erfragen bzw. ggf. verhandeln muss; sie bewegen sich zwischen 180 und 270 €.

Orientierung

Angesichts der oftmals fast rechtwinklig zueinander angeordneten Straßen ist die Orientierung in Montevideo **verhältnismäßig einfach.** Die zentralen Straßen sind die **von Ost nach West** verlaufenden Avenidas 18 de Julio (Montevideos Hauptgeschäftstraße), 8 de Octubre, Italia und General Rivera, die vom Zentrum bis fast zum Flughafen führt. Die **Nord-Süd-Achsen** sind die Bulevars General Artigas und España sowie die Avenidas Brasil, Batlle y Ordóñez und Luis Alberto de Herrera.

Hauptreferenz für die Orientierung in Montevideo ist die Küste und damit die entlang der Strände verlaufende Uferpromenade **Rambla.** Sie zieht sich über den gesamten Süden der Hauptstadt von der Altstadt bis nach Carrasco.

▷ Strandalltag an der Playa Carrasco

Unterwegs in der Stadt

Die Altstadt von Montevideo und die Gegend um den Hafen (Puerto de Montevideo, Rambla 25 de Agosto / fast Maciel), Tel. 2916 8434) kann man sehr gut **zu Fuß** erkunden. Um aber in die anderen Stadtteile wie Punta Carretas, Pocitos oder Carrasco zu gelangen, braucht man entweder ein **Fahrrad** (s. u.) oder ist auf ein Transportmittel angewiesen. Auch wenn es keine U-Bahnen oder Straßenbahnen gibt, ist das städtische **Nahverkehrssystem** dennoch sehr gut, denn nahezu überall gibt es Bushaltestellen; mit dem Bus kann man leicht alle Bezirke der Stadt erreichen. Da an den Haltestellen bzw. in den **Bussen** Übersichtskarten oder Angaben zu Abfahrtszeiten fehlen, kann man entweder im Internet die Routen, Abfahrtszeiten etc. nachschauen (www.montevideo.gub.uy/aplicacion/como-ir, leider nur auf Spanisch; www.cutcsa.com.uy unter „Líneas y Horarios", auch nur auf Spanisch) oder einfach im Ho(s)tel fragen, welche Buslinie für das gewünschte Ziel die richtige ist und wo sich die nächste Haltestelle befindet. Man kann aber auch auf der Straße bzw. an der Bushaltestelle jemanden ansprechen – keine Hemmungen, das ist absolut üblich und die Menschen sind sehr nett und hilfsbereit. Die Busfahrten selbst sind sehr günstig und sicher; innerhalb der Stadt gelten Fahrpreise zwischen 15 und 38 UR-$, also 0,50–1,20 €. Zudem besteht die Möglichkeit, mit **Touristenbussen** die Stadt und ihre Sehenswürdigkeiten kennenzulernen (www.busturisticomontevideo.com.uy; auch auf Deutsch).

Taxis haben ein Taxameter, oder es gibt eine Preisliste. Wie in Europa kann man sie einfach am Straßenrand heranwinken oder an einem der Taxistände einsteigen. Für Gepäckstücke und in der Zeit von 24 bis 6 Uhr sowie an Sonn- und Feiertagen wird ein Zuschlag verlangt. Auch stunden- bzw. streckenweise kann man Taxis mieten, dann sollte man aber vorher einen Pauschalpreis vereinbaren. Generell gilt: Möglichst passend zahlen. Taxifahrer sind in der Regel freundlich, hilfsbereit und nehmen den schnellsten Weg (Ausnahmen bestätigen die Regel). Oft bieten sie angesichts der Verkehrslage im Innenstadtbereich den Weg über die Rambla an. In der Zeit von 16 bis 19 Uhr kann es schwierig werden, ein Taxi zu bekommen; das gilt auch für den Hafen, wo die Fähre aus Buenos Aires ankommt. Daher empfiehlt es sich, wann immer möglich das Taxi **telefonisch** zu **bestellen;** Anbieter sind:

- **CELERITAS,** Tel. 1919
- **COOPERATIVO,** Tel. 2311 1030
- **COPRATA,** Tel. 2209 2328
- **EXPRESO POCITOS,** Tel. 2708 2222
- **RADIOTAXI CARRASCO,** Tel. 2600 0416, Tel. 2600 0101
- **RADIOTAXI PUNTA GORDA,** Tel. 1717, Tel. 2601 9402
- **TELETAXI,** Tel. 2481 2525, Tel. 2487 2525
- **Flughafen-Taxis: TAXI Aeropuerto de Carrasco,** Tel. 2604 0323 / 2604 0187; www.taxisaeropuerto.com

Montevideo mit dem Fahrrad

Um Montevideo richtig kennenzulernen, braucht man einige Tage. Die meisten Gebäude von Bedeutung stehen zwar in der Altstadt (die man sich an einem Tag erlaufen kann), aber das ist eben nicht alles. Wenn man sich auf den historischen Stadtkern beschränkt, verpasst man einige sehr interessante Punkte der Stadt. Daher bietet sich eine Alternative an, die zudem **viel Spaß** machen kann, da es in Montevideo keine wirklichen Steigungen gibt: eine Radtour. Die Stadt

uru015_002 lbo

verfügt zwar noch nicht über viele Radwege (und einige müssten dringend ausgebessert werden), aber der Verkehr ist in den meisten Straßen relativ entspannt, wenn man nicht gerade zu Hauptverkehrszeiten über die großen Avenidas und Bulevars fährt. Darüber hinaus ist es ein Erlebnis, die fast 22 km lange Rambla am Río de la Plata entlangzuradeln, wo man neben vielen anderen Radfahrern auch Joggern, Inlineskatern und Spaziergängern begegnet.

Wichtig: In der Stadt gilt eine **Helmpflicht,** außerdem sollte man darauf achten, dass das Fahrrad verkehrssicher mit Leuchten vorne und hinten sowie Katzenaugen in den Speichen ausgestattet ist.

Die **Leihgebühren** für Fahrräder variieren natürlich je nach Anbieter und saisonal: Man sollte mit ca. 10 € für einen halben Tag, 15 € für einen ganzen Tag sowie 60 € pro Woche rechnen. Hier eine kleine **Auswahl von Anbietern** (ohne

Montevideo – Altstadt und Zentrum

Übernachtung
4 Alma Histórica
6 Nomade Suites
7 Hostel Babilonia
11 El Viajero
12 Casa Sarandí Guesthouse
21 Macanudo Hostel
23 Orpheo Express
29 Smart Hotel Montevideo
38 Aramaya
47 Ukelele Hostel

Essen und Trinken
1 Mercado del Puerto
2 Es Mercat
5 Úrbani
10 Estrecho
14 Dueto
18 Café El Brasilero
19 Paneterría Literaria Elena
26 Oro del Rhin
28 Tasende
34 Club Brasileiro
37 Oro del Rhin
39 La Vegetariana
40 Restaurant Facal
41 Viejo Sancho
42 La Genovesa
44 Mercado de la Abundancia
45 Candy Bar

Bewertung ihrer Qualität bzw. Serviceleistungen):

- **Orange Bike** (Lieferung und Abholung der Räder ohne Aufpreis; 8–20 Uhr), Tel. 2908 8286.
- **RENT A BIKE** (Lieferung und Abholung der Räder ohne Aufpreis; 9–24 Uhr), Tel. 2902 6677.
- **GOODBIKE** (nicht nur Fahrradverleih, sondern auch geführte Touren in der Stadt und in verschiedene Teile des Landes), Tel. 099 185 389, www.goodbike.com.uy.
- Auch **Hotels und Hostels** verleihen Fahrräder.

Altstadt und Zentrum

- **Hinweis:** Zu den besprochenen Museen s. a. „Praktische Tipps/Museen".

Ciudad Vieja (Altstadt)

Für einen Spaziergang durch die Ciudad Vieja und damit durch die Geschichte Montevideos bietet sich als Ausgangspunkt der **Cubo del Sur** (Rambla Gran

Bretana / Treinta y Tres) an, eine Festung aus dem Jahr 1760, die zur Verteidigungsanlage des alten Montevideo gehörte. Nur wenige Meter davon entfernt steht der **Templo Inglés** (Reconquista / Treinta y Tres), eine Kirche, die 1845 fertiggestellt, dann zerstört und 1936 rekonstruiert wurde. Einige Blocks weiter folgt mit dem 1837 erbauten **Teatro Solís** (Reconquista / Bartolome Mitre / Buenos Aires, Tel. 1950 3323 / 1950 3325, www.teatrosolis.org.uy) eine der bekanntesten Bühnen der Welt. Der Eintritt ist gratis, Führungen gibt es auf Spanisch und in anderen Sprachen.

Direkt gegenüber dem Haupteingang beginnt die **Fußgängerzone Bacacay,** die auf die **Fußgängerzone Sarandí** zuläuft, welche mit Skulpturen uruguayischer Künstler geschmückt ist. Am östlichen Ende dieser Fußgängerzone steht die **Puerta de la Ciudadela** (Sarandí / Plaza Independencia), das alte Eingangstor (1746) zum historischen Montevideo, das sich im Gegensatz zum Großteil der Stadtmauer erhalten hat. Nur wenige Schritte davon entfernt ist mit dem **Edificio Pablo Ferrando** (Sarandí 675) eines der wichtigsten Art-déco-Gebäude der Stadt zu bestaunen.

An der Ecke der Straßen Sarandí / Juan Carlos Gómez befindet sich das alte Rathaus, der **Cabildo de Montevideo,** heute Museum und Historisches Stadtarchiv (Tel. 2915 9685, Mo bis So 13–16.30 bzw. 17.30 Uhr). Der Bau des klassizistischen Gebäudes begann 1804 und wurde 1869 zu Ende gebracht.

Auf der 1726 errichteten **Plaza Matriz** findet jeden Samstag ein Antiquitätenmarkt statt. Der Platz ist auch als Plaza Constitución bekannt, weil hier am 18.

uru017_004 lbo

Juli 1830 die erste Verfassung des Landes ausgerufen wurde. Die Kirche gegenüber der Plaza ist die **Catedral Matriz (Ituzaingó).** In dem klassizistischen Gotteshaus, dessen Erbauung ursprünglich im Jahr 1790 begonnen wurde und das viele Änderungen vor seiner Fertigstellung (1858) durchlief, befinden sich die Grabstätten einiger wichtiger historischer Persönlichkeiten, wie der Generäle *Lavalleja* und *Rivera*.

Das **Art-déco-Gebäude Centenario** (25 de Mayo 555 / Itzuaingó) wurde 1930 errichtet, hat 22 Stockwerke und ist dem Stil des holländischen Expressionismus zuzuordnen.

Auf der **Plazoleta de las Bóvedas** (Rambla, zwischen Juan Carlos Gómez und Izuaingó) finden sich Ruinen aus der Kolonialzeit. Das Gebäude, in dem sich das **Nationale Geschichtsmuseum Casa de los Ximénez** (Rambla 25 de Agosto / Juan Carlos Gómez) befindet, wurde in den Jahren 1817–1824 erbaut, zwischenzeitlich aber renoviert.

Einige Blocks von hier entfernt folgt das **Geschichtsmuseum Casa de Fructuoso Rivera** (Rincón 437 / Misiones) aus der ersten Hälfte des 19. Jahrhunderts; hier lebte der erste Präsident der Republik Uruguay, *José Fructuoso Rivera*, nach der offiziellen Verkündung der Verfassung.

Die pittoreske **Plaza Zabala** (Circunvalación Durango) ist einer der beliebtesten Plätze der Stadt. Er wurde 1890 von dem französischen Gartengestalter *Edouard André* angelegt, einem der führenden Gärtner und Gartengestalter des 19. Jahrhunderts. Angrenzend an diesen Platz steht der **Palacio Taranco** (25 de Mayo 376), der das **Museo Nacional de Artes Decorativas** beherbergt. Die Fassaden des Gebäudes zeigen sich im vorklassizistischen eklektischen Stil.

Das **Nationale Geschichtsmuseum Casa del Gral. Juan Antonio Lavalleja** (Zabala 1469, zwischen 25 de Mayo und Cerrito) war das Privathaus des Unabhängigkeitskämpfers und Präsidenten *Lavalleja* und wurde 1783 erbaut.

Die zu Ehren des Heiligen *Franz von Assisi* errichtete **Iglesia de San Francisco de Asisi** (Cerrito / Solís) ist nur zwei Blocks entfernt vom **Museo de Arte Precolombino e Indígena (MAPI)** (Museum für präkolumbische und indigene Kunst; 25 de Mayo 273-85).

Die **Capilla de la Caridad** (Kapelle der Barmherzigkeit; Maciel, zwischen 25 de Mayo und Washington) wurde von 1798 bis 1807 errichtet.

Geht man von hier Richtung Hafen, gelangt man zur **Aduana** (Zollgebäude; Rambla, zwischen Maciel und Pérez Castellano). Der weithin sichtbare Art-déco-Bau wurde 1923 errichtet und steht direkt gegenüber dem **Mercado del Puerto,** der „Fressmeile" Montevideos (Rambla 25 de Agosto / Peatonal Pérez Castellano), und der ihn umgebenden Fußgängerzone. Nebenan, im selben Gebäude, ist das **Museo del Carnaval** (Karnevalsmuseum; Rambla / Maciel) untergebracht. Direkt neben dem Zollgebäude befindet sich das **Ministerio de Turismo** (Ministerium für Tourismus; Rambla 25 de Agosto 1825), in dem man sich über alle touristisch relevanten Orte Montevideos und des ganzen Landes informieren kann.

◁ 1837 erbaut: das Teatro Solís, die bekannteste Bühne des Landes

Ciudad Vieja – die Altstadt atmet Geschichte

Als kleine Halbinsel in den Río de la Plata hineinragend ist die Altstadt, die Ciudad Vieja, das **historische Herzstück Montevideos.** Ursprünglich war sie lediglich als Festung zum Schutz gegen die Angriffe argentinischer und brasilianischer Truppen gebaut worden und daher einstmals komplett ummauert. Die **Puerta de la Ciudadela,** das Tor einer gewaltigen Zitadelle *(ciudadela),* die sie zusätzlich absichern sollte, steht noch heute gegenüber der Plaza de la Independencia (der Nahtstelle zwischen Alt- und Neustadt), die Zitadelle selbst ist Vergangenheit. Ein Spaziergang durch die im Schachbrettmuster angelegte Ciudad Vieja ist wie ein **Ausflug in die Geschichte des 18. und 19. Jahrhunderts:** Hier stehen noch immer prächtige Kolonialbauten, Kirchen und die Kathedrale von Montevideo (1804 eingeweiht, war sie das erste öffentliche Gebäude der Stadt) sowie Paläste in den unterschiedlichsten Stilrichtungen: von der Renaissance über den Barock bis hin zu den verschiedenen Ausprägungen von Klassizismus und Neoklassizismus. Direkt gegenüber der Kathedrale findet sich der Cabildo, zur Kolonialzeit sowohl Rathaus als auch königliches Gefängnis.

Es lohnt sich unbedingt, nicht nur durch die Gassen zu bummeln, sondern auch hier und da in die alten Hinterhöfe zu schauen oder sich auf eine der Plazas zu setzen, um bewusst den außergewöhnlichen architektonischen Reichtum zu bestaunen. Besonders pittoresk ist die **Plaza Zabala,** die nach *Bruno Mauricio de Zabala,* dem Gründer Montevideos, benannt ist: Ihm zu Ehren steht in der Mitte sein überlebensgroßes Reiterdenkmal. An den Platz grenzt der dreieckige **Palacio Taranco,** der erst 1910 fertiggestellt wurde und heute das Museo Nacional de Arte Decorativo beherbergt. Seine Fassaden wurden von zwei französischen Architekten eklektisch gestaltet und erinnern an den Louis-XVI.-Stil, ebenso die Inneneinrichtung.

Wo immer möglich (vor allem in öffentlichen Gebäuden), ist es ein Muss, die Gebäude zu betreten und ihre **üppige Ausstattung** zu bewundern: Carrara-Marmor auf den Böden, Kristalllüster unter den Decken, riesige französische Spie-

uru017_005 lbo

[<] Auf der Plaza Zabala im Herzen der Altstadt

gel an den Wänden sowie Gold- und Stuckornamente, wohin man schaut. All das zeugt heute oft weit mehr als die Fassaden dieser architektonischen Meisterwerke vom einstigen Reichtum in der Stadt.

Von außen sehen einige Gebäude ziemlich heruntergekommen aus. Vor dem Hintergrund der wirtschaftlichen Achterbahnfahrt der vergangenen Jahrzehnte fehlt(e) es vielerorts an den Mitteln für die nötige Sanierung. Doch das tut dem Charme der Häuser und der Altstadt als Ensemble keinen Abbruch. Es lohnt sich unbedingt, eines der Caféhäuser aufzusuchen oder in ein Museum zu gehen und vor allem das **Teatro Solís** zu betreten, das erste große Theater Lateinamerikas, ganz gleich, ob zu einer Führung tagsüber oder zu einer der Vorstellungen am Abend (am besten beides). Die Errichtung des klassizistischen Baus im italienischen Stil war noch vor der neunjährigen Belagerung Montevideos begonnen worden, als die Stadt gerade einmal 30.000 Einwohner hatte.

Bei einem Gang durch die Altstadt lassen sich an einigen Stellen noch die Überreste der alten Stadtmauer besichtigen. Das lukullische Herz der Ciudad Vieja schlägt gegenüber dem Hafen mit zahlreichen Restaurants und dem **Mercado del Puerto** (Hafenmarkt). Diese Markthalle aus dem Jahr 1868 galt lange Zeit als einer der schönsten Märkte Südamerikas. Heute findet sich hier ein Lokal neben dem anderen, ferner ein paar Geschäfte mit Kleidung sowie Kunsthandwerk. Besonderer Blickfang ist aber die in der Mitte der Halle aufgestellte Paganini-Uhr, die extra für den Markt aus Liverpool importiert wurde.

Das Zentrum

Für einen Spaziergang durch das Zentrum ist die **Plaza de la Independencia** mit dem überlebensgroßen Reiterstandbild des Nationalhelden *José Gervasio Artigas* ein guter Ausgangspunkt. Zu Füßen dieses Denkmals befindet sich das Artigas-Mausoleum, das von einer Ehrengarde bewacht wird. Von der Plaza Richtung Osten erstreckt sich die **Av. 18 de Julio;** diese Allee, die wichtigste Straße des Zentrums, verläuft bis zum **Obelisco de los Constituyentes.**

Das verglaste Hochhaus am südwestlichen Ende der Plaza de la Independencia ist die **Torre Ejecutivca** (Ciudadela / San José). Hier sind viele Büros der Exekutivgewalt untergebracht, obwohl das Gebäude, das erst nach 45 Jahren Bauzeit (1964–2009) fertiggestellt werden konnte, ursprünglich für die Justiz vorgesehen war. Auf der anderen Seite des Platzes erhebt sich das einst höchste Gebäude Lateinamerikas, der **Palacio Salvo** (Plaza Independencia 846-48 / Av. 18 de Julio), der das Wahrzeichen der Stadt ist, vergleichbar dem Eiffelturm in Paris. Das im Art-déco-Stil errichtete Gebäude wurde von den Textilindustriellen *José* und *Lorenzo Salvo* in Auftrag gegeben, ausführender Architekt war *Mario Palanti,* der später ein sehr ähnliches Gebäude in Buenos Aires erbaute. Gegenüber steht der **Palacio Rinaldi** (Av. 18 de Julio 839-41) aus dem Jahr 1929, eines der wichtigsten Art-déco-Gebäude in Montevideo. Seine Architekten zeichnen auch für das Kreuz auf dem Pan de Azúcar in der Nähe von Piriápolis verantwortlich.

Das Verteidigungsministerium befindet sich in der **Casa Otero** (Convención

1332, zwischen Av. 18 de Julio und San José), einem Gebäude, das 1895 nach zehnjähriger Bauzeit beendet wurde.

Einige Blocks weiter folgt das **Museo del Gaucho y de la Moneda** im **Palacio Uriarte de Heber** (Av. 18 de Julio 998 / Julio Herrera) aus dem Jahr 1896, der ein Jahrhundert später restauriert wurde und heute neben dem Gaucho- und Geld-Museum eine Bank beherbergt.

Die **Plaza Fabini** (auch Plaza del Entrevero genannt) ist einer der beliebtesten Plätze im Zentrum, in dessen Mitte der Brunnen Fuente del Entrevero des uruguayischen Bildhauers *José Belloni* sprudelt.

Nördlich der Plaza Fabini beginnt die **Avenida del Libertador;** sie endet am Parlament, dem **Palacio Legislativo** (Av. de las Leyes / Av. Gral. Flores / Av. Agraciada, www.parlamento.gub.uy; Eintritt und Führungen sind gratis, der Pass wird verlangt). Das im neoklassizistischen Stil gehaltene Gebäude wurde in der Zeit von 1908 bis 1925 erbaut und hat eine Mauerverkleidung aus 24 verschiedenen Marmorarten.

Geht man von der Plaza Fabini weiter auf der Av. 18 de Julio, gelangt man zur **Plaza Cagancha,** die als das Zentrum Montevideos gilt und der Kilometer Null aller in Montevideo startenden Rutas Nacionales (Schnellstraßen / Autobahnen) ist. 1836 angelegt, erhebt sich auf ihr die **Estatua de la Libertad,** die eigentlich Estatua de la Paz heißt.

Gegenüber der Plaza Cagancha (Pasaje de los Derechos Humanos, H. Gutiérrez Ruiz 1320) befindet sich der Oberste Gerichtshof im **Palacio Piria,** der 1916 im Stil des historischen Eklektizismus erbaut wurde. Das Gebäude war ursprünglich als Wohnhaus des Unternehmers *Francisco Piria* konzipiert, der den Badeort Piriápolis erbauen ließ und 1933 in diesem Haus starb.

Etwas weiter östlich kann man die Eingangshalle des Außenministeriums im **Palacio Santos** (Av. 18 de Julio 1205 / Cuareim) aufsuchen; auch hier weist die Fassade Elemente des historischen Eklektizismus auf.

Die **Casa Pérsico** (Calle Mercedes 1256-1262 / Yí) trägt den Namen ihres ersten Besitzers *Augusto Pérsico,* weist in ihrer Architektur spanische und arabische Einflüsse auf und ist ebenfalls ein Beispiel für den Baustil des historischen Eklektizismus.

Das achtstöckige Gebäude **Café Montevideo** (Av. 18 de Julio / Yaguarón), an dem besonders die blauen Säulen an den Balkons der fünften Etage und der kleine Turm mit goldfarbener Kuppel hervorstechen, grenzt an das Kunstfilmkino Cinemateca 18. Nur wenig davon entfernt lädt der **Mercado de la Abundancia** (Markt des Überflusses; Yaguarón 1312 / San José) zu einer Pause ein. Es handelt sich um eine zwischen 1904 und 1909 errichtete ehemalige Markthalle, die heute mehrere Restaurants, Bars und Stände mit Kunsthandwerk beherbergt. Einen halben Block weiter steht der **Palacio Díaz** (Av. 18 de Julio 1333, zwischen Yaguarón und Ejido), 1929 erbaut und dem Art déco zuzuordnen.

Der **Palacio Municipal** (Av. 18 de Julio 1352-1360, Calles Ejido, Soriano und Santiago de Chile) ist Sitz der Stadtverwaltung von Montevideo und wurde in

☒ Die Aduana, das imposante Zollgebäude an der Rambla von Montevideo

den Jahren 1936 bis 1940 erbaut. Für das 78 m hohe Gebäude war ursprünglich eine Höhe von 114 m vorgesehen, doch dazu reichte das Geld nicht. Bis 1968 wurde etappenweise weitergebaut. Da es zum größten Teil aus Ziegelstein besteht, war das Gebäude viele Jahre als Monumento al Ladrillo (Denkmal für den Ziegelstein) bekannt. Über den Eingang in der Calle Ejido gelangt man zum Kunstgeschichtlichen Museum der Stadt.

An der Ecke Av. 18 de Julio / Minas / Colonia / Magellanes befindet sich die **Plaza de los Treinta y Tres Orientales** (auch Plaza de los Bomberos genannt), die 1871 angelegt wurde und in deren Mitte ein Denkmal an den Unabhängigkeitskämpfer *Lavalleja* erinnert. Gegenüber der Plaza erhebt sich das **Feuerwehrgebäude Cuartel de Bomberos,** das ab 1922 gebaut und 1930 eröffnet wurde. Das 35 m hohe Gebäude dient heute noch als Feuerwehrstation und beherbergt auch ein Museum.

Das Gebäude der **Biblioteca Nacional** (Nationalbibiliothek; Av. 18 de Julio / E. Frugoni) wird der französischen Revolutionsarchitektur zugeordnet und ist seit 1996 ein nationales historisches Denkmal. Ein weiteres als solches klassifiziertes Bauwerk ist die 1906 erbaute juristische Fakultät der **Universidad de la República** (Av. 18 de Julio / Eduardo Acevedo / E. Frugoni / Guayabo), die zugleich Hauptgebäude der Universität ist. Ihr gegenüber findet jeden Sonntag der wichtigste Flohmarkt des Landes statt, die Feria de Tristán Narvaja.

Eines der repräsentativsten Art-Nouveau-Gebäude ist das **Instituto Alfredo Vázquez Acevedo** (IAVA; José E. Rodó / E. Frugoni / Guayabo), errichtet im Jahr

uru015_013 lbo

1911. Den Schlusspunkt der Avenida 18 de Julio bildet der 40 m hohe **Obelisco de los Constituyentes;** er wurde am 25. August 1938 (heute Nationalfeiertag) eingeweiht und soll an die 1830 in Kraft getretene Verfassung erinnern.

Fortaleza del Cerro de Montevideo

Die **Festungsanlage** nimmt die Spitze des Stadthügels in gerade einmal 134 m Höhe ein. Dabei handelt es sich um eine von drei Festungen in Uruguay, die im Laufe der Kolonialzeit errichtet wurden. Ihr ganz charakteristischer Umriss gehört heute zu den Wahrzeichen der Hauptstadt.

Im Jahr 1804 wurde auf Geheiß der spanischen Krone zuerst ein **Leuchtturm** auf dem Hügel errichtet, der erste überhaupt an den Ufern des Río de la Plata. Infolge der britischen Invasionen in der Region folgte 1809 die Errichtung der Festungsanlage, um den Leuchtturm zu schützen, aber auch um den Schutz des Hafens zu gewährleisten. Sie wurde 1811 fertiggestellt und überstand im Gegensatz zu den anderen Festungen des Landes die Zeit der Unabhängigkeits- und Bürgerkriege im 19. Jahrhundert unbeschadet. 1834 folgte dann die **Villa Cosmópolis,** die für die Ansiedlung der damals in das Land strömenden Immigrantenfamilien gebaut und später in **Villa del Cerro** (Kleinstadt auf dem Hügel) umbenannt wurde. Die in der Festung stationierte Garnison hatte die Aufgabe, die Bucht von Montevideo zu bewachen. Die Ankunft freundlich gesinnter Schiffe begrüßte sie in der Regel mit Geschützsalven. Zwischen 1931 und 1939 wurde die Festung aus- und umgebaut und das **Militärmusem** zu Ehren des Nationalhelden General *Artigas* errichtet.

■ Der **Weg auf den Hügel** von Montevideo lohnt allein schon wegen der Aussicht auf die Bucht und die Stadt. Außerdem ist der Leuchtturm weiterhin wie am ersten Tag in Betrieb. Der Cerro und das Militärmuseum liegen im **Barrio Cerro** am Ende der Av. José Batlle y Ordóñez (Kreuzung Holanda). Am einfachsten und sichersten gelangt man mit dem Auto oder einem Taxi dorthin. Busse fahren vom Terminal Baltasar Brum zum Busbahnhof des Barrio Cerro; dort nimmt man den Bus zur Festung. Das empfiehlt sich aber ebenso wenig wie eine Fahrradfahrt oder eine Wanderung dorthin, da sich in diesem Barrio einer der ganz wenigen Slums der Hauptstadt bzw. des Landes befindet und diese **Gegend** daher **nicht sicher** ist! Die Festung selbst (und damit das Museum) ist es aber, da sie sich auf Militärgebiet befinden.

Museo Militar General Artigas

Das Museum beherbergt eine **ständige Ausstellung** von Verteidigungs- und Rüstungsgegenständen, von Uniformen aus der Zeit der Unabhängigkeit sowie verschiedene Dokumente und Landkarten. Das **Museumsgebäude** mit seiner charakteristischen fünfeckigen Form und den dicken Mauern ist ein beeindruckendes Zeugnis der Militärarchitektur und -technik jener Zeit. Dazu gehört auch eine Kanone der Firma Krupp aus dem Jahr 1889. Weitere sehenswerte Exponate sind die Degen, die General *José Gervasio Artigas* von den Provinzen Buenos Aires und Cordoba als Geschenke erhielt.

Museo Militar General Artigas, Cerro de Montevideo, Tel. 2313 6716, dptoeehh@ejercito.mil.uy. Das Museum und die Festungsanlage sind von Mi bis So 10–17 Uhr geöffnet. S. a. „Museen".

Parque Rodó

Der Rodó-Park ist nach dem wichtigen uruguayischen Schriftsteller *José Enrique Rodó* benannt und **einer der wichtigsten Stadtparks Montevideos.** Zu Beginn des 20. Jahrhunderts eröffnet, ist der Park nach dem Parque del Prado der zweitälteste der Stadt. Er ist gut 40 ha groß und befindet sich direkt gegenüber dem Meer auf der Höhe der **Playa Ramírez.** Der Park umfasst einen künstlichen See, mehrere Brunnen, u. a. die Fuente de los Atletas (Quelle der Athleten) des uruguayischen Bildhauers *José Luis Zorrilla de San Martín,* einige Denkmäler und einen hohen Baumbestand. Bei den Einheimischen ist er vor allem aufgrund seines (kleinen) **Vergnügungsparks** (mit Riesenrad, Berg- und Talbahn, Geisterbahn etc.) und seines Spielplatzes beliebt. Außerdem befindet sich hier das **Museo Nacional de Artes Visuales** (Nationales Museum der Bildenden Künste), das mit rund 6000 Exponaten bekannter Künstler des Landes, darunter *Juan Manuel Blanes, Carlos Federico Sáez, Pedro Figari, Rafael Barradas* und *Joaquín Torres García,* als eines der wichtigsten des Landes gilt. Direkt nebenan befindet sich der **Sportclub Defensor Sporting,** außerdem finden sich im Park das **Stadion Franzini,** ein Golfclub sowie ein Bocha-Stadion und die Tennis- und Basketballplätze von Defensor Sporting. Darüber hinaus befinden sich rund um den Park einige **Restaurants.** Besonders beliebt ist der Park bei den Einwohnern abends als gemütlicher Ort, um den Sonnenuntergang zu betrachten – und ganz besonders sonntags: Dann spielen nachmittags stundenlang **Samba- und Candombe-Bands.**

Parque Rodó, Rambla República Argentina / Presidente Wilson, Anfahrt mit allen Buslinien, die auf der Rambla verkehren, sie halten direkt am Park; mit dem Fahrrad oder zu Fuß vom Zentrum bzw. der Altstadt sind es mindestens 20 Minuten am Meer entlang.

Parque del Prado

Der Parque del Prado ist mit einer Fläche von 106 ha rund zweieinhalb Mal so groß wie der Parque Rodó und wurde bereits 1873 als öffentlicher Erholungspark eröffnet. An einem seiner Eingänge befindet sich seit 1952 das **Postkutschen-Denkmal Monumento a la Diligencia** des uruguayischen Bildhauers *José Belloni.* Durch das weitläufige Areal fließt der **Río Miguelete.** Im Park finden sich zudem der **Botanische Garten,** das **Städtische Museum der Schönen Künste Juan Manuel Blanes** (das neben einer ständigen Ausstellung der Werke des namensgebenden Malers auch Gemälde anderer Künstler des Landes zeigt, s. a. „Museen") sowie zahlreiche Statuen und Denkmäler, u. a. zu Ehren der Ureinwohner vom Stamm der Charrua, der Bauern sowie der Poeten *María Eugenia Vaz Ferreira* (erste Frühmodernistin Uruguays) und *Bartolomé Hidalgo* (Begründer der Gaucho-Dichtung in Argentinien und Uruguay).

Außerdem wird im Park während der Osterwoche die **Semana Criolla** (Kreolische Woche) gefeiert, eines der größten Feste von Montevideo (siehe Exkurs).

■ **Parque del Prado,** Av. Lucas Obes / Av. 19 de Abril, Anfahrt mit den Buslinien 125, 127, 128, 130, 133, 137, 185, 186, 409, 427, 468, 494, 495, 524 und 546 – je nachdem, wo man sich befindet. Von der Altstadt oder dem Zentrum benötigt man zu Fuß 30–40 Minuten, mit dem Auto oder dem Rad rund 15 Minuten.

Pocitos

Pocitos ist in den vergangenen Jahren zu **einem der angesagtesten Viertel** Montevideos aufgestiegen. In der Ruhe und Sicherheit dieses Wohnviertels der Mittelschicht finden viele kulturelle Aktivitäten statt, es gibt gute Einkaufsmöglichkeiten, das Nachtleben ist abwechslungsreich. Gerade Touristen bietet Pocitos ein **breites Spektrum,** vor allem natürlich die **Rambla,** der Strand und der **Río de la Plata** mit ihren vielfältigen Sportmöglichkeiten (von Spaziergängen über Schwimmen, Fußball, Volleyball und Fischen bis hin zu Kitesurfen und anderen Wassersportarten). Man kann aber auch einfach bei einem Mate oder einem Wein den Sonnenuntergang genießen – in Pocitos gibt es einige der beliebtesten **Bars, Restaurants und Cafés** der Stadt. An vielen Ecken kann man das traditionelle Asado essen, ein Bier trinken, Live-Musik hören oder bis zum Morgengrauen durchtanzen.

Außerdem gibt es in Pocitos zwei der größten Einkaufszentren der Stadt: zum einen das **Montevideo Shopping Center** (Av. Dr. Luis Alberto de Herrera 1290), 1985 als erstes seiner Klasse am Río de la Plata von dem bekannten Architekten *Eladio Dieste* entworfen, und zum anderen das **Punta Carretas Shopping** (José Ellauri 350), ein ehemaliges Gefängnis, in dem zu Zeiten der Diktatur viele politische Häftlinge inhaftiert waren.

Aber auch die **Straßenmärkte** *(ferias)* im Viertel sind eine gute Adresse für den Einkauf von Lebensmitteln, Kleidung, Antiquitäten, landestypischen Raritäten etc. Gerade die berühmte **Feria de Villa Biarritz** (Di und Sa 10–14 Uhr, Parque Juan Zorrilla de San Martín) mit Blick auf den Río de la Plata lohnt sich.

(Barra de) Carrasco

Carrasco ist das bevorzugte **Wohngebiet der Wohlhabenden** bzw. Oberschicht Montevideos. Viele alleinstehende Häuser und Villen mit ihren mal kleineren, mal größeren Gärten (manche werden nach uruguayischem Verständnis sogar als Parks bezeichnet) säumen hier die Straßen und Alleen. Galerien und (teure) Geschäfte sowie Luxushotels und Niederlassungen vieler internationaler Banken und Konzerne befinden sich in Carrasco. Bis zum Flughafen sind es gerade mal 15 Minuten, bis zum Stadtzentrum bzw. in die Altstadt knapp eine halbe Stunde mit dem Auto bzw. Taxi. Die Busse entlang der Rambla zur Altstadt benötigen angesichts der vielen Stopps etwa doppelt so lange.

Interessant ist die **Entstehungsgeschichte** dieses Stadtteils, denn er war ein Projekt von Privatpersonen Montevideos, genauso wie sein wichtigstes Bauwerk, das **Hotel Casino Carrasco** (Rambla República de México). Carrasco war das erste Stadtviertel im ganzen Land, in dem nicht nur die Stadtplanung, sondern auch der Entwurf ausschließlich auf private Initiative, nämlich die der Aktiengesellschaft Balneario de Carrasco, hin entstand. Der Entwurf dieses zuerst als Gartenviertel angelegten Stadtteils stammte von einem französischen Architekten. Allerdings gerieten die Arbeiten, die 1912 begonnen hatten, während des Ersten Weltkriegs so sehr ins Stocken, dass letztendlich doch die Stadt Montevideo ihre Ausführung zu Ende bringen musste. Gleiches gilt auch für das Hotel, das 1921 eröffnet wurde.

Praktische Tipps

Information

■ **Información Turística:** In der Hauptstadt gibt es **mehrere Tourist-Infos,** so z. B. am Hafen (Tel. 2916 8434, Rambla 25 de Agosto / fast Maciel, täglich 11–17 Uhr) bzw. im Gebäude des Tourismusministeriums (Rambla 25 de Agosto / Yacaré, Tel. 2916 1885 + 111 / 115, Mo bis Fr 9–18 Uhr) oder im Zentrum beim Kommunalen Tourismusamt (Oficina Municipal de Turismo; San José 1328, Tel. 2916 1950 / 2916 2263, Mo bis Fr 10.15–15.45 Uhr), im Bus-

Semana Criolla – Gauchos, Rodeos und Gesang

Die Semana Criolla (Kreolische Woche) wird schon seit 90 Jahren gefeiert und ist **mit rund 200.000 Zuschauern eines der größten Feste von Montevideo,** das jedes Jahr in der Osterwoche stattfindet. Bei diesem Festival der Gauchos im Prado-Park, das auch **Rural del Prado** genannt wird, dreht sich neun Tage lang alles um das Leben der Land bevölkerung – gemeint sind sowohl Mensch als auch Tier. Hauptattraktion sind die **Rodeos,** *jineteadas* genannt, bei denen die *Jinetes* (Reiter) ungezähmte Pferde besteigen und sich – unter dem tosenden Beifall des Publikums – möglichst lange in verschiedenen Wettkämpfen auf dem Rücken der wild bockenden und sich aufbäumenden Pferde halten müssen. Für das internationale Festival reisen Reiter aus Uruguay, Argentinien und Brasilien nach Montevideo an; am Ende werden dann die besten von ihnen prämiert, schließlich geht es hier um die Ehre und das Können der Gauchos. Schon seit Jahren kritisieren Tierschützer die Wettkämpfe als Misshandlung der jungen Pferde, aber das hat dem Interesse der Zuschauer und ihrer Begeisterung bisher keinen Abbruch getan.

Weitere Highlights der Semana Criolla sind die **Gaucho-Gesänge** *(Cantos entre dos gauchos),* typisch uruguayische Handwerkskunst und Produkte sowie kreolische Gerichte.

Die **Fiesta de la Patria Gaucha** wird auch in anderen Orten groß gefeiert, etwa in Ciudad de la Costa (direkt östlich von Montevideo) und in Tacuarembó im Nordosten des Landes: Hier werden jedes Jahr im März die Geschichte der Gauchos und die Traditionen des Campo zelebriert. Dafür wird das Festgelände neben der Laguna de las Lavanderas zu einem historischen Zeltlager. Die Besucher kommen aus dem ganzen Land zu dem fünftägigen Festival, das feierlich mit dem Entzünden des Kreolischen Feuers beginnt. Ähnlich wie in Montevideo finden verschiedene Wettkämpfe statt, die den ländlichen Traditionen gewidmet sind. Höhepunkt ist eine große Parade, bei der die Menschen in Gauchokleidung durch die Innenstadt von Tacuarembó reiten.

bahnhof und Shopping-Zentrum Tres Cruces (Bulevar Artigas / Av. Italia, Tel. 1885 801, trescruces@mintur.gub.uy) sowie am Internationalen Flughafen Carrasco (Tel. 2604 0386, carrasco@mintur.gub.uy).

■ Das Tourismusministerium präsentiert sich unter **www.turismo.gub.uy.**

■ **Kulturzentren:** www.cultura.montevideo.gub.uy und www.cultura.mec.gub.uy.

■ **Eintrittskarten** für Theater, Kinos, Museen etc. werden direkt vor Ort verkauft sowie durch Red UTS (www.reduts.com.uy) oder Redpagos (www.redpagos.com.uy/#espectaculos).

■ Deutschsprachige Zeitungen und Zeitschriften gibt es in der Bibliothek des **Goethe-Instituts:** Santiago de Chile 874; Tel. 2908 0234, cdi@montevideo.goethe.org; Mo bis Fr 15.30–19.30 Uhr, Sa 12–14.30 Uhr.

Übernachten

In der Altstadt bzw. im Zentrum (Plan S. 28)

11 **El Viajero**① (Soriano 1073 / Paraguay, Tel. 2915 6192, www.elviajerohostels.com), gehört zu der Hostel-Kette El Viajero, die in ganz Lateinamerika vertreten ist. Einfaches Hostel mit sehr schönen Gemeinschaftsräumen in einem alten Kolonialgebäude aus dem 19. Jahrhundert, mitten in der Altstadt, zwei Blocks von der Av. 18 de Julio; voll ausgestattet, Bettwäsche und Waschservice kostenfrei, außerdem Fahrradverleih und Parkmöglichkeiten; viele gemeinsame Aktivitäten im Hostel, außerdem gut verdrahtet im Nachtleben der Stadt.

21 **Macanudo Hostel**①-② (Paysandú 889, Tel. 2900 5810, www.macanudohostel.com), auf halbem Weg zwischen der Plaza de la Independencia und dem Hafen in der Altstadt gelegen; altes renoviertes, voll ausgestattetes Gebäude, sowohl Mehrbett- als auch Einzel- bzw. Doppelzimmer, wunderschöne Gemeinschaftsräume, Bettwäsche im Preis enthalten, Handtücher müssen bezahlt werden; viele Aktivitäten werden angeboten – und Asado auf der Dachterrasse.

47 **Ukelele Hostel**①-② (Maldonado 1183, Tel. 2902 7844, www.ukelelehostel.com), vom Einzel- bis zum 12-Bettzimmer (Preise variieren entsprechend), sehr schönes Gebäude aus den 1930er Jahren, im Zentrum gelegen, nur vier Blocks von der Rambla entfernt, Shuttleservice zum/vom Flughafen; die Zimmer sind einfach, aber sehr schön ausgestattet, Bettwäsche im Preis enthalten; Fahrradverleih, viele (Gemeinschafts-) Aktivitäten im Programm, Bar bis 1 Uhr nachts geöffnet – mit Swimmingpool im Patio!

7 **Hostel Babilonia**①-② (Sarandí 310, Tel. 2916 3426 / 092 492 313, www.hostelbabilonia.com), erst kürzlich von zwei Südafrikanerinnen übernommenes und von ihnen sehr freundlich geführtes Hostel, das schon jetzt Bestbewertungen in den einschlägigen Internetportalen hat. Von Doppel- bis Sechsbettzimmern alles vorhanden, einfach eingerichtet, kleiner Patio – und sehr beliebtes südafrikanisches Frühstück.

23 **Orpheo Express**② (Andes 1449, Tel. 2905 0000, www.orpheohotel.com), modernes, einfaches Hotel, gut ausgestattet, Fitness-Raum, freundlicher Service – all das in guter Lage (Übergang der Altstadt zum Zentrum): vier Blocks zum Río de la Plata, zwei bis zur Plaza de la Independencia.

MEIN TIPP: **Casa Sarandí Guesthouse**② (Buenos Aires 558, Tel. 2400 6460 / 099 707 068, www.casasarandi.com), sehr charmantes Bed & Breakfast in einem der Art-déco-Häuser in der Altstadt. Die Besitzer, *Karen* (Britin) und *Sergio,* bereiten ihren Gästen einen überaus angenehmen Aufenthalt. Sehr individuell und geschmackvoll eingerichtete Zimmer (nicht von dem Treppenhaus abschrecken lassen!). Beste Empfehlungen für tagesaktuelle Ausflüge sowie kulturelle und lukullische Unternehmungen. Sehr, sehr hilfsbereit und bestens in der Stadt vernetzt!

⊡ Uruguayische Grandezza – das Hotel Sofitel Montevideo Casino Carrasco & Spa

6 Nomade Suites② (Sarandí 291, Tel. 099 448 385, http://nomade-suites.montevideo-hotels.com), sechs sehr geschmackvoll eingerichtete und komplett ausgestattete Mini-Apartments in einem alten Stadthaus der Ciudad Vieja – mit großzügiger Dachterrasse! Nur wenige Minuten bis zum Ufer des Río de la Plata und in die Altstadt. Inhaber ist ein ehemaliger Investmentbanker, der nach vielen Arbeitsjahren in New York und Amsterdam Heimweh nach dem entspannten Lebensgefühl in seiner Geburtsstadt bekam. Sehr freundlicher Service, tolles Preis-Leistungsverhältnis!

4 Alma Histórica②-③ (Solís 1433 / Plaza Zabalá, Tel. 2914 7450 / 2914 7451, www.almahistorica-hotel.com), Boutiquehotel, von mehreren kulturbesessenen Freunden eröffnet, 15 Zimmer in drei Kategorien, sehr (!) stilvoll, alle nach wichtigen Persönlichkeiten der uruguayischen Kultur bzw. Geschichte benannt, direkt gegenüber der berühmten Plaza Zabalá gelegen, Whirlpool auf der Dachterrasse – eines der beliebtesten Hotels der gehobeneren Preisklasse in Montevideos Altstadt.

29 Smart Hotel Montevideo②-③ (Andes 1240, Tel. 2903 3222, www.smarthotelmontevideo.com), modernes, angenehm zentral gelegenes Hotel mit Fitnessraum, Dachterrasse und Bar. Sehr gutes Frühstücksbuffet.

Eine der besten Gegenden im Zentrum, um das historische Montevideo zu erkunden und nicht viel Geld auszugeben, ist die Av. 18 de Julio mit ihren Seitenstraßen:

38 Aramaya② (Av. de 18 Julio 1103, Tel. 2902 9039, www.hotelaramaya.com.uy), Hotel, das absolut zentral am Kilometer Null an der Plaza Cagancha liegt, nur wenige Blocks vom Hafen oder dem Busbahnhof; saubere Zimmer mit Balkon, freundlicher Service.

7 Che Lagarto② (Plan S. 24, Colonia 2063, Tel. 2409 6632, www.chelagarto.com), das Hostel gehört zur lateinamerikanischen Hostel-Kette Che Lagarto, die mittlerweile in fünf Ländern des Kontinents vertreten ist; freundlicher Service, internationale junge Gäste – hier wird es nicht langweilig!

uru015_007 lbo

In Pocitos (Plan S. 24)

Wer eher in der Nähe des Strandlebens von Montevideo sein möchte, ist besser in Pocitos, der Wohngegend der (oberen) Mittelschicht (viele Geschäfte, Bars, Restaurants) aufgehoben:

MEIN TIPP: 27 **Destino 26**② (26 de Marzo 1125, Tel. 2707 6041, www.destino26.com), Hostel, nur 400 m zum Strand, 15 Min. mit dem Bus ins Zentrum, erst 2012 eröffnet, sehr sauber, sehr nett, sehr freundliche Atmosphäre – einfach sehr gut!

14 **Regency Golf**② (Fco. Solano García 2473, Tel. 2710 4444, www.regencygolf.com.uy), Hotel mit etwas gehobenerer Ausstattung und freundlichem Service; befindet sich in der Nähe von Punta Carretas Shopping und der Rambla, etwas weiter im Norden ist der Parque Rodó; gemütlich und ruhig.

28 **Massini Suites**② (Ramon Masini 3288, Tel. 2709 7090, www.massinisuites.com.uy), modernes Hotel an einer baumbestandenen Straße in Pocitos, viele alte Art-déco-Häuser in der Nähe, kopfsteingepflasterte Straßen, ruhige Gegend, ideal, um abends noch etwas spazieren zu gehen; die Suiten sind großzügig geschnitten, die Küchenzeile ist voll ausgestattet; kein Frühstücksservice, dafür gibt es eine Bäckerei an der nächsten Straßenecke; mehrere Bushaltestellen in der Nähe, nur dreieinhalb Blocks zum beliebten Strand von Pocitos.

19 **Ermitage**② (Juan Benito Blanco 783, Tel. 2710 4021, www.ermitagemontevideo.com), 4-Sterne-Hotel, das in gewisser Hinsicht für die vergangene Pracht alter Zeiten Montevideos steht; mit unverbautem Blick zum Strand (nur einen Block davon entfernt) in einer reinen Wohngegend gelegen, sowohl Einzel- und Doppelzimmer als auch Mini-Suiten; einige gute Restaurants zu Fuß erreichbar.

Ebenfalls in Pocitos gibt es eine Unterkunft, die sich die Weintradition des Landes zu ihrer Nische gemacht hat:

17 **my suites**②-③ (Benito Blanco 674 / 21 de Setiembre, Tel. 2712 3434, www.mysuites.com.uy), Wein-Boutiquehotel mit Weinbar – behauptet von sich, das einzige Weinhotel Uruguays zu sein; führt die Weine zehn uruguayischer Weingüter sowie veschiedene Olivenöle des Landes; auf jeden Fall ist ab zwei Nächten im Preis eine Weinverkostung inbegriffen (Di bis Sa); die Zimmer sind groß und das Hotel nicht weit vom Strand und dem Castillo Pittamiglio entfernt; kleiner (!) Pool, freundlicher Service, LGBT-friendly, aber Zimmer direkt am Aufzug vermeiden.

In Carrasco (Plan S. 24)

Eine ganz andere Alternative, die für den Luxus, die Exklusivität und die Grandezza steht, für die Montevideo vor 100 Jahren weltweit berühmt war, ist folgendes Hotel:

24 **Hotel Sofitel Montevideo Casino Carrasco & Spa**③ (Rambla República de México 6451, Tel. 2604 6060, www.sofitel.com), das Luxushotel ist DIE Top-Adresse in Montevideo, der Besuch des Hotels sollte zum Pflichtprogramm jedes Hauptstadt-Sightseeings gehören, allein schon, um die große Handwerkskunst in dem liebevoll und akribisch restaurierten Bauwerk zu bewundern, das mit Blattgold an den Wänden, Stuck, kristallenen Decken und zahlreichen (zum Teil tonnenschweren) Lüstern vollkommen zu Recht den Status des nationalen Kulturerbes trägt. Die Uruguayos empfehlen einen Besuch dieses Hotels voller Stolz, dessen Sanierung mehr als zwölf Jahre gedauert und rund 80 Millionen Dollar gekostet hat. Bei Voranmeldung bekommt man eine Führung durch das Gebäude. Außerdem heißen seine Bar, deren Chef-Barmann internationale Auszeichnungen gewonnen hat, und das Restaurant, dessen Sommelier ebenfalls mehrfach ausgezeichnet worden ist, auch Gäste willkommen, die nicht im Hotel übernachten. Dasselbe gilt für das Café, dessen Tee besonders von Briten geschätzt wird.

Essen und Trinken

Egal, wie kurz oder lange man in Montevideo ist – wenn man Hunger hat, sollte man sich keinesfalls den 1 **Mercado del Puerto** (Rambla 25 de Agosto / Peatonal Pérez Castellano, www.mercadodelpuerto.com) gegenüber dem Zollgebäude entgehen lassen. Die Preise sind zwar in den letzten Jahren deutlich gestiegen, dennoch sind die Restaurants in der alten Markthalle und um sie herum die perfekte Adresse, um die typisch uruguayische Küche kennenzulernen und gute Weine zu trinken.

Im Zentrum (Plan S. 28)

Direkt im Zentrum gibt es viele Restaurants zu vernünftigen Preisen auf den Avenidas San José und 18 de Julio sowie in deren Seitenstraßen:

MEIN TIPP: 18 **Café El Brasilero** (Ituzaingó 1447, Tel. 2917 2035), eines der beliebtesten historischen Restaurant-Cafés in Montevideo. Der Autor *Mario Benedetti* hat hier angeblich immer wieder gearbeitet – mehrere Fotos von ihm hängen an den Wänden. Sehr angenehmes, entspanntes Ambiente. Neben dem Stammpublikum auch sehr viele internationale Gäste. In Laufweite des Hafens und aller wichtigen Sehenswürdigkeiten der Altstadt.

41 **Viejo Sancho** (San José 1229, Tel. 2900 4063), u. a. uruguayische „Hausmannskost" in Anlehnung an die Herkunft der Einwanderer (u. a. Kassler mit Kartoffeln), große Portionen und bezahlbare Preise, daher abends besser reservieren!

19 **Paneterría Literaria Elena** (Ituzaingó 1434, Tel. 2916 7499), Konditorei mit hervorragenden Torten, Kuchen und Gebäck – und einem gut bestückten Bücherregal (bislang aber nur spanischsprachige Literatur). Sehr guter Kaffee!

42 **La Genovesa** (San José 1242, Tel. 2900 8729), vor allem für Paella und Meeresfrüchte bekannt, aber auch Pasta und Fleisch. An den Wochenenden gibt es besondere Angebote: einmal bezahlen und dann essen, so viel man schafft. Eine Institution.

34 **Clube Brasileiro** (18 de Julio 994, Tel. 2902 4344), über 100 Jahre altes Clubrestaurant in einem wunderschönen Gebäude. Mit dem Aufzug in den 2. Stock fahren (evtl. fragt der Portier, wohin man möchte, und verweist dann sehr gerne und sehr freundlich darauf, dass man in den 2. Stock fahren muss). Die original belassene Einrichtung ist ein atemberaubendes Zeugnis für die wirtschaftliche und kulturelle Blüte Uruguays: Art-déco-Mosaikfußboden, Bleiglasfenster nach außen und als Abgrenzung zu den innen liegenden Räumen. Unbedingt auf die Herrentoilette gehen, um den Pfau in all seiner Pracht bewundern zu können!

39 **La Vegetariana** (Paseo Yí 1369, www.lavegetariana.com.uy), das Lokal gehört zu den ersten **vegetarischen Restaurants** in Montevideo; viel Salat und Gemüse, außerdem vegetarische Hamburger etc. Auch Filiale in Pocitos, Libertad 2729, Tel. 2709 8272. Mittlerweile bieten viele Restaurants in der Stadt auch vegetarische Gerichte an.

5 **Úrbani** (Circunvalación Durango 381 / Plaza Zabala, Tel. 2916 4229), sehr schönes Restaurant mit großartigem Blick auf einen der schönsten Plätze der Ciudad Vieja. Internationale und uruguayische Küche, von Frühstück über Brunch bis hin zu Business Lunch und Nachmittagskaffee.

40 **Restaurant Facal** (Av. 18 de Julio 1249 / Paseo Yi, Tel. 2908 7741, www.facal.com.uy), traditionelles Restaurant gegenüber dem Fuente de los Candados (Brunnen der Schlösser, Liebesbrunnen), angeblich eines der ersten von Montevideo, sehr modern renoviert. Fast rund um die Uhr geöffnet, sehr freundlicher und zuvorkommender Service, gutes Preis-Genuss-Verhältnis, tagsüber Tango-Shows.

■ **Oro del Rhin** (vier Filialen: 26 Colonia 897 / Convención und 37 Plaza Cagancha 2903-2007 / Av. 18 de Julio, beide im Zentrum; 15 Punta Carretas Shopping und 23 Bulevar España / Rambla, beide in Pocitos, Plan S. 24, www.orodelrhin.com.uy), dieses Café, dessen Name „Rheingold" an die alten Nibelungensage erinnern soll, ist ein Klassiker der Hauptstadt. 1927 wurde das erste Café von einem deutschen Konditor eröffnet, seitdem gilt Oro del Rhin als Garant für gute deutsche Konditorkunst.

10 **Estrecho** (Sarandi 460 / Misiones, Tel. 2915 6107), moderne Küche mitten in der Altstadt; sehr beliebtes Restaurant, dessen Dreh- und Angelpunkt sein langer Tresen (mit ca. 15 Sitzplätzen) ist, hinter dem die Köchin und Chefin *Benedicte Buffard* mo-

tags die Feria de Tristán Narvaja auf der Av. Tristán Narvaja (trad. Trödelmarkt über mehrere Straßen, v. a. bekannt für Antiquitäten und Bücher). Außerdem lohnt sich samstags der Flohmarkt auf der Plaza Constitución in der Altstadt. Ohnehin findet man in der Altstadt viele **Antiquitätengeschäfte. Kunsthandwerk** lässt sich gut in der Nähe des Hafens im Mercado del Puerto kaufen, außerdem auf sogenannten **Ferias Artesanales** (Kunsthandwerkliche Märkte), die sich ebenfalls auf der Feria de Tristán Narvaja und ferner auf der Plaza Constitución in der Altstadt finden. Für den Kauf von **Souvenirs** ist man ebenfalls im Mercado del Puerto richtig. Hier gibt es zwei Geschäfte, die sich auf den Verkauf typischer Andenken mit Uruguay- bzw. Montevideoaufdrucken spezialisiert haben. Dazu zählt vor allem Fußballkleidung in allen Größen, für beide Geschlechter und alle Altersgruppen.

Gay friendly! Schwules Leben in Montevideo

Als Uruguay vor wenigen Jahren die gleichgeschlechtliche Ehe legalisierte, war das zwar revolutionär (nicht nur) für Lateinamerika, aber nicht für das Land, das schon in den 1930er Jahren Homosexualität entkriminalisiert hatte und mit Schwulen und Lesben (vor allem in Montevideo) wenig Probleme hat. Nicht umsonst ist vor einigen Jahren der **September** zum **„Monat der Vielfalt"** (span.: *Mes de la Diversidad*) in Uruguay ausgerufen worden, in dem sexuelle Freiheit und Differenz mit Events und Partys gefeiert werden. Dazu gehört vor allem der **„Marsch der Vielfalt"** *(Marcha por la Diversidad),* der immer am letzten Freitag im September lautstark und bunt von der Plaza Independencia über die Avenida 18 de Julio bis zur Plaza Libertad zieht und mit vielen Partys in den entsprechenden Bars, Clubs und Restaurants endet. Eine weitere interessante Veranstaltung im Monat der Vielfalt ist das **Filmfestival „Llamale H",** das Kurz- und Spielfilme rund ums Thema zeigt.

Gleichgeschlechtliche Liebe mag in Uruguay noch nicht ganz so offen gelebt und gezeigt werden wie in anderen (westlichen) Ländern der Welt, aber Schwule, Lesben, Bisexuelle und Transgender aus dem Ausland sind voll des Lobes für die Lockerheit der Uruguayos sowie das aufregende und abwechslungsreiche Nachtleben vor allem in der Hauptstadt. Schon seit vielen Jahren gibt es z. B. die **Schwulen-Clubs** 3 **Caín Dance** (Plan S. 24) oder 27 **Alexander** (Plan S. 28), in denen die Gay Community regelmäßig bis in den Morgen hinein feiert, oder traditionelle Cruising-Orte wie den **Prado-Park** oder den **Busbahnhof Tres Cruces.** Dazu sind viele Hotels, Restaurants, Bars und Saunen gekommen, die explizit „gay friendly" sind.

Und: Seit einigen Jahren gibt es in Montevideo auch einen ursprünglich rein **homosexuellen Fußballverein,** der beim Gay World Cup 2012 den zweiten Platz belegte. Ganz im Sinne sexueller Vielfalt und Freiheit hat man inzwischen beschlossen, auch Heteros, Bisexuelle und Transgender aufzunehmen. Der Club gehört dem ersten LGBTH-Sportverein U.C.D.D. *(Uruguay Celeste Deporte y Diversidad)* an.

Kunsthandwerk gibt es vor allem von **„Manos del Uruguay"** („Uruguayische Hände"; www.manos.com.uy). Dabei handelt es sich um eine Kooperative bzw. Selbsthilfeorganisation von mehr als 800 Kunsthandwerkerinnen. Sie bieten ihre Erzeugnisse online und in verschiedenen Geschäften in Montevideo an. Das Gleiche gilt für **„Hecho acá"** („Hier hergestellt"; www.hechoaca.com.uy). Auch deren Produkte sind in Geschäften in den Einkaufszentren von Montevideo erhältlich, vor allem Kunsthandwerk aus Peltrina, einer Zinklegierung, sowie Keramik und Schmuck.

Als Mitbringsel erwähnt sei auch die **„Mesa Criolla"** („Kreolischer Tisch"), ein Mix aus süßen, salzigen und pikanten Spezialitäten der uruguayischen Küche.

Auf den **„Mercados de los Artesanos"** („Märkte der Kunsthandwerker"; www.mercadodelosartesanos.com.uy) findet man zum Teil sehr originelles Kunsthandwerk aus verschiedensten Materialien, u.a. auch Holzspielsachen für Kinder.

Da Uruguay noch ein sehr junger Staat ist (nicht einmal 200 Jahre) und die Indígenas vollständig ausgerottet wurden, ist es in seiner Kultur sehr viel europäischer geprägt als andere lateinamerikanische Länder. Daher werden hier sehr viel weniger traditionelle bzw. kunsthandwerkliche Gegenstände als in anderen lateinamerikanischen Ländern gefertigt. Eigentlich kann man auch die **Mate-Ausrüstung** nicht wirklich als Kunsthandwerk bezeichnen (auch wenn sie zum Teil „auf alt" gemacht ist), weil es ein Gebrauchsgegenstand des täglichen Lebens und überall zu kaufen ist. Viele Produkte tragen auch den Stempel „Made in China" ...

Einkaufszentren (Plan S. 24)

Die wichtigsten Einkaufszentren der Hauptstadt sind das 29 **Montevideo Shopping Center** (Av. Dr. Luis Alberto de Herrera 1290), 30 **Shopping Tres Cruces** im Busbahnhof Tres Cruces (Bulevar Gral. Artigas 1825), das 15 **Punta Carretas Shopping** (José Ellauri 350) und 31 **Portones Shopping** in Carrasco mit einem Ambiente, das dem noblen Stadtteil entspricht (Av. Italia 5775). Die Konsumtempel sind vergleichbar mit den großen Einkaufszentren in Europa, öffnen in der Regel von 10 bis 22 Uhr und beherbergen von Supermärkten über Kleidungs- und Schuhgeschäfte bis hin zu Frisören oder Reisebüros vielerlei Läden.

■ Darüber hinaus bestehen noch mehrere ältere **Einkaufsgalerien (Galerías)** im Zentrum an der Av. 18 de Julio. In ihnen findet man ebenfalls Geschäfte aller Branchen: Buch- und Bekleidungsläden, Schuh- und Lebensmittelgeschäfte, (Änderungs-)Schneidereien, Sex Shops, CD- und Plattenläden usw. Dabei sollte man sich nicht davon irritieren lassen, dass sie etwas heruntergekommen aussehen: Die Produkte sind genauso einwandfrei wie der freundliche Service. Adressen: 34 18 de Julio zwischen Wilson Ferreira Aldunate und Julio Herrera Obes sowie 36 18 de Julio / Calle Paraguay.

■ In der Calle San José, einer Parallelstraße zur Av. 18 de Julio (zwischen Convención und Río Negro) gibt es auch zwei 33 35 **Supermärkte.** Sie führen neben Lebensmitteln (frisches Obst und Gemüse, Fleisch, Fisch, Milchpodukte und Backwaren sowie Getränke aller Art, inkl. Alkoholika) all die Produkte des täglichen Bedarfs, die man aus europäischen Supermärkten gewohnt ist (auch Reinigungs- und Hygieneartikel). Das **Preisniveau** der Lebensmittel ist aber kaum niedriger als in den einfachen Restaurants der Stadt, sodass man sich als Tourist nicht notwendigerweise selbst versorgen muss, um Geld zu sparen.

Internet/Telefon/Post

Angesichts der Tatsache, dass **WLAN** (in Uruguay WiFi genannt) nicht nur in Ho(s)tels, Restaurants und Bars, sondern auch an vielen Straßenecken und auf den Plätzen via HotSpots in der Regel kostenlos zu haben ist und fast alle Menschen mit Handy bzw. Smartphone ausgestattet sind, sind Internetcafés bzw. die alten Telefonkabinen in den Locutorios sowie Telefonzellen kaum mehr zu finden.

Auf dem Teilabschnitt der Av. 18 de Julio zwischen der Plaza Independencia und der Plaza Cagancha gibt es noch einige wenige **Internetcafés (Cibercafés),** in denen man auch **Telefonkabinen** findet, ebenso sogenannte **Locutorios,** wo man auch **Geld wechseln** kann. Die gängig verfügbaren Währungen mit tagesaktuellen Kursen sind neben dem UR-$ vor allem argentinische Pesos, brasilianische Reales, US-$ und Euro.

Das **Hauptpostamt** befindet sich in der Altstadt (Buenos Aires 541, Tel. 2916 0200, contacto@correo.com.uy). Alle anderen Niederlassungen sind unter www.correo.com.uy gelistet. Nachfragen zu Paketsendungen kann man auch an GestionesParaClientes@correo.com.uy richten.

Banken

Die wichtigsten Kreditinstitute Uruguays haben alle ihren Hauptsitz und mehrere Niederlassungen in Montevideo (sie finden sich zumeist auch in den anderen in diesem Reiseführer verzeichneten Orten). Eine vollständige **Übersicht** aller Kreditinstitute des Landes mit Adressen und Telefonnummern ist im Internet unter folgender Adresse zu finden (allerdings nur span.): http://ahorrar. com.uy/bancos/bancos-uruguay-sucursales-telefono-direccion.

■ **Banco República,** besser bekannt als BROU: Altstadt: Cerrito 351, Zentrum: Av. 18 de Julio 1670, Carrasco: Av. Alfredo Arocena 1637, Montevideo Shopping Center: Dr. Luis A. de Herrera 1290, Pocitos: Av. Brasil 3049, Punta Carretas Shopping: Calle Ellauri 350

■ **Banco Itaú:** Zentrum: Av. 18 de Julio 1322, Altstadt: Zabala 1463, Carrasco: Gabriel Otero 6437, Pocitos: Juan B. Blanco 876, Punta Carretas Shopping: F. Solano García 2575 / V. Soliño, Tres Cruces: Avelino Miranda 2467

■ **Banco Santander:** Altstadt: Cerrito 449, Zentrum: Av. 18 de Julio 1228, Carrasco: Blanes Viale 6399

■ **Banco Comercial:** Zentrum: Av. 18 de Julio 1952, Zentrum: Paraguay 1383, Carrasco: Av. Arocena 1590, Pocitos: Juan B. Blanco 935, Punta Carretas Shopping: Ellauri 350, Shopping Tres Cruces: Av. Bvar. Artigas 1825

Polizei

Das **Polizeipräsidium** liegt im Zentrum in der Calle Carlos Quijano 1110 / San José, einer Seitenstraße der Av. 18 de Julio, Tel. 2908 9101, 2152 2000. Eine **Adressliste** der Polizeipräsidien aller Departamentos (inkl. Mailadressen und Telefonnummern) findet sich unter www.minterior.gub.uy/index.php/institucional/autoridades/jefaturas.

Nachtleben (Plan S. 28)

Bars

28 **Tasende** (Ciudadela 1300 / San José, Tel. 2900 2970), siehe bei „Essen und Trinken".

8 **Almacen del Hacha** (Buenos Aires 202 / Maciel), der „Laden der Axt" ist eine alte urige Kneipe.

16 **AlmodóBar** (Rincón 626 / Juan Carlos Gómez), Do bis Sa ab 21 Uhr Live-Musik.

13 **El Pony Pisador** (Bartolomé Mitre 1326), ab 19 Uhr geöffnet, Live-Musik.

6 **El UniBar** (Plan S. 24, Eduardo Acevedo 1450 / Guayabo), Mo bis Sa ab 11 Uhr bis Sonnenaufgang.

Clubs/Boliches

Vor 1 Uhr morgens lohnt es sich nicht, diese Clubs anzusteuern, ab 3 Uhr geht es dann richtig los, und gegen 6 oder 7 Uhr ist langsam Schluss.

1 **Aruba** (Plan S. 24, Galicia 930)
17 **Evolution** (Rincón 746 / Ciudadela)
20 **L.O.V.E.** (Rincón / Ciudadela)
22 **Milenio** (25 de Mayo 749 / Ciudadela)
25 **Pachamama** (Plaza Independencia 1382)
15 **Velvet Club** (Rincón / Juan Carlos Gómez)

12 **WLounge** (Plan S. 24, Rambla Presidente Wilson / Requena y García, Eingang Parque Rodó, Tel. 2712 2671, www.wlounge.com.uy), dieser beliebte Club gehört zur landesweit erfolgreichen Kette WLounge. Erst gegen Mitternacht geöffnet; oft ist der Eintritt günstiger oder gar kostenlos, wenn man vor dem Massenansturm (also vor 1.30 / 2 Uhr morgens) kommt. Heißes Treiben auf mehreren Tanzflächen bis ca. 8 Uhr morgens.

Live-Musik und andere Auftritte („live" heißt auf Spanisch *en vivo*):

30 **En vivo** (Maldonado 979)

3 **Tractatus** (Rambla 25 de Agosto 540)

16 **Che Montevideo** (Plan S. 24, Rambla M. Ghandi 630)

11 **El Living** (Plan S. 24, Juan Paullier 1050 / Edil Hugo Prato)

9 **La Casona de Campbell** (Plan S. 24, Pedro Campbell 1420 / Rivera)

5 **La Conjura Bar** (Plan S. 24, Tristán Narvaja 1634 / Uruguay)

10 **Perillan** (Plan S. 24, Juan D. Jackson 1083 / Durazno)

Tangolokale/Milongas

49 **Garufa** (Carlos Gardel 967), kleines Lokal mit gutem Lehrer.

48 **La Vieja Cumparsita** (Carlos Gardel 1181), sehr traditionsreiches Lokal.

43 **Joventango** (San José 1312 / Alquiles Lanza 1290, im Mercado de la Abundancia), Tangotanzen montags, mittwochs, freitags und sonntags.

31 **Baar Fun Fun** (Soriano 922), 1895 gegründet und damit eine der ältesten Bars der Stadt.

24 **Espacio Cardapio** (Uruguay 966 / Río Branco), sehr gemischtes Publikum, alle Altersgruppen.

2 **Tanguería Vieja Luna** (Plan S. 24, Av. Rondeau 1715), Shows mit Tango, Candombe und Gaucho-Folklore sowie Tanz zu Live-Musik.

8 **Milonga Callejera** (Plan S. 24, immer mittwochs auf der Plaza Liber Seregni), gut besuchte kostenlose Milonga mit Gratis-Unterricht.

Museen

Eine Museen-Übersicht für Montevideo und ganz Uruguay findet sich unter **www.museos.gub.uy**.

■ **Cabildo de Montevideo,** Geschichtsmuseum und Historisches Stadtarchiv (Museo y Archivo Histórico Cabildo de Montevideo), Juan Carlos Gómez 1362, http://cabildo.montevideo.gub.uy, Mo bis Fr 12–17.45 Uhr, Sa 11–17 Uhr, Eintritt frei.

■ **Casa de Fructuoso Rivera,** Geschichtsmuseum (Museo Histórico Nacional), Rincón 437, www.museohistorico.gub.uy, Mi bis So 11–16.45 Uhr, Eintritt frei. Hier lebte *José Fructuoso Rivera,* erster Präsident der Republik Uruguay nach offizieller Verkündung der Verfassung.

■ **Palacio Taranco,** Nationalmuseum für dekorative Kunst (Museo de Artes Decorativas Palacio Taranco), 25 de Mayo 376, www.cultura.mec.gub.uy/taranco, Mo bis Fr 12.30–17.40 Uhr, Eintritt frei. Die ständige Ausstellung des Museums besteht aus der europäischen Sammlung mit Gemälden, Skulpturen, Textilien und Möbeln.

■ **Casa del Gral. Juan Antonio Lavalleja,** Nationales Geschichtsmuseum (Museo Histórico Nacional Casa del Gral. Juan Antonio Lavalleja), Zabala 1469, www.museohistorico.gub.uy, Mo bis Fr 9–16.45 Uhr, Eintritt frei. Altes Kolonialgebäude, erbaut 1783, in seiner Innenausstattung weitgehend original erhalten; war das Privathaus des Unabhängigkeitskämpfers und späteren Präsidenten *Juan Antonio Lavalleja.*

■ **Museo Andes 1972,** Andenmuseum 1972, Rincón 619, www.mandes.uy, Mo bis Fr 10–17 Uhr, Sa 10–15 Uhr, Eintritt: ca. 200 UR-$ (kann vorher unter Tel. 2916 9461 oder 9964 7848 in Erfahrung gebracht werden). Außerordentlich beliebtes und vielfach empfohlenes Museum eines Deutschen. Es beschäftigt sich auf einzigartige Weise mit dem Flugzeugabsturz über den Anden im Jahr 1972 und der unfassbaren Geschichte der Überlebenden (alles Uruguayer), die erst nach über 72 Tagen gefunden wurden. Das Museum empfiehlt den Besuch mit

Kultur-Metropole – der Karneval, die schönen und andere Künste in Montevideo

Das kulturelle Leben der Hauptstadt ist vielfältig, und zwar das ganze Jahr über: Theater und Konzerte, Museen, Galerien und Ausstellungen, zahlreiche Musikumzüge, Tanzvorführungen und -veranstaltungen, Feste und natürlich der **Karneval.** Er wird in Montevideo mehr als einen Monat lang mit täglichen Straßen- und Bühnenauftritten („Tablados"), auch im Teatro de Verano im Parque Rodó, gefeiert und ist damit der längste der Welt. Die ganze Stadt ist im Rausch, wenn die großen Paraden ähnlich wie in Río de Janeiro durch die Straßen ziehen (allerdings ohne nackte Brüste und ohne meterhohe Wagen), wenn auf den öffentlichen Plätzen, in den Parks, Bars und an anderen Orten spontan Spektakel improvisiert werden oder wenn bei dem großen offiziellen Wettbewerb die Menschen in unterschiedlichen Kategorien wie der Murga (einer Mischung aus Musik, Gesang, Verkleidung und schwarzem politischen Humor) und den Lubolos (einer afrikanisch geprägten farbenprächtigen Musikpantomime) gegeneinander antreten.

Während der Karneval (nicht nur in Montevideo, auch in vielen anderen Städten des Landes) ausschließlich im Sommer stattfindet, gibt es **Candombe-Umzüge** das ganze Jahr über samstags und sonntags in einigen Vierteln der Stadt (vor allem in Barrio Sur und Palermo). Diese aus Afrika stammenden Trommler- und Tänzer-Umzüge (ursprünglich veranstaltet zur Austreibung von Krankheit und anderen Übeln) sind neben dem Tango die wichtigste musikalisch-kulturelle Ausdrucksform der Uruguayos und gehören seit 2009 zum immateriellen Weltkulturerbe der UNESCO. Zu ihren traditionellen Figuren gehören die *molembas de ebano* (Ebenholzgazellen, gemeint sind attraktive Tänzerinnen, die für Jugend und Lebensfreude stehen), die Matriarchin *mama vieja* (alte Mutter) und ihr Ehemann, der *gramillero* (Medizinmann), sowie der *escobero* bzw. *bastonero* (Stabmann). Zum Rhythmus der Trommeln und begleitet von Fahnenschwingern ziehen die Figuren durch die Straßen und Bars.

Mindestens genauso populär wie Candombe und Tango ist die größte Bühne der Stadt, die zugleich das zweitälteste Theater Lateinamerikas ist: das **Teatro Solís** am Rande der Ciudad Vieja. 1856 mit einer Oper von *Giuseppe Verdi* eingeweiht, wurde das Theater 2004 nach sechsjähriger Renovierung wiedereröffnet. Alles, was in der Theater-, Konzert- und Opernwelt Rang und Namen hat, tritt hier auf. Aus gutem Grund wird das Haus im selben Atemzug mit dem Teatro Colón in Buenos Aires oder dem legendären Opernhaus von Manaus im brasilianischen Regenwald genannt.

Neben dem Teatro Solís ist das S.O.D.R.E. der zweitgrößte und -wichtigste Veranstaltungsort der uruguayischen Hauptstadt. Gerade die Ballettaufführungen des argentinischen Direktors des **Ballet Nacional del Sodre,** *Julio Bocca,* sind national und international sehr angesehen. Darüber hinaus finden sich noch andere kleinere Theater und zahlreiche **Kinos** (meist in den „Shopping" genannten Kaufhäusern beheimatet) sowie eine Cinemathek. Diese **Cinemateca Uruguaya** ist der wichtigste alternative Filmclub des Landes und zeigt pro Monat zahlreiche

Filme unterschiedlichster Regisseure und Nationalitäten zu günstigen Preisen.

Die große Zahl wichtiger **Museen** in Montevideo ist beeindruckend: Sei es das Museum für plastische Kunst oder das Museum zeitgenössischer Kunst (Espacio de Arte Contemporáneo), das in einem ehemaligen Gefängnis beheimatet ist, sei es das Museum für visuelle Kunst (Museo Nacional de Arte Visuales) im Rodó-Park oder das dem Maler *Torres García* gewidmete Museum in der Altstadt – sie alle sind ebenso faszinierend wie die historischen Museen der Stadt, zu denen das Fußball-Museum im **Estadio Centenario** (hier fand 1930 die erste Fußball-WM statt) und das Gaucho-Museum gehören.

Karneval in Montevideo

uru015_010 mtd-lc

Kindern ab 12 Jahren bzw. rät dazu, jüngere Kinder etwas vorzubereiten. Ausstellungen und Führungen auf Spanisch, Englisch und auch auf Deutsch!

- **Museo de Arte Precolombino,** Museum präkolumbischer Kunst (Museo de Arte Precolombino e Indígena, MAPI), 25 de Mayo 279, www.mapi.org.uy, Mo bis Fr 11.30–17.30 Uhr, Sa 10–16 Uhr, Eintritt: 200 UR-$ (die Eintrittskarte „Pase Museos" schließt auch den Eintritt für die Museen Torres García, Gurvich und Museo del Carnaval ein). Das MAPI bietet seinen Besuchern eine ständige Sammlung von mehr als 700 archäologischen und ethnografischen Gegenständen aus verschiedenen Kulturen Lateinamerikas, vor allem aber von den Völkern, die das Gebiet des heutigen Uruguay bewohnten.
- **Museo del Carnaval,** Karnevalsmuseum, Rambla 25 de Agosto de 1825 / Maciel, www.museodelcarnaval.org, April bis Dezember: Mi bis So 11–17 Uhr, Dezember bis März: Mo bis So 11–17 Uhr, Eintritt: 90 UR-$ oder 200 UR-$ für den „Pase Museos", der auch den Eintritt für die Museen Torres García, Gurvich und Museo de Arte Precolumbino einschließt.
- **Mausoleo al Gral. José Gervasio Artigas,** Artigas-Mausoleum, ganztägig geöffnet, Eintritt frei. Das Mausoleum wird von einer Ehrengarde bewacht und befindet sich unter dem überlebensgroßen Artigas-Reiterstandbild auf der Plaza Independencia.
- **Museo del Gaucho y de la Moneda,** Gaucho- und Geld-Museum, Palacio Heber Jackson, Av. 18 de Julio 998, www.bancorepublica.com.uy/web/guest/fundacion-banco-republica/museo-gaucho, Mo bis Fr 10–16 Uhr, Eintritt frei. Das Museum beherbergt viele Exponate, Gemälde und Skulpturen, die die Geschichte der Gauchos, ihren Alltag und nationale uruguayische Traditionen dokumentieren. Dazu gehören auch eine Sammlung von Silberwaren (u. a. Skulpturen, Messer, Lampen und Volkskunst) und eine ständige Ausstellung von Münzen und Geldscheinen sowie zur wechselhaften Wirtschaftsgeschichte des Landes.
- **Museo de la Historia del Arte (MUHAR),** Kunstgeschichtliches Museum, Ejido 1326, http://

Montevideo und Umgebung

muhar.montevideo.gub.uy, Di bis Fr 11.30–18.45 Uhr, Sa/So 12.15–17.45 Uhr, Eintritt frei.

Museo Gurvich, Kunstmuseum, Sarandí 524, www.museogurvich.org, Mo bis Fr 10–18 Uhr, Sa 11–15 Uhr, Eintritt: 100 UR-$ (bis 12 Jahre kostenlos). Das Museum widmet sich dem Leben und der Kunst von *José Gurvich,* einem der berühmtesten Maler des Landes.

Museo Militar General Artigas, Militärmuseum General Artigas, Av. José Batlle y Ordóñez / Holanda, Mi bis So 10–17 Uhr, Eintritt frei. Das Museum in der alten Festungsanlage zeigt Verteidigungs- und Rüstungsgegenstände, Landkarten sowie Uniformen aus der Zeit der Unabhängigkeit und eine Kanone der Firma Krupp aus dem Jahr 1889. S. a. „Fortaleza del Cerro de Montevideo".

Museo de Bellas Artes Juan Manuel Blanes, Museum der Schönen Künste Juan Manuel Blanes, Avenida Millán 4015, http://blanes.montevideo.gub.uy, Di bis Fr 11.30–18.45 Uhr, Sa/So 12.15–17.45 Uhr, Eintritt frei. Das Museum enthält neben einer ständigen Ausstellung der Werke von *Juan Manuel Blanes* auch Gemälde anderer uruguayischer Künstler. S. a. „Parque del Prado".

Museo de la Memoria, Museum der Erinnerung, Av. de las Instrucciones 1057 / Av. José Batlle y Ordóñez, http://mume.montevideo.gub.uy, Mo bis Sa 13–18 Uhr, Eintritt frei. Das Museum befasst sich in seiner ständigen Ausstellung v. a. mit der Militärdiktatur und ihren Opfern. Inhaltliche Gliederung: Errichtung der Diktatur, Widerstand, Gefängnisse, Exil, die Verschwundenen, Rückkehr zur Demokratie, Kampf für Wahrheit und Gerechtigkeit.

Museo del Fútbol, Fußball-Museum, Estadio Centenario, Av. Dr. Alfredo Navarro, www.estadiocentenario.com.uy, Mo bis Fr 10–17 Uhr, Eintritt frei.

Museo Pedro Figari, Juan Carlos Gómez 1427, www.museofigari.gub.uy, Di bis Fr 13–18 Uhr, Sa 10–14 Uhr, Eintritt frei. Das Museum beherbergt das kulturelle Erbe von *Pedro Figari* (1861–1938), einem der bedeutendsten Maler des Río-de-la-Plata-Raums.

Teatro Solís und CIDDAE (Zentrum für Forschung, Dokumentation und Verbreitung der darstellenden Künste), Reconquista / Bartolomé Mitre, www.teatrosolis.org.uy, Di bis So 11–20 Uhr, verschiedene Bereiche des Theaters, u. a. das CIDDAE, sind fast jeden Tag frei zugänglich für Besucher. Führungen (Termine variieren häufig, vgl. www.teatrosolis.org.uy/uc_153_1.html) kosten auf Spanisch 20 UR-$, auf Englisch, Portugiesisch und Französisch 50 UR-$; Fr und So 17 Uhr Führung, die die Einflüsse der Freimaurer in der Geschichte des Theaters thematisiert.

Kollektion Engelman Ost (Rondeau 1426, costlow@adinet.com.uy), derzeit die größte private Sammlung zeitgenössischer uruguayischer Kunst in Montevideo. Das Ehepaar *Clara Ost* und *Carlos Engelman* hat es sich zur Lebensaufgabe gemacht, die Werke (junger) uruguayischer Künstler zu sammeln, um ihre Arbeit vor dem Vergessen zu bewahren. Keine regelmäßigen Öffnungszeiten, Besichtigungen sind nur nach Voranmeldung per E-Mail möglich. Doch der Aufwand lohnt sich!

Aktivitäten

Möglichkeiten für Outdoor-Aktivitäten, ob am Strand und im Wasser, ob auf dem Golfplatz oder im Stadion, gibt es in Montevideo in allen Variationen – jedoch (noch) nicht mit der in Europa oder anderen Urlaubsländern bekannten Infrastruktur. Die Vermittlung für die gewünschten Aktivitäten findet in den allermeisten Fällen in den **Hostels** bzw. **Hotels** statt. Oft bieten diese selbst ein eigenes Programm an, oder sie haben eine Reihe von Leuten (meist Familienmitglieder, Verwandte oder Freunde), die dies tun. Die Leistungen und Preise werden vorher vereinbart, dann werden Pferde, Fahrräder, Angeln, Surfbretter etc. zum gewünschten Ort „geliefert". Angebote für **Wassersport(unterricht)** – besonders Kitesurfen ist derzeit sehr beliebt – findet man auch oft spontan an den Stränden der Hauptstadt. Da die Personen dort aber nicht verlässlich jeden Tag ihren Service anbieten, ist eine Buchung oder zumindest eine Empfehlung im Ho(s)tel vorzuziehen.

Eine weitere Möglichkeit ist der Gang in die nächste **Touristeninformation:** Hier werden zum Teil Anbieter für die jeweils gewünschte Aktivität vermittelt. Außerdem versorgen die Mitarbeiter Touristen auch mit Kartenmaterial.

Angeln ist an der Küste Montevideos und in den Flüssen und Seen des Umlands möglich. Ein besonderes Dokument wie der deutsche Angelschein ist dafür nicht nötig. Fänge von fünf bis fünfzehn Kilo pro Fisch sollen hier keine Seltenheit sein. Wer sich ein richtig spektakuläres Hochseeangel-Erlebnis wünscht, kann auch dies in der Regel dank der Vermittlung durch die Mitarbeiter seines Ho(s)tels wahr werden lassen. In den privaten bzw. familiengeführten Unterkünften ist man sogar häufig bereit, den Fang anschließend zuzubereiten – das sollte aber auf jeden Fall vorher geklärt werden!

Für Golfer stehen in der Stadt zwei **Golfplätze** (18 Loch) bereit: Club de Golf del Cerro, Punta de Lobos Cerro, Tel. 2311 1305, und Club de Golf de Uruguay, Bulevar Artigas 379, Tel. 2710 1721.

Apotheken

Oft ist zu hören, Uruguay oder zumindest Montevideo habe eine der weltweit höchsten Apotheken-Dichten je Einwohner. Apotheke heißt auf Spanisch **farmácia** und wird Fcia. abgekürzt. Die folgende Auswahl trifft keine Aussage zur Qualität oder den Preisen, sondern orientiert sich daran, wie gut die Apotheken (für Touristen) erreichbar sind. Im Internet findet sich eine **Übersicht** unter www.apifarma.com.uy/FARMACIAS_MONTEVIDEO.pdf.

- **Altstadt / Zentrum:** San Roque, Sarandí 667, Tel. 2916 2962; San Roque, Av. 18 de Julio 1078 / Paraguay, Tel. 2902 2838
- **Carrasco:** Tienda Inglesa, Av. Italia 5820 / Ancona, Tel. 2601 6060 / 2601 6050
- **Pocitos:** San Roque, Juan B. Blanco 1196 / Miguel Barreiro, Tel. 2708 1151
- **Punta Carretas:** Ellauri 411, Tel. 2710 2864

Zahnärzte

Eine Zahnarzt-Notrufnummer, die 24 Stunden pro Tag, 365 Tage im Jahr erreichbar ist, bietet **Red Dentis** (dt.: Dental-Netz) unter Tel. 2487 4487 an. Vermittelt wird je nach Bedarf und Aufenthaltsort innerhalb Montevideos eine geeignete Praxis. Bei einem Anruf ist es wichtig, die eigenen Ausweispapiere parat zu haben, da Red Dentis vor der Vermittlung diverse Angaben abfragt. Eine **Übersicht** aller Zahnarztpraxen der Hauptstadt(-Region) steht auf www.reddentis.com.uy/html/impresion.php.

Krankenhäuser

- **Hospital Británico** (englisch sprechende Ärzte), Av. Italia 2420, Tel. 2487 1020.
- **Hospital Evangélico** (englisch sprechende Ärzte), Av. Batlle y Ordóñez 2759, Tel. 2472 319.
- **Clinica Española,** Bulevar Artigas 1465, Tel. 2400 4101.
- **Hospital de Clínicas,** Av. Italia, Tel. 2487 1515.
- **Hospital Italiano,** Bulevar Artigas 1632, Tel. 2487 0717. Das „Italienische Hospital" ist das größtes Krankenhaus Uruguays.

Mafalda, Ikone der lateinamerikanischen Linken

uru015_011 lbo

Trenes a Vapor – mit der Dampflok durch Uruguay

Über mehr als 100 Jahre hatte Uruguay eines der am besten ausgebauten Eisenbahnnetze Lateinamerikas. Die Länge des Schienennetzes betrug insgesamt 2900 km. Die vier Linien führten zu fast allen größeren Städten des Landes. So trug die Eisenbahn nicht nur zur Versorgung, sondern auch wesentlich zum infrastrukturellen und architektonischen Ausbau sowie zum wirtschaftlichen Aufschwung des Landes bei. Aber vor gut 20 Jahren begann das Land, den Schienenverkehr immer mehr einzustellen. Mittlerweile wird nur noch ein kleines Teilstück des Schienennetzes für den Güterverkehr benutzt. Die alten, mit Wasserdampf betriebenen Lokomotiven und Waggons wurden verschrottet.

Um genau zu sein: Sie wurden zum größten Teil verschrottet. Die A.U.A.R., die **Asociación Uruguaya Amigos del Riel** (Uruguayischer Verband der Freunde der Schiene), trug entscheidend dazu bei, einige der alten Pullman-Loks aus britischer Herstellung zu erhalten und wieder instand zu setzen.

So fahren nun einige dieser „Museen auf Rädern" Touristen **durch die nähere Umgebung Montevideos.** Zu ihren Zielorten zählen zwei der Weingüter in der Nähe von Montevideo sowie die alte Bahnstation Peñarol, die sich in einem der Vororte der uruguayischen Hauptstadt befindet. Abfahrtsort ist der **Neue Bahnhof** (*Nueva Terminal,* Calle Paraguay / Nicaragua). Der Preis betrug zuletzt 300 UR-$ pro Person. Bis zur Vollendung des siebten Lebensjahres kann ein Kind pro Erwachsener gratis mitfahren – jedoch ohne Anspruch auf einen Sitzplatz.

Dieses Angebot richtet sich hauptsächlich an die Passagiere der Ozeankreuzer, die in Montevideo anlegen, da die Züge aus Kostengründen möglichst vollbesetzt fahren sollen. **Individualreisende** haben die Möglichkeit, sich (mit ausreichend Vorlauf!) an die A.U.A.R. zu wenden und mögliche Termine (sowie die aktuellen Preise) zu erfragen.

■ **Kontakt:** www.trenesavapor.com

uru017_008cover lbo

Busse ab Terminal Tres Cruces

Der **Busbahnhof** (Bulevar Gral. Artigas 1825 / Av. Italia, Tel. 2408 8710) ist der **wichtigste Verkehrsknotenpunkt des Landes.** Mittel- und Langstreckenbusse fahren von hier zu Städten in und außerhalb Uruguays. Busgesellschaften, Destinationen, Abfahrtszeiten, Preise und weitere Infos finden sich unter **www.trescruces.com.uy/boleterias.** Die Fahrtziele ändern sich häufig saisonbedingt, daher am besten immer auf der Website überprüfen.

Busgesellschaften (mit wichtigen Destinationen)

- **Agencia Central Chadre – Sabelín** (www.agenciacentral.com.uy): Artigas, Bella Unión, Canelones, Carmelo, Colonia del Sacramento, Florida, Fray Bentos, Mercedes, Rivera, San José, Tacuarembó, Termas del Daymán
- **Belt / Buquebus** (www.buquebus.com.uy): Arapey, Buenos Aires, Colonia del Sacramento, La Paloma, Piriápolis, Punta del Este
- **Bruno** (www.empresabruno.com.uy): Durazno, Florida, Minas, Pan de Azúcar, Piriápolis, Punta del Este
- **Bus de la Carrera** (www.busdelacarrera.com.uy): Buenos Aires, Campana, Fray Bentos, Mercedes, Punte del Este
- **Cacciola** (www.cacciolaviajes.com): Buenos Aires, Tigre (beide Argentinien)
- **CITA** (www.cita.com.uy): Canelones, Florida, Mendoza, San José
- **Colonia Express** (http://www.coloniaexpress.com.ar): Buenos Aires
- **COT** (www.cot.com.uy): Aguas Dulces, Chuy, Cabo Polonio, Colonia del Sacramento, Colonia Valdense, José Ignacio, La Paloma, Laguna Garzón, Punta del Diablo, Punta del Este, Santa Teresa, Valizas
- **COPSA** (www.copsa.com.uy): Atlántida, Canelones, José Ignacio, Lagomar, Laguna Garzón, Maldonado, Piriápolis, Punta del Este, Solymar
- **CYNSA** (www.cynsa.com.uy): Melo, Río Branco, Rivera, Salto
- **El Norteño** (www.busdelnorte.com.uy): Bella Unión, Salto, San José, Termas del Arapey, Termas del Daymán
- **TURIL** (www.turil.com.uy): Artigas, Colonia del Sacramento, Nueva Helvecia, Rivera

Busse ab Terminal Baltasar Brum

Von diesem **Busbahnhof** (auch unter dem Namen Terminal Río Branco bekannt; Río Branco / Galicia, Tel. 2902 4074, 2902 4075) bestehen **vor allem Verbindungen zu den Ferienorten in der Nähe von Montevideo.**

Nationale Flugverbindungen

Inlandsflüge gehen derzeit von Montevideo (Aeropuerto Internacional de Carrasco) **nach Paysandú, Salto, Rivera und Punta del Este** (Aeropuerto de Laguna del Sauce). Es gibt weitere (Inlands-)Flughäfen in Uruguay, u. a. in Colonia del Sacramento, Carmelo und Durazno, doch sind diese derzeit nicht für den regulären Passagierverkehr geöffnet, sondern werden ausschließlich für (private) Flugtaxis und Charterflüge genutzt.

Mietwagen

Einen Wagen zu mieten ist in und um Montevideo kein Problem, ebenso wenig in den meisten anderen größeren Städten entlang der Küste und an den Grenzen. Eher schwierig ist es im Landesinneren. Die einfachste Variante für Touristen sind die Anbieter am **Flughafen** in Carrasco. Hier finden sich sowohl internationale (u.a. Avis, Europcar und Hertz) als auch uruguayische Verleiher. Die meisten von ihnen sind hier 24 Stunden am Tag geöffnet. Wenn nicht, gibt es eine Regelung für die Abholung oder Abgabe der Wagen außerhalb der Geschäftszeiten.

- **Sixt,** Tel. 2900 4490, www.sixt.de/mietwagen/uruguay/montevideo/montevideo-flughafen
- **Avis,** Tel. 2604 0334, www.avis.de/Autovermietung/Lateinamerika/Uruguay/Montevideo/Flughafen-Montevideo; weitere Avis-Mietstationen in Montevideo: www.avis.com/car-rental/location/LAT/UY/Montevideo
- **Europcar,** Tel. 2604 0350, www.europcar.com.uy (hier stehen auch weitere Anmietstationen in Montevideo)
- **Weitere Autoverleiher** in Montevideo finden sich unter www.ihrmietwagen.de/stationen/montevideo-UY.html.

Fähren nach Buenos Aires

Ein beliebter Ausflug von Montevideo-Touristen ist die ca. 3½ Stunden dauernde Fahrt mit der Fähre nach Buenos Aires. Angeboten wird diese Verbindung von der **Gesellschaft Buquebus** (Tel. 2683 3000, www.buquebus.com.uy) im Fährhafen (Terminal Fluvio-Marítima), der sich auf dem Hafengelände von Montevideo (Rambla 25 de Agosto / Yacaré) befindet. Da die Preise oft variieren, empfiehlt sich ein Blick auf die Internetseite vor der Ticketbuchung; der Kauf online ist in der Regel günstiger als der Erwerb des Tickets im Hafen. Zu den argentinischen Einreisebestimmungen siehe „Praktische Tipps A–Z/An- und Einreise").

Canelones

Obwohl Canelones nur 45 km nördlich von Montevideo liegt und die Stadt die zweithöchste Bevölkerungsdichte des Landes aufweist, ist sie in ihrer Gestaltung den Städten im Landesinneren sehr viel ähnlicher als der Hauptstadt. Von Bäumen umsäumte Parks, ein- bis zweigeschossige Häuser im Stil der 1930er bis -50er Jahre, ruhige Straßen und insgesamt viel Grün bestimmen das Stadtbild. Dabei ist Canelones nicht nur die **Hauptstadt des gleichnamigen Departamento,** sondern auch sein wirtschaftliches und kulturelles Zentrum.

Im Verlauf des 18. Jahrhunderts als Villa de Nuestra Señora de Guadalupe zwischen den Flüssen Canelón Chico und Canelón Grande gegründet, siedelten sich hier in den 1770er Jahren ehemalige galizische und kanarische Soldaten an, die sich dann der Landwirtschaft verschrieben. Als **Gründungsvater** gilt der Priester **Miguel Laguna,** der später auch den Bau der heutigen Kathedrale vorantrieb. Die offizielle Verbriefung ihrer Gründung erhielt die Gemeinde im Jahr 1783, als vor Ort 70 Häuser, eine Kapelle und ein Gefängnis standen. Einige Jahrzehnte später, im Zuge der Unabhängigkeitskämpfe, rief der heutige Nationalheld **General Artigas** hier die Umverteilung von Grund und Boden zugunsten der Ärmsten, die rechtliche Gleichstellung von Mann und Frau, die Abschaffung der Sklaverei sowie die Alphabetisierung aller Einwohner der Banda Oriental aus. 1816 machte *Artigas* die Gemeinde zum Verwaltungssitz des neu gegründeten Departamento Canelones.

Durch die Nähe zu Montevideo hat Canelones, das 1916 seine Stadtrechte erhielt, immer eine **bedeutende politische und wirtschaftliche Rolle** gespielt: So hat die Verfassunggebende Vollversammlung hier am 18. Dezember 1828 die Gestaltung der Nationalflagge beschlossen. Anfang der 1870er Jahre wurde Canelones an das Eisenbahnnetz angeschlossen, und im 20. Jahrhundert etablierten sich Mühlen und Gefrierhäuser.

Letztere begründeten die wirtschaftliche Bedeutung der Stadt, da bis heute von hier aus Fleisch in die ganze Welt exportiert wird. Zugleich befindet sich Canelones im Zentrum der Land-, Vieh- und Weinwirtschaft des Departamento.

Sehenswertes

Zentraler Treffpunkt ist der Hauptplatz, die **Plaza 18 de Julio,** in deren Mitte das **Monumento a la Bandera** bzw. La Joaquína zu Ehren der Nationalflagge und des ehemaligen Präsidenten *Joaquín Suárez,* ein Sohn der Stadt, steht. Am Rand des Platzes befinden sich u. a. die Kathedrale und das Polizeipräsidium.

Die **Kathedrale** ist der Schutzheiligen und ersten Namensgeberin von Canelones, **Nuestra Señora de Guadalupe,** gewidmet. 1843 errichtet, beherbergt sie zwei Attraktionen: eine auf Holz gemalte *Virgen de Guadalupe,* die Mitte des 18. Jahrhunderts aus dem peruanischen Cuzco hergebracht wurde, sowie eine um 1900 im italienischen Savona gefertigte mechanische Orgel, die 1989 restauriert und vor einigen Jahren zum Nationaldenkmal deklariert wurde.

La Ruta del Vino – Uruguays Weinstraße

In Uruguay erzeugen heute rund **270 Bodegas** auf etwa 10.000 ha Fläche knapp 100.000 hl Wein pro Jahr. Viele der uruguayischen Weingüter befinden sich in der Nähe von Canelones im gleichnamigen Departamento. Sie stehen für etwa 60% des landesweiten Weinanbaus. Für Besucher veranstalten die meisten von ihnen **Führungen** durch ihre Weinlagen und -keller sowie **Weinverkostungen und Feste,** wie etwa das Erntefest Festival de la Vendimia im März. Übernachtungen bieten bislang nur wenige Bodegas an. Man kann jederzeit bei den Winzern anrufen und einen Besuch vereinbaren.

Eine Auswahl an Bodegas

- **Bodega Bouza** (Camino de La Redención 7658, Montevideo, Tel. 2323 7491, Restaurant: Tel. 2323 4030, www.bodegabouza.com), Boutique-Weingut in historischen Gebäuden mit fabelhaftem Restaurant sowie beeindruckender Oldtimer-Kollektion, die ständig größer wird.
- **Bodegas Carrau** (Av. Gral. Eugenio Garzón 2556, Montevideo, Tel. 2320 0238), traditionelle Bodega in alten herrschaftlichen Gebäuden, zum Besitz zählen auch Weinlagen im Norden Uruguays.
- **Bodega De Lucca** (R 48 km 13,100, El Colorado, Tel. 2367 8076, deluccawines@adinet.com.uy), eines der ältesten Weingüter des Landes – von der Grantigkeit des Eigentümers nicht abschrecken lassen, seine Weine sind top.
- **Bodega Toscanini** (R 69 km 30, Canelón Chico, Tel. 2368 9679, info@toscaniniwines. com), eine der erfolgreichsten Bodegas mit vielen nationalen und internationalen Prämierungen.
- **Bodega Filgueira** (R 81 km 6,500, Cuchilla Verde, Tel. 2336 6868, www.bodegafilgueira.com), wunderschön gelegenes Weingut, auf dem eine Winzerin die Weine vinifiziert.
- **Establecimiento Juanicó** (R 5 km 38,200, Juanicó, visita@juanico.com, Tel. 094 847 482), eine der größten Bodegas des ganzen Landes. Die Weine finden sich in fast jedem Restaurant und Supermarkt.

uru015_098 lbo

Informationen/Museum

- Weitere **Informationen** zu diesen und anderen Bodegas unter: **Los Caminos del Vino – Bodegas Familiares del Uruguay,** info@uruguaywinetours.com, Tel. 099 149 662.
- Wer etwas über die **Geschichte des Weinbaus** in Uruguay erfahren möchte, kann auch das Weinmuseum besuchen: **Museo de la Uva y el Vino,** geöffnet Di bis So 10.15–17.15 Uhr, Elías Regules / R 67, **Las Piedras,** Tel. 2365 7633, patrimonio.canelones@imcanelones.gub.uy.

Zu Canelones kulturellen Attraktionen zählen außerdem zwei Museen und das Theater Politeama. Hinter der neogotischen Fassade des **Museo Histórico Casa Comandante Juan Spikerman** (Geschichtsmuseum; Treinta y Trés / Zorrilla de San Martín, Tel. 4332 3111) sind Exponate ausgestellt, die typisch für die Entstehungszeit von Canelones sind, u. a. eine Münz- und eine Waffensammlung aus der Zeit der Unabhängigkeitskämpfe unter General *Artigas* sowie eine Spinnensammlung.

Das **Museo Arqueológico Prof. Antonio Taddei** im Parque Artigas (Ecke Martínez Monegal / Joaquín Suárez, Tel. 4332 2368) beherbergt Uruguays drittgrößte Sammlung prähistorischer Stücke aus Keramik sowie menschliche Knochen und Steine, die Professor *Taddei* in den 1950er, -60er und -70er Jahren aus allen Teilen des Landes zusammengetragen hat und die der indigenen Urbevölkerung zugeschrieben werden.

Erst vor wenigen Jahren wurde das **Teatro Politeama** (Tomás Berreta 312, Tel. 4332 3070) für rund 2 Mio. US-$ renoviert. 1921 erbaut, bietet es Platz für rund 750 Besucher und ist eine der größten Bühnen des Landes. Die Akustik wird als herausragend gelobt. In dem Theater treten nationale und internationale Akteure aus Schauspiel, Musik und Tanz auf. Aber auch Bands und Gruppen aus Canelones selbst haben hier die Möglichkeit, sich zu präsentieren. Neben den Aufführungen kann man das Haus auch für Gebäudeführungen besuchen.

Eine der größten Attraktionen der Stadt ist der **Parque Artigas** (Av. Eduardo Martínez Monegal / Joaquín Suárez), der rund 20 ha groß ist und in dem sich neben dem Archäologischen Museum (s. o.) auch ein **Zoo** (Tel. 4332 3060) befindet; die Käfighaltung der Tiere ist eher kritisch zu betrachten … Der Park selbst wird von den Einwohnern der Stadt gerne für gesellige Treffen und zum Grillen genutzt.

Einige Kilometer außerhalb von Canelones, nahe **Los Cerrillos,** liegt der 60 ha große **Parque Parador Tajes** am Río Santa Lucía (R 47, km 51). Hauptattraktion ist das ehemalige Sommerhaus im italienischen Stil von General *Máximo Tajes* (Präsident Uruguays 1886–1890), das allerdings nur selten für Besucher zugänglich ist. Der Park (Eintritt 6–24 Uhr, ca. 3 €) ist sehr beliebt: Das Freizeitangebot ist groß (u. a. Spielplatz, Fußball und Basketball, Reiten, Schwimmen, Motor- und Ruderboote, Angeln und eine Konzertbühne), es gibt schöne Wanderwege bis hoch auf einen Hügel mit guter Sicht über das Umland sowie einen Campingplatz.

Praktische Tipps

Information

■ **Información Turística – Centro Municipal de Informes,** Av. Martínez Monegal, beim Parque Artigas, Tel. 4332 3457, canelonesturismo.gub.uy.

Übernachten (außerhalb)

1 **Hotel Oriental**② (ca. 20 km von Canelones, über die R 11 nach **Santa Lucía,** Bulevar Battle y Ordóñez 99, Tel. 4334 6276, www.hotel-oriental-uruguay.com), klimatisierte Zimmer mit Gartenblick, nah am Fluss, angeblich das erste touristische Hotel Uruguays und weitgehend im Vintagestil eingerichtet (alte Möbel, Bodenfliesen etc.).

Gästen erholsame und unvergessliche Tage zu bereiten: Palmen, Hängematte und ein kleiner Pool.

■ **Regency Zonamerica**②-③ (R 8 km 17, Jacksonville, Tel. 2517 0101, www.regencyzonamerica.com.uy), nur ein paar Kilometer nördlich der Ciudad de la Costa gelegen, ist dieses aus roten Backsteinen gebaute Hotel inmitten grüner Landschaft an einem See der perfekte Ort, um Kraft zu tanken: Pool (innen und außen), Sauna, Whirlpool und Fitnessraum, aber vor allem das Restaurant sowie das freundliche und hilfsbereite Personal machen den Aufenthalt mehr als angenehm.

■ **Faros de Carrasco**③ (Av. de las Americas 7777 / Barra de Carrasco, Carrasco, Tel. 2604 2256), Hotel bzw. Apartments, nur 400 m vom Parque Roosevelt und 5 Min. mit dem Auto vom Internationalen Airport entfernt, ist dieser moderne Komplex (fertiggestellt im Oktober 2014) für Menschen bestimmt, die dem Luxus zusprechen: Jedes der großzügig angelegten Apartments hat zwei Schlafzimmer, zwei Bäder und einen Küche-Wohnzimmerbereich, außerdem einen Balkon und eine Terrasse. Zudem gibt es in den Gemeinschaftsanlagen u.a. einen Fitnessraum, zwei Pools (innen und außen), eine Sauna und einen Whirlpool – geöffnet von 8 Uhr bis Mitternacht. Und wie alles in Carrasco ist es nicht weit zu den Stränden des Río de la Plata.

Essen und Trinken

■ **El Gran Pez** (San Ramón, zwischen Santa Paula und Santa Rosa, El Pinar, Tel. 2698 9639, www.elgranpez.com), uriges, beliebtes Restaurant mit weiß gestrichenen Backsteinwänden, perfekt für Familien, Kinder können im Garten spielen, höherpreisig, unbedingt reservieren.

MEIN TIPP: **Lo de Monica** (Av. del Parque / Arizona, Barra de Carrasco, Tel. 2604 1290 / 2604 1130), traditionell italienische Küche, u. a. selbst gemachte Pasta. Am traditionellen uruguayischen Gnocchi-Tag, dem 29. jeden Monats, unbedingt die ebenfalls hausgemachten Gnocchis bestellen (werden in Uruguay *ñoquis* geschrieben). Eines der beliebtesten Restaurants in Ciudad de la Costa, alles wird frisch zubereitet (daher längere Wartezeit auf das Essen einkalkulieren), reservieren.

■ **Hendrix Music Bar** (Lavalleja 1018, Barra de Carrasco, Tel. 094 122 700), Inhaber sind zwei landesweit bekannte Rockmusiker, Livemusik (nicht nur Rock 'n' Roll, u. a. auch Tango), Standup Comedians und Theater. Sehr gemischte Speisekarte, an den Wochenenden reservieren.

■ **Puerto Pausa** (R 101 km 24,500, Shangrilá, Tel. 2682 9915), Restaurant-Cafeteria an der Schnellstraße; der erste Eindruck ist eher schwierig, alles sehr dunkel und etwas wie aus der Zeit gefallen, doch dafür ist die Küche sehr gut: klassisch uruguayisch – mit Chivitos, frisch Gegrilltem, Pizzas und Empanadas.

■ **Mar Abierto** (Av. Giannattasio km 28,500, El Pinar, Tel. 2698 5363, www.pizzeriamarabierto.com.uy), Pizzeria: Paella, Chivitos, viele Fleischgerichte; gutes Preis-Leistungsverhältnis, netter Service, sehr beliebt, mittwochs ab 21.30 Uhr Live-Musik.

An-/Weiterreise

■ Mit dem **Auto** erreicht man Ciudad de la Costa ab Montevideo auf verschiedenen Routen über die Uferpromenade (Rambla Av. Costanera) Richtung Osten, über die Av. Giannattasio (Verlängerung der Av. Italia und Hauptweg zur Ciudad de la Costa) oder über die Ruta Interbalnearia.

■ Mehrere **Buslinien** (z. B. COPSA) fahren vom Busbahnhof Terminal Baltasar Brum in Montevideo zur Ciudad de la Costa.

Aktivitäten

Reiten

■ **Club Haras El Cortijo** (Ruta Interbalnearia km 29, oder R 101 km 31, Tel. 094 451 569), Reitunterricht, Ausritte und Polo.

■ **Haras La Perseverancia** (Ruta Interbalnearia km 55,500, 200 m nach Süden, den Schildern folgen, Tel. 4373 9565, loscaballos@adinet.com.uy). Reiterhof, Reitschule und Restaurant.

Surfen

■ **Indico – Surf, skate y vestimenta** (Av. Giannattasio km 21, Lagomar, Tel. 2683 1348, Mo bis Sa 10–21 Uhr). Verleih (unregelmäßig) von Ausrüstung und Equipment direkt am Strand.

Angeln

■ **Club de Pesca Ciudad de la Costa** (Av. Giannattasio km 23,600, Ciudad de la Costa, Tel. 2696 1854 / 2696 4264, clubdepescacc@clubdepescaciudaddelacosta.com). Angelsportverein. Angeln kann und darf man an allen ausgewiesenen Plätzen (im Land, an den Küsten und auf hoher See), es gibt aber keine landesweite Übersicht über diese Stellen, daher ist die beste Empfehlung, sich im Ho(s)tel bzw. bei der Tourist-Info zu informieren.

Golf

■ **La Tahona Golf Club** (Camino de los Horneros 220, Ciudad de la Costa, Tel. 2684 0196 / 2683 0297, www.latahona.com.uy).

Wassersport

■ **Lago Aventura** (Delia y Racine zwischen Av. Giannastasio und Av. de las Américas, Parque Roosevelt, Tel. 2682 6098, für Informationen 9–17 Uhr). Diverse Wassersportarten, Vermietung von Jetski, Spaßboote etc.

Salinas

Salinas ist ein weiterer **klassischer Badeort** und markiert von Montevideo aus betrachtet den **Beginn der uruguayischen Costa de Oro** (Goldküste). Salinas schließt nahtlos an die Ciudad de la Costa an. Der große Bogen über der **Ruta Balnearia** am Ortseingang im Stil der 1940er Jahre sieht zwar etwas altmodisch aus, ist aber ein Zeichen dafür, dass Salinas schon vor vielen Jahrzehnten entstanden ist und über eine dementsprechend gute Infrastruktur verfügt. Ein weiteres architektonisches Wahrzeichen der Stadt ist der **Obelisk** am Strand am Ende der Av. Julieta, der zugleich die Endhaltestelle der Buslinie markiert. Salinas ist der einzige Ort an der Costa de Oro, dessen eigentliche Einwohnerzahl auch während der Hochsaison höher bleibt als die Anzahl der Urlauber, daher sind die Preise hier das ganze Jahr über ziemlich stabil und bezahlbar. Der **Strand** ist die Hauptattraktion von Salinas. Schwimmen, Surfen, Wellenreiten und andere Wassersportarten gehören zum Sommerprogramm. Das Nachtleben ist eher ruhig. Die wichtigsten Einkaufsmöglichkeiten finden sich an der Hauptstraße Av. Julieta.

Praktische Tipps

Information

■ **Información Turística** für die gesamte Region: Roger Ballet (zwischen Calle 1 und Calle 3), Atlántida (s. u.).

Übernachten

- **Cabañas Albatros**② (Av. Julieta, 50 m westlich des Obelisks, bzw. Interbalnearia km 38,5, www.balneariosalinas.com, Tel. 098 913 031), Bungalows für 4 bis 6 Personen, komplett ausgestattet, direkter Zugang zum Strand, Meerblick. Reservierungen über die Website (www.balneariosalinas.com/contacto/cabanas) erbeten.

Camping

- **Camping Marítimo**① (Rambla Costanera / Av. Julieta, www.balneariosalinas.com, Tel. 092 360 679), 5 ha großer Zeltplatz, ganzjährig geöffnet, zum Strand offen, ruhig gelegen, dennoch in Fußnähe zu einem Einkaufszentrum, Pool, fest installierte Grillvorrichtungen, Stromanschlüsse, 20 Duschen, 8 Toiletten, Waschmöglichkeit für Kleidung etc. 24-Std.-Betreuung, ausreichend Platz für Autos.

Essen und Trinken

- **Doña Cata** (Interbalnearia km 37,800 / Pitanga, Tel. 4376 2764 / 4376 2765), Pizzeria und Empanadas, einfach, gut, günstig. Täglich von 18 bis 1 Uhr geöffnet.
- **Restaurante Papacho** (Av. Julieta / Interbalnearia, Tel. 4376 1523), Parrilla und Pizzeria, sehr gut und günstig, täglich von 10 bis 1 Uhr geöffnet, auch mit Lieferservice.

An-/Weiterreise

- Die **Buslinien** Raincoop, Cutsca und COPSA fahren von Montevideo (Terminal Baltasar Brum) auch in diesen Badeort.

Atlántida

Der **älteste Badeort der Costa de Oro** ist zugleich einer der klassischsten des Landes. Mit einer Tradition von mehr als 100 Jahren hat Atlantis, wie die Stadt auf Deutsch heißt, ein **touristisches Angebot für unterschiedlichste Geschmäcker:** zwei Strände (Playa Mansa mit ruhigeren, Playa Brava mit wilderen Wellen, die Surfer das ganze Jahr über anziehen), ein facettenreiches Kulturangebot, diverse Geschäfte, Restaurants, ein abwechslungsreiches Nachtleben und viel Natur. Hier kann jeder gut Urlaub machen, der eine entspannte und freundliche, fast schon familiäre Atmosphäre sucht, ganz gleich ob mit oder ohne Kinder. Dabei ist der Urlaub hier in allen Preiskategorien möglich, vom Zeltplatz bis zum Luxushotel reicht die Palette der Unterkünfte. Die gleiche finanzielle Bandbreite gilt für die Gastronomie.

Unabhängig vom Tourismus ist Atlántida über die Grenzen Uruguays hinaus bekannt: Da ist zum einen seine Architektur. An einigen Stellen der Stadt stehen noch **Art-déco-Gebäude,** die ein bisschen an Miami erinnern; daher wurden hier 2005 Teile des Films „Miami Vice“ gedreht. Zwei echte architektonische Wahrzeichen sind das ehemalige **Hotel Planeta Palace,** ein emblematischer Vertreter des Art déco, und die **Iglesia de Dieste,** die sich durch ihre ungewöhnliche Form auszeichnet. Und dann ist Atlántida auch bekannt, weil hier der weltberühmte chilenische Dichter **Pablo Neruda** viel Zeit verbrachte.

Bevor das heutige Atlántida entstand, das ursprünglich Las Toscas hieß, be-

Montevideo und Umgebung

fand sich an Ort und Stelle die jesuitische **Estancia San Ignacio.** Erst 1912 begann man mit der Parzellierung und dem Verkauf von Grundstücken. Ein Jahr später entstand das erste Hotel (Las Toscas) an der Rambla. 1915 erhielt Atlántida dann seinen heutigen Namen und gut 50 Jahre später die Stadtrechte.

Sehenswertes

In Atlántida erreicht man **alle Ziele sehr gut zu Fuß.** Nur die Strecke von der Interbalnearia (bzw. nördlich davon) zum Strand könnte etwas weit sein. Da bieten sich die Busse an, die durch den Badeort fahren.

Das **Hotel Planeta Palace** bzw. das **Edificio del Barco** (Schiffsgebäude) im Zentrum ist eines der typischsten Art-déco-Gebäude Uruguays (Eintritt frei, 10–17 Uhr). Das Hotel hatte als erstes Hotel des Badeortes Zentralheizung und heißes Wasser auf den Zimmern und galt als modernstes Hotel des ganzen Landes. Das vier Stockwerke hohe Gebäude (mit kleinem Aussichtsturm) sieht von außen tatsächlich wie ein Schiff mit Kommandobrücke aus, auch die Innenarchitektur (besonders im Lobbybereich und die langen Flure zu den Zimmern) erinnert an einen Ozeankreuzer.

Die **Iglesia de Dieste,** auch als **Iglesia Cristo Obrero** bekannt (R 11 km 164, nördlich der Interbalnearia), wurde von *Eladio Dieste,* einem der berühmtesten Architekten Uruguays, entworfen und ist eine der wenigen modernen Kirchen des Landes. In Fachkreisen wird ihre gelungene Verbindung von Struktur und Ästhetik gerühmt. Die Kirche sticht besonders durch die Wellenform ihrer aus Ziegeln bestehenden Seitenwände und der Decke heraus. Die Christus-Figur über dem Altar stammt von dem katalanischen Bildhauer *Díaz Yepes.* Für eine Besichtigung ist die Kirche nur samstags von 15 bis 18 Uhr geöffnet (aber man kann sich natürlich in eine der Messen setzen und einen Eindruck gewinnen).

Der **Zoo** von Atlántida (Av. Circunvalación / Calle 8, Tel. 4372 4522; freier Eintritt, 10–19 Uhr) beherbergt in erster Linie einheimische Tierarten und ist besonders bei Familien mit kleinen Kindern beliebt (nicht nur wegen des Spielplatzes).

Die **Estancia El Renacimiento** (s. u. „Essen und Trinken") bietet Ausritte und viele Spielmöglichkeiten für Kinder an, außerdem verfügt sie über ein gutes Restaurant und einen überaus beliebten Teesalon.

Praktische Tipps

Information

■ **Información Turística** in der Kommunalverwaltung: Roger Ballet (zwischen Calle 1 und Calle 3), Tel. 4372 3104 / 4372 6122 / 4372 4112, turismo@imcanelones.gub.uy.

Übernachten

■ **Posada Tartaruga**② (Rambla de Playa Mansa, Tel. 099 284 839 / 099 916 800, www.complejotartaruga.com.uy), violettes Haus mit weißen Fensterläden, 11 Apartments (alle simpel, aber voll ausgestattet), Terrasse, kleiner Garten mit Grillmöglichkeit, direkt am Strand und nur drei Blocks vom Zentrum entfernt; das ganze Jahr über geöffnet.

Mein Tipp: Rex Hotel② (Rambla Costanera / Calle 1, Tel. 4372 2009, www.rexatlantida.com), Art-déco-Gebäude 50 m von der Playa Brava, zwei Blocks von der Playa Mansa und nur vier Blocks vom Stadtzentrum entfernt, also optimale Lage, um die Vorzüge von Atlántida (Strand und Innenstadt mit Ausgeh- und Einkaufsmöglichkeiten sowie Sehenswürdigkeiten) zu genießen.

■ **Argentina**② (Calle 11 / Calle 24, Tel. 4372 2414 / 4372 1728, www. hotelargentina.com.uy), 3-Sterne-Hotel, das sich als umweltfreundlich bezeichnet, warum genau, war nicht herauszufinden …; auf jeden Fall gutes Preis-Leistungsverhältnis, zentrale Lage, kleiner Pool, Tiefgarage und nur zwei Blocks von der Playa Mansa entfernt.

Camping

■ **Campingplatz Cabañas CEA**① (Av. Pinares s/n, zwischen Ruta Interbalnearia und Calle 11, Tel. 4372 4171, www.cea.com.uy/centro-de-vacaciones), neben den Zeltplätzen stehen hier 14 voll ausgestattete Bungalows für 6 bzw. 8 Personen zur Verfügung; das Gelände ist 11 ha groß, hat einen hohen Baumbestand, individuelle Grillmöglichkeiten und vier Schwimmbecken. Fahrzeuge können mit auf den Campingplatz genommen werden.

Essen und Trinken

■ **El DeCano** (Calle 11 = Fußgängerzone, zwischen Calle 22 und Montevideo, www.restauranteeldecano.com), Restaurant mit Grill, auch Tische draußen, umfangreiche Karte, spanische Weine, übersichtliche Preise, etwas konservativ eingerichtet, sehr beliebt, vorher reservieren.

■ **Terrazas De La Barca** (Rambla Playa Mansa / Calle 12, Tel. 4372 8976), großes Strandrestaurant, sehr umfangreiche Karte, u. a. Meeresfrüchte und Fisch, Fleisch, Pasta und Salate; Live-Musik, Bar-Service sowie Volleyball- und Fußballplätze, Aerobic-Kurse etc. am Strand, viele Stammgäste (auch aus dem Ausland), besonders zum Sonnenuntergang beliebt.

Mein Tipp: Estancia El Renacimiento (R 11 km 157, 8 km von Atlántida entfernt, Tel. 4370 2021 / 099 108 597, www.estanciarenacimiento.com.uy), Restaurant mit Landküche (traditionelle Rezepte der Region), Fleisch, Pasta, Empanadas etc. Ideal für Familien: Spielplatz, Kälberfütterung, Melken von Kühen, Pool, Ausritte mit Pferden/Ponys, Traktorfahrten.

An-/Weiterreise

Angesichts seiner strategisch günstigen Lage zwischen Montevideo und Punta del Este ist Atlántida mit verschiedenen (öffentlichen) Transportmitteln gut zu erreichen.

■ Mit dem **Bus:** Von Montevideo fahren jeden Tag häufig Busse, die 1½ Std. bis Atlántida benötigen. Vom Terminal Baltasar Brum Richtung Parque del Plata mit den Linien Cutsca, COPSA und Raincoop. Vom Busbahnhof Tres Cruces fahren COT oder COPSA Este bis zum Ortseingang von Atlántida (Ruta Interbalnearia km 45), wo sich der Supermarkt Tienda Inglesa befindet. Diese beiden Linien fahren allerdings nicht in den Badeort hinein. Busbahnhof in Atlántida: Ruta Interbalnearia / Calle 11, Tel. 4372 4565.

■ Mit dem **Auto:** Außer auf der Ruta Interbalnearia (von Montevideo, Rocha und Maldonado aus) erreicht man Atlántida aus dem Westen des Landes auch über die R 11, die San José und Canelones kreuzt und bis zum Eingang der Stadt verläuft.

■ Mit dem **Flugzeug:** Der Internationale Flughafen Carrasco ist nur 20 km entfernt. Dort kann man einen der aus Montevideo kommenden Busse Richtung Osten nehmen, ein Auto mieten und über die Interbalnearia fahren oder einen Remise (Tel. 0323 2604) rufen. Ein anderer relativ nahe gelegener

Flughafen ist der Aeropuerto de Punta del Este in Laguna del Sauce (ca. 70 km entfernt). Dort nimmt man entweder einen der Busse Richtung Montevideo, oder man fährt mit dem Auto die Ruta Interbalnearia nach Westen.

Das Adlerhaus

Das Steinhaus **El Águila** (Der Adler) hat die Form eines Adlerkopfes verbunden mit einem Delfinkörper und wird oft fälschlicherweise Atlántida zugeschrieben, befindet sich aber 2,5 km westlich **in Villa Argentina.** Der Erbauer des Adlerhauses war der italienische Empresario *Natalio Michelizzi,* der sich schon bei seinem ersten Besuch in Atlántida so sehr in den Badeort verliebte, dass er hier Land kaufte und mehrere Gebäude errichten ließ (u. a. auch das Hotel Planeta Palace). La Casa del Águila ließ er bewusst etwas außerhalb bauen, um einen Rückzugsort zu haben und ungestört den Strand und das offene Meer beobachten zu können. Die „Adleraugen" sind große Fenster und bieten einen einzigartigen Blick auf den Strand. *Michelizzi* nannte das Haus ursprünglich La Quimera („Chimäre"), doch angesichts seiner Form setzte sich der aktuelle Name durch. Um das Haus rankten sich schnell diverse Legenden, etwa dass es ein Spionagestützpunkt der Nazis sei (obwohl erst 1945 fertiggestellt), ein Versteck für Schmuggler oder ein kosmisches Energiezentrum. Nach *Michelizzis* Tod 1953 blieb El Águila lange Zeit unbenutzt, bis sich vor einigen Jahren eine Gruppe von Nachbarn des Gebäudes annahm und zu einer Attraktion machte.

Villa Argentina ist ein einfacher Ort und nicht mit Atlántida zu vergleichen: Es gibt nur einige Villen und weniger touristische Infrastruktur. Der Ort ist bei Anglern sehr beliebt. Per Auto oder Bus erreicht man ihn von Atlántida über die R 11 nach Westen in wenigen Minuten, zu Fuß über den Strand in 15 Minuten.

■ **El Águila,** Villa Argentina, Tel. 4372 8699; ein Besuch lohnt zu jeder Jahreszeit (geöffnet 9–18 Uhr), der Eintritt ist frei; das Adlerhaus ist gut ausgeschildert und einfach zu finden.

El Águila – Adlerkopf mit Delfinkörper am Strand von Villa Argentina

uru015_102 mtd-ac

uru015_027 lbo

2 Der Süden und die Küste westlich von Montevideo

Die R 1 von Montevideo nach Westen ist wahrscheinlich die entspannteste Autobahn der Welt. Vorbei an Kühen und Pferden geht es in die älteste Stadt des Landes: Colonia del Sacramento.

< Kuh-ruguay

NICHT VERPASSEN!

- **Teatro Macció in San José de Mayo:** Tango-Legende Gardel gab hier sein letztes Konzert in Uruguay | 76
- **Basílica Catedral y Santuario Nacional de San José:** multinationales Bauwerk | 78
- **Die Altstadt von Colonia del Sacramento:** das koloniale Herz der ältesten Stadt des Landes | 86, 87
- **Estancia de Narbona:** Besichtigung einer typischen uruguayischen Estancia | 100

Diese Tipps sind gelb hinterlegt.

San José de Mayo – Plaza de los Treinta y Tres Orientales, der zentrale Platz der Stadt

uru015_028 lbo

ÜBERBLICK

Strände, alte Kolonialstädte, Estancias und die Einwandererorte, die in der zweiten Hälfte des 19. Jahrhunderts entstanden, prägen diesen Landstrich, der sich bis zu dem Punkt erstreckt, an dem der Río Uruguay in das Mündungsbecken des Río de la Plata fließt. Einige der schönsten Orte des Landes, wenn nicht ganz Lateinamerikas, befinden sich hier, allen voran Colonia del Sacramento.

Kiyú

Dieser **kleine Badeort direkt an der Steilküste des Río de la Plata** liegt gut 60 km westlich von Montevideo und ist **ideal für Naturliebhaber.** Wer keinen besonderen Komfort braucht, gerne Zeit an weißsandigen Stränden verbringt oder durch Wälder wandert und am liebsten zeltet, der ist in diesem eher rustikalen Badeort im Departamento San José auf Höhe der Klippen Barrancas de San Gregorio gut aufgehoben. Das Wasser des Río de la Plata hier ist so ruhig wie in einem Schwimmbecken und damit ideal für Familien mit (kleinen) Kindern. An vielen Stellen kann man angeln. Die Klippen sind zum Teil bis zu 50 m hoch, weswegen auch viele Drachenflieger herkommen.

Der historische Stellenwert des Ortes zeigt sich schon in seinem Namen: Kiyú ist ein Wort aus dem Guaraní und bedeutet Grille. Das Gebiet von Kiyú war **früher Heimat indigener Stämme** und ist daher eines der wichtigsten archäologischen Zentren des Landes. Die meisten Straßen des Ortes haben Namen aus indigenen Sprachen, die sich auf die Natur beziehen.

Der Süden und die Küste westlich von Montevideo

uru015_015 lbo

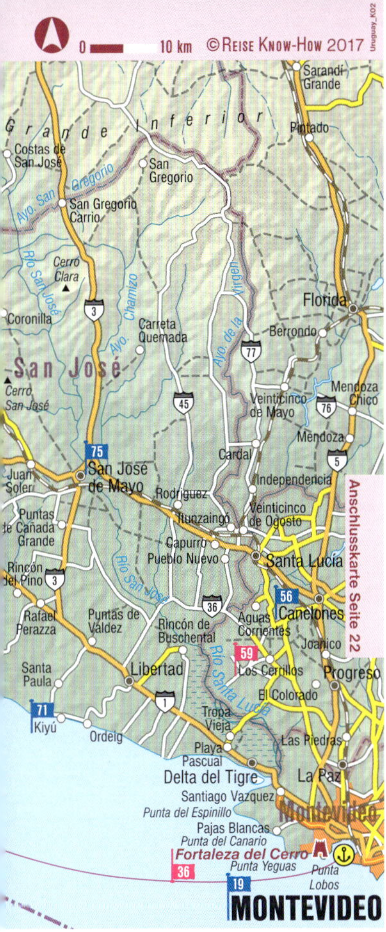

Inmitten der Ruhe und Beschaulichkeit von Kiyú gibt es an der **Costanera (Uferpromenade)** einige wenige Fixpunkte, an denen sich die Urlauber treffen: der **1 Parador „Chico“** (besonders beliebt wegen seiner Pizza; angeschlossen ist der kommunale Campingplatz Predio Municipal), der **7 Parador Grande** (ihm gegenüber auf der anderen Straßenseite der Campingplatz Las Acacias) sowie der **4 Parador La Familia.** An diesen Orten kann man sich mit dem Nötigsten versorgen. Außerdem trifft man sich hier, um zu essen, Musik zu hören oder einfach neue Bekanntschaften zu schließen. Da es in Kiyú noch keine Bankautomaten gibt (Stand: Juni 2017), sollte man ausreichend Bargeld bei sich haben, oder man muss weg von der Küste bis Libertad (ca. 10 km) fahren, um Geld abzuheben.

Kiyú: das Strandlokal Parador „Chico“ am Ufer des Río de la Plata

Praktische Tipps

Übernachten

2 Cabañas Urutaú② (an der Strandpromenade neben dem Parador „Chico", Tel. 099 659 512), Bungalows ca. 100 m vom Meer entfernt, mit dem Nötigsten ausgestattet.

5 Privatpersonen vermieten in der Hochsaison immer mal wieder ihre Häuser②-③ an Touristen; Vermittlung über **Inmobiliaria El Grillo,** Tel. 4345 7374, Costanera, Kiyú, elgrillokiyu@hotmail.com.

Essen und Trinken/Einkaufen

1 Parador „Chico" (an der Strandpromenade, Tel. 099 697 887, paradorchicokiyu@hotmail.com), Kiosk-Cafeteria, berühmt für seine *Pizza a la Pala,* Fahrrad- und Pferdeverleih.

3 Super Díaz (Supermarkt); die Preise in den Paradores sind nur geringfügig höher als in den Supermärkten.

Camping

1 Camping Predio Municipal①, der Campingplatz für 40 Zelte an der Uferpromenade wird von den Pächtern des Parador „Chico" geführt; sehr einfach, Grillmöglichkeiten, Trinkwasser, Duschen mit heißem Wasser, aber keine Steckdosen.

6 Camping Las Acacias① (Campingplatz gegenüber dem Parador Grande, Tel. 098 770 228 / 099 486 687), ca. 300 m vom Strand entfernt, der Platz öffnet jedes Jahr Anfang Dezember bis die Schul-/Semesterferien wieder enden; nur mit dem Nötigsten ausgestattet: Toiletten, Duschen (heißes Wasser von 19 bis 23 Uhr), Lebensmittelverkauf, Grillmöglichkeiten, Schatten durch Baumbestand.

An-/Weiterreise

■ Mit dem **Auto** führt der Weg nach Kiyú von Montevideo über die R 1 nach Westen bzw. von Colonia del Sacramento über die R 1 nach Osten. Auf der Höhe des km 61 die Ausfahrt nehmen, von dort sind es noch 14 km bis zum Strand.

Kiyú

Mit dem **Bus** (Linie CITA) gelangt man vom Terminal Tres Cruces in Montevideo **bis Libertad.** Von dort fährt ein Bus bis zum Parador „Chico" in Kiyú, von wo aus die Busse auch zurückfahren. Da Busse diese Strecke nur wenige Male pro Tag bedienen, ist es ratsam, vor der Reise bzw. vor Ort die aktuellen Abfahrtszeiten zu prüfen.

San José de Mayo

Auf halber Strecke der Inlandsroute zwischen Montevideo und Colonia del Sacramento gelegen, ist San José de Mayo eines der kulturellen Zentren von Uruguay. Die **kleine pittoreske Stadt** entstand Ende des 18. Jahrhunderts und gehört damit zu den ältesten Städten des Landes. Ihre (vor allem im Stadtkern) gut erhaltene Architektur stammt aus dem 19. Jahrhundert und hält für Touristen gleich mehrere interessante Denkmäler bereit, die die Geschichte der Stadt und des Landes bezeugen. Bekannt ist San José auch für seine **typisch kreolische Küche,** die in den Restaurants der Stadt und des Umlands serviert wird, und für seine Spielbank.

Sehenswertes

Ausgangspunkt einer Erkundung von San José sollte der zentrale Platz der Stadt sein, denn rund um die **Plaza de los Treinta y Tres Orientales** befinden sich einige der wichtigsten historischen Gebäude, darunter das Teatro Macció und die Kathedrale, sowie einige gute Restaurants. In der Mitte des Platzes steht ein Friedensdenkmal in Form eines Obelisken, die **Pirámide a la Paz de Abril de 1872,** erschaffen 1873 von dem italienischen Bildhauer *Juan Ferrari* im Gedenken an das Ende der „Revolution der Lanzen".

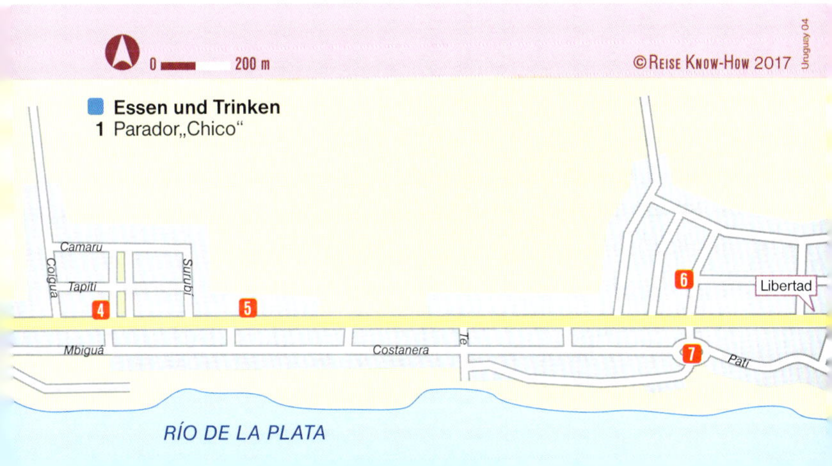

Die historische Bedeutung der Stadt wird noch nachvollziehbarer, wendet man sich von der Plaza de los Treinta y Tres Orientales in Richtung der **Fußgängerzone Asamblea,** in der sich der **Paseo de los Constituyentes** (ungefähr: Promenade der Gründungsväter) befindet. Der Name soll an die erste Gründungsversammlung des Landes erinnern, die 1828 in San José stattfand. Geht man die Fußgängerzone entlang, sieht man alte Villen und historische Überbleibsel wie die Fassade des Teatro Vallbona von 1873, das heute geschlossen ist. Außerdem finden sich hier mehrere Geschäfte, ein auffälliges Werk des zeitgenössischen lokalen Künstlers *Hugo Nantes* sowie die Galeria Perdomo, in der Kunsthandwerk lokaler Hersteller erworben werden kann.

Einer der architektonischen, historischen und kulturellen Höhepunkte der Stadt ist das **Teatro Macció,** das in Anspielung an das wichtigste Theater von Montevideo auch das „kleine Solís" genannt wird (18 de Julio / 25 de Mayo, Tel. 4342 2723). Es wurde zwischen 1909 und 1912 in Erinnerung an *Bartolomé Macció* (gest. 1900), einen Gutsbesitzer und Mitglied einer der historisch bedeutsamen Familien San Josés, von seiner Witwe und seinen Kindern erbaut. Am Abend der Einweihung spielte das Nationalorchester unter *Luis Sambucetti.* In der zweiten Hälfte des 20. Jahrhunderts ging das Theater in den Besitz der Stadt über. Im Laufe der Jahrzehnte wurde es baufällig und musste 1965 aus Sicherheitsgründen geschlossen werden; 1973 erfolgte eine erste Restaurierung, ein weiteres Mal wurde es nach der Jahrtausendwende saniert und 2010 wiedereröffnet. Seit über einem Jahrhundert ist

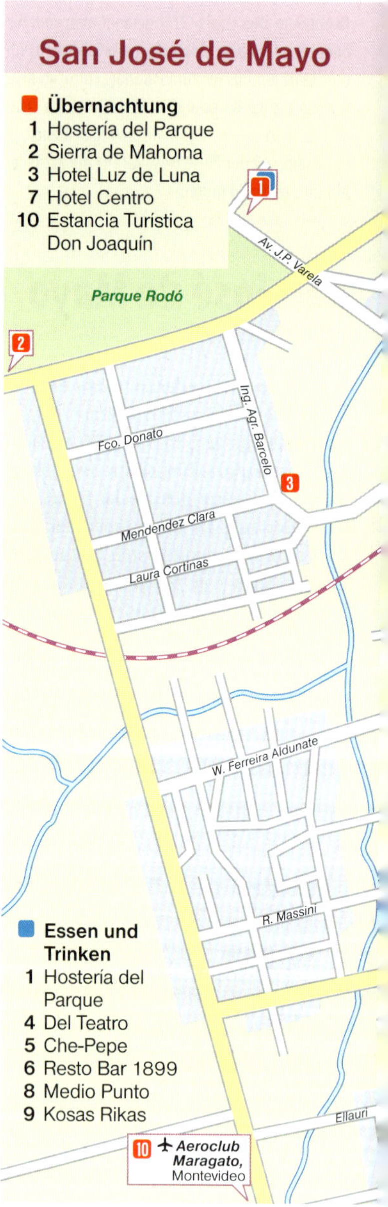

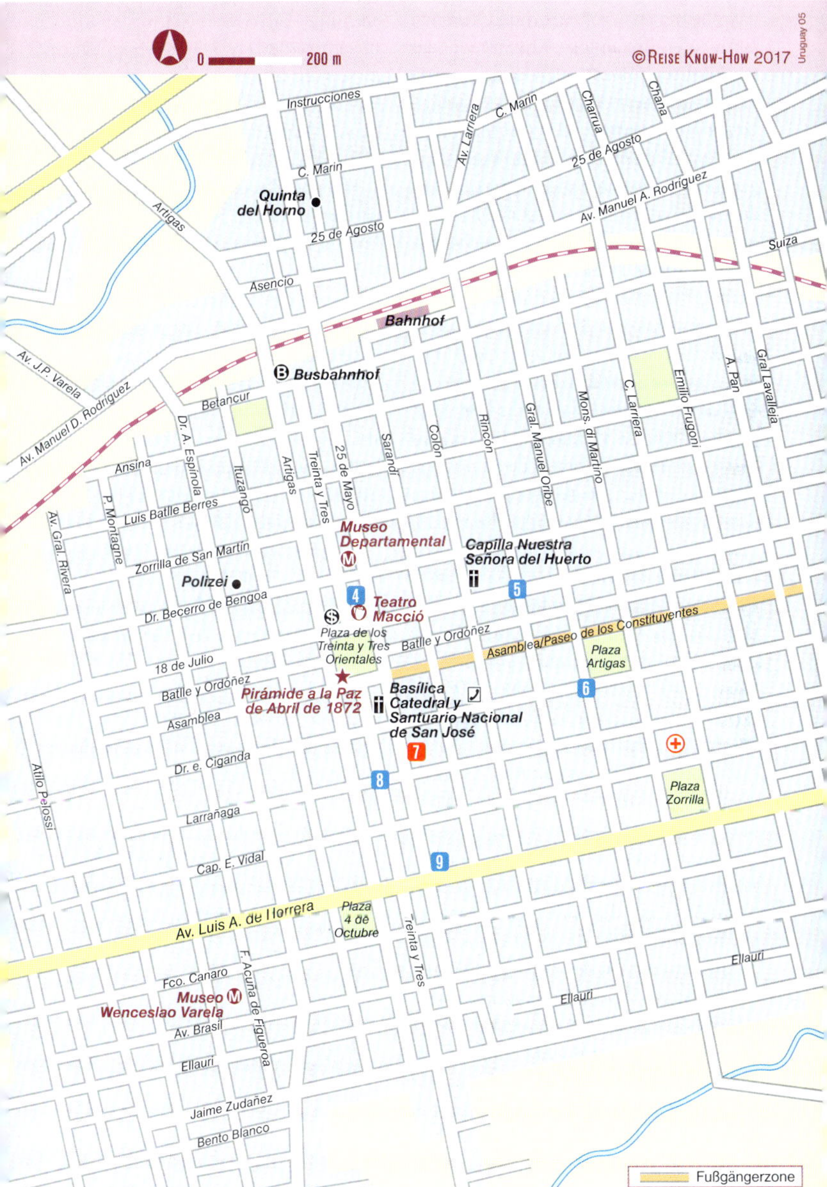
0 200 m
©Reise Know-How 2017
Uruguay 05
Instrucciones
C. Marin
Av. Larriera
Charrua
Chana
25 de Agosto
Av. Manuel A. Rodríguez
Quinta del Horno
Artigas
Suiza
Asencio
Bahnhof
Busbahnhof
Av. J.P. Varela
Av. Manuel D. Rodríguez
Betancur
Dr. A. Espinola
Ituzangó
Treinta y Tres
25 de Mayo
Sarandí
Colón
Rincón
Gral. Manuel Oribe
Mons. di Martino
C. Larriera
Emilio Frugoni
A. Pan
Gral. Lavalleja
Ansina
P. Montagne
Luis Batlle Berres
Av. Gral. Rivera
Museo Departamental
Capilla Nuestra Señora del Huerto
Zorrilla de San Martín
Polizei
Dr. Becerro de Bengoa
Teatro Macció
Plaza de los Treinta y Tres Orientales
Batlle y Ordóñez
Asamblea/Paseo de los Constituyentes
Plaza Artigas
18 de Julio
Pirámide a la Paz de Abril de 1872
Basílica Catedral y Santuario Nacional de San José
Asamblea
Dr. e. Ciganda
Atilo Pelossi
Plaza Zorrilla
Larrañaga
Cap. E. Vidal
Av. Luis A. de Herrera
Plaza 4 de Octubre
Ellauri
Fco. Canaro
Museo Wenceslao Varela
F. Acuña de Figueroa
Av. Brasil
Jaime Zudañez
Bento Blanco
Fußgängerzone

das Theater das Zentrum der kulturellen Aktivitäten in San José; Konzerte, Theater, Film und Tanz finden hier statt. Die Haupthalle bietet Platz für 700 Personen. Unzählige nationale und internationale Größen haben hier bereits auf der Bühne gestanden, darunter auch Tango-Legende *Gardel*, der hier sein letztes Konzert in Uruguay gab. Seit 1984 steht das Theater unter Denkmalschutz. Ein Besuch lohnt unbedingt, die Akustik ist hervorragend und die Innenarchitektur mit dem großen Kristalllüster im Hauptsaal überaus beeindruckend.

Das wichtigste Gotteshaus der Stadt ist die **Basílica Catedral y Santuario Nacional de San José** (25 de Mayo 477, gegenüber der Plaza de los Treinta y Tres Orientales, Tel. 4342 3339 / 4342 6655, catedraldesanjose@hotmail.com). Bevor die Kathedrale zwischen 1857 und 1874 gebaut wurde, stand an dieser Stelle die erste Kirche von San José, eine kleine, karge Kapelle aus Lehm mit einem Reetdach, 1783 errichtet, als die Stadt gegründet wurde. Die Kathedrale, ganz im Stil des 19. Jahrhunderts erbaut, könnte man ohne Weiteres als multinationales oder interkulturelles Bauwerk bezeichnen: Ihr Marmor stammt aus Carrara, die Fliesen aus Pas de Calais, das Uhrwerk der über 100 Jahre alten Kirchturmuhr ist aus der Schweiz, die Mechanik kommt aus Deutschland, das Synchrongetriebe von der britischen Firma, die auch den Big Ben in London ausgestattet hat. Die Glocken wiederum wurden in Genua produziert und sollen noch 15 km entfernt zu hören sein. Die Fresken im Innern des Kirchenschiffs hat der Italiener *Lino Dinetti* gemalt. Mit etwas Glück begegnet man bei einem Besuch der Kathedrale jenem Mann, der als Junge mit seiner Schwester Modell für einige der Fresken gesessen hat und in seinem hohen Alter noch heute täglich die vielen Stufen zur Kirchturmuhr hinaufsteigt, um das Uhrwerk zu kontrollieren; er ist sehr auskunftsfreudig.

Die **Capilla Nuestra Señora del Huerto** (ungefähr: Kapelle Unsere liebe Frau des Gartens) wurde 1895 von dem Schweizer Architekten *Félix Olgiati* auf Initiative des Politikers *Héctor Soto* errichtet (Colón 624, Tel. 4342 3485). Er stiftete sie zu Ehren seiner Schwiegermutter, einer tief religiösen Frau, die ganz plötzlich in San José de Mayo gestorben war. Mit ihrer gotischen Architektur, ihren Skulpturen und Fresken im Inneren ist die Kapelle ebenfalls ein historisches Baudenkmal.

Das **Museo Wenceslao Varela** ist im ehemaligen Wohnsitz des Gaucho-Dichters *Wenceslao Varela* untergebracht (Wenceslao Varela 267, Tel. 4342 9000, culturaimsj@gmail.com). Das Haus wurde 1999 auf Initiative der Landesregierung für die Öffentlichkeit hergerichtet, um an den Poeten zu erinnern, der als Bauer und Gaucho sein Geld verdiente, aber auch 40 Jahre seines Lebens dem Schreiben kreolischer Verse widmete. Im Haus sind einige seiner persönlichen Gegenstände ausgestellt sowie Artefakte, die das Leben auf dem Land und die ländliche Tradition Uruguays dokumentieren.

[>] Basílica Catedral y Santuario Nacional de San José – die größte Kirche der Stadt

Der **Parque Rodó** liegt im Norden der Stadt am km 92,500 der R 3. Die 45 ha große Grünfläche ist bei den Menschen in der Region sehr beliebt, um die Natur zu genießen: Es gibt Seen, einen Zoo (mehr als 600 Tiere, hauptsächlich einheimische Vogelarten), Sportplätze, ein Schwimmbad, die 1966 gegründete Kart-Rennbahn Kartódromo Luis Pedro Serra, auf der angeblich die brasilianische Rennfahrlegende *Ayrton Senna* oft seine Runden drehte, Möglichkeiten zum Grillen, einen Laden mit Kunsthandwerk, einen Bereich mit Sportgeräten und die traditionelle **Hostería del Parque,** eines der besten Restaurants in bzw. um San José (s. u.).

Praktische Tipps

Information

■ **Oficina de Turismo,** Treinta y Tres 604, Tel. 4342 8452, www.imsj.gub.uy, Mo bis So 9–18 Uhr.

Übernachten

7 **Hotel Centro**② (25 de Mayo 407, Tel. 4342 3901, www.hcentro.com), sehr zentral gelegen, nur zwei Blocks von der Plaza de los Treinta y Tres Orientales entfernt, von außen eher unscheinbar, dafür innen eine positive Überraschung: geräumig, hell und sauber, mit allem Komfort; das Personal ist sehr hilfsbereit; überdachter Parkplatz.

Teatro Macció – hier gab der große Carlos Gardel sein letztes Konzert in Uruguay

uru015_017 lbo

3 Hotel Luz de Luna② (Ing. Agr. Barcelo 847 / Menendez Clara, Tel. 4342 1708 / 4343 0212, www.hoteluzdeluna.jimdo.com), einfaches Hotel, nicht sehr zentral gelegen, aber es verfügt über alle nötigen Annehmlichkeiten.

2 Sierra de Mahoma② (R 23 km 126, Mal Abrigo, Tel. 099 342 220, www.sierrasdemahoma.com), Posada einige Kilometer außerhalb von San José de Mayo, einfach, warmherzig, ruhig – perfekt zum Abschalten, wenn man das einfache, authentische Landleben genießen kann; Ausritte, kleiner Pool, gutes Essen.

1 Hostería del Parque②-③ (R 3 km 92,500, Tel. 4342 3831, www.hosteriadelparque.com.uy), Hotel und Restaurant im Parque Rodó, mit Schwimmbad, Spielplatz und Sportplätzen, SPA-Bereich; traditionell eingerichtete Zimmer, freundlicher Service, sehr beliebtes Restaurant.

10 Estancia Turística Don Joaquín③ (R 1 km 94, Ecilda Paullier, Tel. 4349 2007, www.donjoaquin.com), Hotel de Campo, direkt am Eingangstor befindet sich eine Bushaltestelle der Linie Montevideo – Colonia del Sacramento, von dort sind es noch 200 m bis zu den Gebäuden (wenn man per Bus anreist, wird man auf Wunsch mit dem Auto an der Haltestelle abgeholt). Dieses Hotel de Campo liegt zwar im oberen Preissegment, hat aber ein Programm entwickelt, das Besuchern innerhalb kürzester Zeit das Leben auf einer Estancia vermittelt (Ausritte mit Gaucho, Tierfütterungen, Melken von Kühen, Kanu- und Traktorfahrten etc.), und kombiniert diese Aktivitäten mit einem attraktiven Hotelangebot (sehr gutes Essen, schöne, gut ausgestattete Zimmer, SPA, Schwimmbecken drinnen und draußen, Fitnessraum, Yoga- und andere Kurse, Spielplätze, Kinderbetreuung). Einer der Höhepunkte ist der Ausritt mit dem Gaucho, der mit seiner Familie sein eigenes Haus auf der Estancia bewohnt. Die Hotelgebäude sind alle noch relativ neu; einige Kilometer landeinwärts liegen die ursprünglichen Estanciagebäude (voll ausgestattet), die man ebenfalls für einen Aufenthalt buchen kann. Sehr freundlicher Service – absolute Empfehlung!

Essen und Trinken

9 Kosas Rikas (25 de Mayo 290 / Luis A. de Herrera, Tel. 4342 6929), Imbiss, eine gute Adresse, wenn's schnell gehen soll bzw. um aus der Hand zu essen: trad. uruguayische Küche mit *Chivitos*, Pizza und anderen Gerichten, die schnell zubereitet sind.

5 Che-Pepe (18 de Julio 607, Tel. 4342 3437), Restaurant-Grill, perfekt, wenn man gutes Fleisch essen will, ohne sich weit vom Zentrum wegzubewegen; *Parrilla* und hausgemachte Pasta.

6 Resto Bar 1899 (Oribe / Ciganda, Tel. 4343 1687 / 099 342 377), Pub mit guter Stimmung und gutem Essen: neben Gegrilltem und spanischen Tapas auch Gulasch, *Raviolones* und *Jalapeñas*, außerdem exotische Mischgetränke.

8 Medio Punto (Treinta y Tres 402 / Larrañaga, Tel. 4342 7765 / 096 741 598), Süßes und Salziges, das Café ist ein Klassiker der Stadt, angenehme Stimmung, wunderbar, um Kaffee, Tee oder ein Bier zu trinken und dabei gute Musik zu hören (oft Live-Musik); mit Tischen auf dem Gehweg.

Mein Tipp: **4 Del Teatro** (18 de Julio 529, Tel. 4344 0778, www.facebook.com/delteatrocafeybrunch), kleines und feines, zum Theater Macció gehörendes Café, das sich seinen guten Ruf verdient hat; ideal, um in Ruhe zu lesen, einen Kaffee (der beste der Stadt!) oder ein Bier (regionales Craft Beer) zu trinken, etwas zu essen – und die Zeit zu vergessen.

An-/Weiterreise

- Mit dem **Bus** erreicht man die Stadt von Montevideos Busbahnhof Tres Cruces aus. Zahlreiche Buslinien (u. a. CITA und COTMI) fahren mehrmals täglich nach San José und halten am Terminal Artigas y Betancur.
- Die Anfahrt mit dem **Auto** ist sehr einfach, da San José de Mayo am Schnittpunkt der beiden Rutas Nacionales 3 (die weiter Richtung Trinidad, Paysandú und Salto führt) und 11 (verbindet Atlántida

mit Ecilda Paullier) liegt. Von Montevideo kommend, nimmt man die R 1 bis Rafael Perazza (km 66) und von dort weiter auf der R 3 bis km 91, wo es nach San José de Mayo geht.

Sonstiges

■ **Aeroclub Maragato,** kleiner Flugplatz etwas außerhalb der Stadt (R 3 km 90,500) mit der **Flugschule Alfa Parapente** (Tel. 099 761 514 / 099 720 051): Neben verschiedenen Flugsport-Clubs und der Ausbildung von Piloten werden hier Gleitschirmflüge angeboten, für Anfänger im Tandem – ideal, um San José von oben zu betrachten.

Plaza de los Fundadores in Nueva Helvecia – „Den Gründern der Schweizer Kolonie“

uru015_018 lbo

Nueva Helvecia

Nueva Helvecia (Neue Schweiz) liegt ca. 15 km von der Küste entfernt nicht weit von der R 1. Früher hieß der Ort **Colonia Suiza** (Schweizer Kolonie), heute ist das Städtchen **eines der speziellsten Reiseziele Uruguays,** denn hier ist der Einfluss schweizerischer, deutscher und französischer bzw. belgischer Einwanderer in vielen Traditionen der Stadt sichtbar. Dazu gehört vor allem der Umstand, dass hier die berühmtesten Käsesorten des Landes und andere Milchprodukte hergestellt werden.

Die Stadt wurde am 25. April 1862 gegründet, nachdem Ende 1861 als Folge einer schweren Wirtschaftskrise **viele Europäer** (vor allem eben Schweizer) nach Uruguay gekommen waren. Dabei waren die ersten 20 Migranten, die sich hier ansiedelten, Belgier aus Antwerpen. Von den rund 600 „Wirtschaftsflüchtlingen“, die folgten, kamen die meisten aus der Schweiz, in der Mehrzahl Bauern. Ihre Kenntnisse und Erfahrungen in der Land- und Viehwirtschaft halfen bei der Schaffung neuer Agroindustriezweige in Uruguay und trugen so zur Verbesserung der Herstellung von Fleisch- und Milchprodukten bei.

Noch heute werden in Nueva Helvecia die **europäischen Traditionen** aus den Herkunftsländern der ersten Siedler hochgehalten und u. a. alle schweizerischen Volksfeste, darunter natürlich auch das Jubiläum der Eidgenossenschaft, gefeiert. Außerdem lässt sich an der Architektur der Häuser und an vielen Straßennamen die Herkunft der ersten Bewohner ablesen.

Übersichtskarte S. 72

Sehenswertes

Das Zentrum der Stadt erstreckt sich rund um die **Plaza de los Fundadores** (Gründerplatz), in deren Mitte ein Denkmal an die ersten Einwanderer und Stadtgründer erinnert – und ein Blumenbeet die Form einer Uhr hat. In Gehdistanz zur Plaza finden sich die Sehenswürdigkeiten, etwa die Kirche und der Friedhof, an dessen Grabsteinen man auch die Abstammung der Menschen ablesen kann. Die Hotels der ruhigen Kleinstadt liegen dagegen ein paar Kilometer weiter südöstlich.

Das **Museo Archivo Regional** (Federico Gilomen 1231) präsentiert Gegenstände, die die Einwanderer mitbrachten: Bücher, Werkzeug, Kleidung, Koffer, Ausweise, Bibeln etc.

Praktische Tipps

Information

■ **Información Turística** im Centro Artesanal gegenüber der Plaza de los Fundadores, Tel. 098 394 012, artsilvie54@hotmail.com.

Übernachten/Essen und Trinken

1 Hotel del Prado①-② (Erwin Hodel s/n, Tel. 4554 4169), sowohl Hotel als auch Hostel, daher die zwei Preiskategorien; mit Pool und Restaurant, bereits 1896 erbaut (die lange Geschichte ist auf Fotos an den Wänden dokumentiert) und auch ziemlich in die Jahre gekommen.

2 Hotel Nirvana Resort & Spa③ (Av. Batlle y Ordóñez s/n, Tel. 4554 4081, www.hotelnirvana.com), Luxushotel umgeben von einem riesigen Park mit Golf-, Tennis-, Fußball- und Volleyballplätzen,

Übernachtung
1 Hotel del Prado
2 Hotel Nirvana Resort & Spa
3 Granja Hotel Suizo

Essen und Trinken
1 Hotel del Prado
2 Restaurant L'Arbalete
3 Granja Hotel Suizo

Man spricht deutsch – Einwanderer aus Europa

Es gibt keine ganz aktuellen Zahlen, aber derzeit leben wohl **ungefähr 10.000 Deutsche** und 40.000 deutschsprachige Menschen in Uruguay. Sie sind eine der größeren Einwanderergruppen des Landes, wenn auch in weitem Abstand zu Spaniern und Italienern.

Menschen aus Deutschland und der Schweiz versuchten ab der zweiten Hälfte des 19. Jahrhunderts ihr Glück in Uruguay. Sie kauften in den südlichen und östlichen Departamentos Land, betrieben Ackerbau und Viehzucht oder verdingten sich als Handwerker. Mit den Jahren entstanden kleine Siedlungen, die sich später zu Dörfern und Städten entwickelten. Dazu gehören Orte mit so vielsagenden Namen wie **Nuevo Berlín, Alemania** oder **Nueva Germania.**

Im Jahr 1857 entstand in Montevideo eine evangelische Kirchengemeinde, die auch ihre eigene Schule gründete. Sie existiert bis heute unter dem Namen **Colegio y Licéo Alemán Montevideo** und hat etwa 1200 Schülerinnen und Schüler.

1862 gründeten Schweizer die Siedlung Colonia Suiza, die heute eine Stadt ist und **Nueva Helvecia** heißt.

Ab 1935 bot Uruguay vielen deutschsprachigen Juden eine neue Heimat, aber auch nach dem Zweiten Weltkrieg kamen viele Deutsche ins Land. Seit der politischen und wirtschaftlichen Stabilisierung nach der großen Krise zu Beginn des 21. Jahrhunderts beginnen wieder mehr Deutsche, Österreicher und Schweizer ein neues Leben in Uruguay, einige im Tourismussektor, andere in der (Öko-)Landwirtschaft oder ganz traditionell im Handwerk und natürlich auch in verschiedenen Büroberufen.

Wellness-Bereich, zwei Pools (innen und außen), Ausritte. Zum Hotel gehört das **Restaurant L'Arbalete** mit internationaler Küche und auch alpenländischen Gerichten (Fondue und Röstis).

3 Granja Hotel Suizo② (Federico Fischer 355, Tel. 4554 4002, www.hotelsuizonuevahelvecia.com), rustikales Hotel am Ortsrand auf einem schön angelegten Gelände mit Pool, alle Zimmer mit Balkon; im Restaurant Bungalow Suizo werden traditionelle Gerichte im alpenländisch dekorierten Speisesaal serviert. Vermietung von Wohnmobilen.

An-/Weiterreise

- Die **Busse** von Montevideo nach Colonia del Sacramento und umgekehrt fahren über Nueva Helvecia; Buslinien: COT, Turil und Colonia; Busbahnhof: 25 de Agosto 1123, Tel. 4524 7132.

Colonia Valdense

Auf der anderen Seite der R 1, ca. 10 km von Nueva Helvecia entfernt, befindet sich die **erste Waldenser-Kolonie des Landes,** 1856 von Einwanderern aus dem Piemont (Italien) gegründet. Ähnlich wie ihre schweizerischen und deutschen Nachbarn in Nueva Helvecia hatten sie Norditalien verlassen müssen, um Armut und Hunger zu entkommen. Der Name des Dorfes leitet sich von dem französischen Gründer der Waldenser ab, dem Lyoner Kaufmann *Petrus Waldes*. Dieser hatte Ende des 12. Jahrhunderts sein Vermögen unter die Armen verteilt und mit Gleichgesinnten die konsequente Nachfolge Jesu im Geist der Bergpredigt angestrebt. Daraus entstand die Buß- und Armutsbewegung der Waldenser bzw. später die Waldenser-Kirche (in Uruguay und Argentinien

Iglesia Evangélica Valdense del Río de la Plata genannt).

An der **Plaza Doroteo García** befinden sich das Denkmal zu Ehren der ersten Waldenser-Siedler (geschaffen von *José Belloni*) sowie die erste Evangelikale Waldenser-Kirche Südamerikas, erbaut im Jahr 1898. In der Av. Armand Ugon 1465 kann man dem **Museum und Archiv der Waldenser** einen Besuch abstatten; zu sehen sind Fotografien, Karten und andere Dokumente der Einwanderung.

Colonia Valdense/Museum, Tel. 4558 9346 / 4558 8103, Eintritt frei, Fr bis So 15–19 Uhr, aber besser vorher anrufen, um sicherzugehen, dass auch geöffnet ist.

uru015_020 lbo

Auswandern – aber richtig!

Uruguay wird **bei europäischen Auswanderern immer beliebter,** und das trotz steigender Inflation, hoher Lebenshaltungskosten und niedrigem Einkommensniveau. „Das Klima ist sonniger, es gibt weder Naturkatastrophen noch für Europäer exotische Krankheiten und genügend Wasser. Die Einreise ist einfach und ein dauerhaftes Visum relativ problemlos zu bekommen", sagt *Alexandra Wehrheim*. Sie ist Deutsch-Uruguayerin und hilft Einwanderern unter anderem bei der Immobiliensuche.

„Aber bei einigen Menschen hat sich leider ein **unrealistisches Idealbild** entwickelt", bedauert die Maklerin. Die Zahl jener habe zugenommen, „die ihren Haushalt in Container packen, ohne zuvor jemals in Uruguay gewesen zu sein, geschweige denn Spanisch zu sprechen. Die Menschen hier haben einen anderen Rhythmus und andere Prioritäten." Respektlos findet sie es, wenn Einwanderer den Uruguayos erklären wollten, wie ihr Land besser zu funktionieren hätte: „Gewohnheit steht in Uruguay über der Logik."

Daher legt *Alexandra Wehrheim* allen Menschen nahe, vor einem Umzug **zumindest zweimal das Land** zu **besuchen.** „Beide Male sollten sie für mehrere Wochen kommen – einmal davon auf jeden Fall im Winter!" Sie sollten Land und Leute kennenlernen und bestenfalls ein wenig Spanisch sprechen. „Aber dann", so betont sie, „können sie guten Gewissens ihren Container bestellen."

Ein hilfreicher und gut recherchierter Blog mit Newsletter für Menschen, die nach Uruguay auswandern, dort investieren oder ihren Lebensabend verbringen möchten, ist **www.uruguay-erwartetsie.blogspot. de.**

Colonia del Sacramento

Kurz vor Colonia del Sacramento, an der R 1 auf der Höhe der Bushaltestelle Riachuelo (km 164,5), gibt es zwei gute Gründe, in die Calle Uruguay Richtung Río de la Plata abzubiegen: Erstens das **Antik-Teehaus Antik Objetos con Alma** (Calle Uruguay s/n, Tel. 4520 2307 / 099 717 392, antikobjetosconalma@gmail.com) mit einer großen Auswahl uruguayischer und anderer Präziosen, Geschirre, Bestecke und Möbel. Die Besitzerin backt die Kuchen für das Teehaus selbst und hat in dem alten Haus (und dem Garten) ein Paradies mit Patina eingerichtet. Manchmal vermietet sie ein kleines Haus im Garten, dann aber eher längerfristig.

Und zweitens ist da noch die neue **Posada Casa Matamora**② nur wenige hundert Meter vom Río de la Plata entfernt (Camino Chauvie s/n, Riachuelo, Tel. 4520 3360 / 099 78 9303). Das überaus großzügig angelegte strahlend weiße Haus zweier Schweizer ist ein Ort der Ruhe, des Genießens und der Aussicht. Die beiden Gastgeber sind selbst erst 2014 nach Uruguay ausgewandert und machen sich einen Spaß daraus, Gäste aus aller Herren Länder zu verwöhnen und ihnen einen angenehmen Aufenthalt zu bereiten. Die Zimmer sind sehr geräumig und modern eingerichtet, jedes hat seine eigene kleine Terrasse.

Doch jetzt nach Colonia del Sacramento, einem der größten Schätze Uruguays und die **älteste Stadt des Landes.** Die ursprünglich portugiesische Niederlassung am Río de la Plata wurde im Auftrag des portugiesischen Prinzregenten *Pedro II.* 1680 gegründet und ist heu-

uru015_022 lbo

te **Regierungs- und Verwaltungssitz des Departamento Colonia.** Geprägt von kleinen Häusern im Kolonialstil (viele von ihnen noch aus der Gründerzeit mit auffallend niedrigen Dächern), grob gepflasterten Straßen und Oldtimern aus den 1930er bis -50er Jahren, hat gerade der alte Teil dieser Stadt einen **ganz eigenen Charme.** Oft heißt es, vielleicht etwas zu pathetisch, hier atme jeder Stein Geschichte – aber genau dieser Eindruck stellt sich ein. Auch wenn ab und an moderne Häuser die Kolonial-, Neoklassizismus- oder Art-déco-Bauten ablösen und natürlich viel mehr Autos jüngeren Datums durch die Straßen fahren als Oldtimer, so hat ein Spaziergang durch die Altstadtgassen Colonias oder an den kleinen Stränden entlang dennoch etwas Surreales – so als sei die Stadt etwas aus der Zeit gefallen.

Rund 150 Jahre lang war Colonia del Sacramento einer der größten Zankäpfel in der Neuen Welt. Die **Kolonialmächte Spanien und Portugal** stritten sich wieder und wieder um diesen strategisch wichtigen Flecken Erde. Schon kurz nach der Gründung von Colonia durch *Manuel Lobo* griffen spanische Truppen an und eroberten das Fort. Doch nach nur zwei Jahrzehnten setzten sich die Portugiesen wieder durch und lösten die spanischen Herren ab. Der Vertrag von Utrecht (1715) führte ebenso wenig wie der Siebenjährige Krieg zwischen den Königreichen auf der iberischen Halbinsel zu einer endgültigen Klärung der Macht- und Besitzverhältnisse. Auch danach wechselte die Hoheit über die Stadt zwischen den beiden Mächten hin und her. Die Überreste der Festungsanlage mit dem Stadttor Portón de Campo, der Bastión del Carmen und der Bastión de San Miguel sind stumme Zeugen dieser wechselvollen Zeit. Auch der Umstand, dass viele Gassen und Straßen nicht so parallel bzw. rechtwinklig zueinander verlaufen wie in fast allen Kolonialstädten der spanischen Krone, die am Reißbrett im Schachbrettmuster geplant und dann erbaut wurden, sondern zum großen Teil unregelmäßig durch die Stadt „mäandern", dokumentiert den langjährigen Einfluss der Portugiesen und erinnert etwas an das alte Lissabon. Entweder aus nacktem Ziegelstein gebaut oder bunt verputzt sind die Häuser zu beiden Seiten dieser Straßen, von denen die berühmteste die Calle de los Suspiros ist.

Aber die **Einzigartigkeit** von Colonia del Sacramento gründet nicht nur auf dem pittoresken kolonialen Teil der Altstadt. Viele Straßenzüge sind geprägt durch **repräsentative Residenzen** aus der Zeit nach der Unabhängigkeit. Sie leuchten heute zumeist in einem strahlenden Weiß und tragen wie der alte Leuchtturm, der 1857 fertiggestellt wurde, ebenfalls zum besonderen Reiz der Altstadt bei, die im Dezember 1995 von der **UNESCO** zum **Weltkulturerbe** ernannt wurde.

◁ Gepflasterte Gassen und Oldtimer – eine Augenweide in Uruguays ältester Stadt

Sehenswertes

■ Colonia del Sacramento, besonders die Altstadt, liegt auf einer kleinen **Landzunge,** die in den Río de la Plata hineinragt. Für einen **Rundgang durch die an Sehenswürdigkeiten überaus reiche Altstadt** lohnt es sich, einen **Stadtführer** bei der **Asociación de Guías de Turismo de Colonia** (Tel.

099 379 167, www.coloniaturismo.com) in Anspruch zu nehmen. Treffpunkt ist das alte Stadttor Portón de Campo, Start ist in der Regel an allen Tagen der Woche um 11 und 15 Uhr, Fr und Sa auch um 18.30 Uhr. Die Führungen werden auf Spanisch und auf Anfrage u. a. auch auf Deutsch, Französisch und Englisch sowie in Gebärdensprache angeboten.

Egal ob mit oder ohne Führer, ein guter Ausgangspunkt für den Stadtrundgang ist der **Portón de Campo.** Von diesem Stadttor geht man am besten direkt in die „Seufzer-Gasse", die **Calle de los Suspiros.** Für den Namen der bekanntesten Straße der Stadt gibt es drei Erklärungsansätze: 1. Die auf Schiffen aus Afrika ankommenden Sklaven wurden von hier weiter transportiert. 2. Die Matrosen trafen sich hier mit ihren Liebchen bzw. verabschiedeten sich hier von ihnen. 3. Die Einwanderer aus Europa schauten hier ein letztes Mal über das Meer, bevor sie ihr Leben in der Neuen Welt begannen. Wie dem auch sei: Zu beiden Seiten der Straße stehen noch Häuser aus der Zeit der Portugiesen.

Die Calle de los Suspiros endet zum Wasser hin an der Uferpromenade *(rambla),* in entgegengesetzter Richtung stößt sie auf den größten Platz der Altstadt, die **Plaza Mayor 25 de Mayo.** Der Platz ist umgeben von Gebäuden mit großer historischer Bedeutung, so etwa auf seiner Westseite das **Museum Casa de Nacarello** (Plaza Mayor 25 de Mayo / Calle del Comercio), das aufgrund seiner Farbe auch als Casa Rosada bekannt ist. Das eingeschossige Gebäude ist portugiesi-

schen Ursprungs und vermittelt von außen und innen das Bild eines typischen Hauses aus der Kolonialzeit. Verbunden ist es mit dem **Museo Municipal** (Stadtmuseum; Plaza Mayor 25 de Mayo 77), das ursprünglich aus dem Jahr 1795 stammt, aber zerstört und in seiner jetzigen Form 1835 aufgebaut wurde. Neben einem Walskelett beherbergt es ein maßstabsgetreues Modell von Colonia im Jahr 1762. Auf der Südseite des Platzes steht mit dem **Museo Portugués** (Plaza

Mayor 25 de Mayo 180) ein weiterer Bau, der den Einfluss der portugiesischen Kultur in diesem Teil der Welt dokumentiert: Porzellan, Möbel, Karten, der Familienstammbaum des Stadtgründers *Manuel Lobo* sowie ein alter Teil des Portón de Campo sind zu sehen.

Vom Museo Portugués gelangt man zur **Calle de San Pedro,** an deren Straßenecke mit der Calle San Francisco ein Privathaus steht, dessen Außenmauern sehr gut die architektonischen Einflüsse aus der Zeit der Wende vom 18. zum 19. Jahrhundert widerspiegeln. In der Calle San Francisco sind zudem das Kloster **Convento San Francisco** und der **Faro** (Leuchtturm; kein Zutritt für Kinder unter 8 Jahren) anzutreffen.

Geht man von hier Richtung Norden, kreuzt man wieder die Plaza Mayor und trifft auf die Straße Misiones de los Tapes, die nach Westen zum Wasser führt. An ihrem Ende auf der rechten Seite erreicht man das **Museo del Azulejo** (Fliesen-Museum; Misiones de los Tapes 104 / Paseo de San Gabriel), ein Steingebäude aus dem 17. Jahrhundert. Es zeigt eine Auswahl von bemalten Keramikfliesen aus jener Zeit, sie stammen aus Frankreich, Katalonien und Neapel.

Am östlichen Ende der Straße Misiones de los Tapes steht das **Archivo Regional** (nach den ehemaligen Besitzern des Gebäudes vom Ende des 18. Jahrhunderts auch **Casa de la Familia Palacios** genannt). In dem Regionalarchiv befindet sich die wichtigste öffentlich einsehbare Dokumentation über Colonia del Sacramento.

Geht man weiter bis zur **Plaza de Arma,** passiert man die älteste Kirche Uruguays, die **Iglesia Matriz,** die 1680 errichtet, aber seitdem auch schon zweimal umgebaut wurde. Ihre beiden Glockentürme sind wahrscheinlich das am häufigsten gewählte Motiv für Postkarten von Colonia.

Nur wenige Straßenecken weiter im Norden folgt das **Museo Español** (Calle de San José 164), das sich in zwei sehr schön renovierten Gebäuden befindet, eines davon aus der ersten Hälfte des 18., das andere aus der zweiten Hälfte des 19. Jahrhunderts. Die Exponate umfassen Kleidung, Töpferwaren und Landkarten aus der Kolonialzeit.

Einige Straßen südwestlich davon findet sich im **Museo Indígena** (Calle del Comercio s/n, zwischen Gral. Flores und Calle del Colegio) die Privatsammlung von *Roberto Banchero:* Werkzeuge der Charrúa-Indígenas und andere Exponate indigenen Lebens in Uruguay. Im Obergeschoss thematisiert eine Landkarte die Größe des vermeintlich so kleinen Uruguay, indem sie verdeutlicht, dass immerhin sechs europäische Länder in dem „paisito“ (kleinen Land) Platz finden würden.

Nur ein paar Straßenecken von dem Museum entfernt steht ein anderes Wahrzeichen von Colonia: die **Bastión del Carmen** (Rivadavia 223, Tel. 4522 4079). Nachdem sie als Festung und Artillerie-Plattform zur Verteidigung Colonias diente, wurde die Bastion nach dem Ende der jahrzehntelangen Kämpfe um die Stadt zuerst in eine Seifenfabrik und dann in eine Gerberei und Wollwäscherei umfunktioniert. Später ging sie in den Privatbesitz von Argentiniern über, die die Bastion schließlich an das Minis-

> Chillen in Colonia

terium für Bildung und Kultur verkauften, das sie modernisierte und in ihre heutige Funktion als Veranstaltungsort für Theater, Tanz, Performances und andere Kulturprojekte überführte.

Nördlich des alten Stadtkerns, in einer kleinen Seitenstraße der Av. Luis Alberto de la Herrera, liegt eine Kapelle, die ein knappes Jahrhundert nach der Iglesia Matriz gebaut wurde. Die **Capilla de San Benito** (Kapelle des Heiligen Benedikt; Cnel. Lorenzo Latorre s/n) wurde 1761 vollendet und hieß zunächst Capilla de San Carlos. Später wurde sie dann zu Ehren des äthiopischstämmigen befreiten Sklaven und Schutzpatrons von Palermo, des Heiligen *Benedikt,* besser bekannt als *Santo Negro* (Der schwarze Heilige) oder *Santo de los Milagros* (Der Heilige der Wunder), umbenannt. Die Kirche hat sich weitestgehend im Originalzustand erhalten, mit weißen Wänden und nackten Holzbänken, nur die Statue des Hl. Benedikt befindet sich mittlerweile hinter Glas.

Geht oder fährt man in die in der Altstadt beginnende Uferpromenade Rambla Cristóbal Colón weiter, gelangt man zur Av. Luis Alberto de la Herrera, auch Avenida Costanera genannt, an der die **Badestrände** der Stadt liegen (u. a. El Álamo, Oreja de Negro, El Balneario und Playa del Real de San Carlos). Die Avenida führt bis zur **Plaza de Toros Real de San Carlos.** Diese ehemalige Stierkampfarena ist angeblich einer der meistbesuchten Orte in Colonia, obwohl sie schon kurz nach ihrer Eröffnung 1910 wieder geschlossen wurde. Die Errichtung dieses maurisch inspirierten Rundbaus hatte 1908 begonnen, und schon im Februar 1912, nach dem Erlass des Stierkampfverbots im ganzen Land, war er überflüssig. Angeblich konnten nur neun Stierkämpfe *(corrida)* stattfinden. Da die Anlage geschlossen ist, kann man sie nur von außen betrachten.

Nur eine Seitenstraße (Calle Tacuabé) von der Plaza de Toros entfernt befindet sich die Pferderennbahn, der *Hipódro-*

uru015_021 lbo

mo. Direkt südlich davon liegt der **Golfplatz Real de San Carlos & Golf** (Calle Eloy Perazza), der auch an den Strand Playa del Real de San Carlos grenzt.

Praktische Tipps

Information

■ Auf dem Hafengelände befinden sich die **Tourist-Infos** der Stadtverwaltung (Tel. 4522 3700, informacionturistica@colonia.gub.uy, täglich 9–20 Uhr) und die des uruguayischen Tourismusministeriums (Tel. 4522 4897, colonia@mintur.gub.uy).

Übernachten

Bei der Hotelbuchung sollte man immer bedenken, dass viele Hotels – unabhängig von der Saison – die Preise an den Wochenenden anheben.

MEIN TIPP: 4 **Remus-Art Hostel**② (18 de Julio 369, remus-art@gmx.ch, Tel. 4524 0268 / 092 066 985), sehr schön renoviertes neues Hostel im Herzen Colonias. Inhaberin ist eine Deutsche. Sehr beliebt, sehr gute Bewertungen auf allen relevanten Portalen, tolle Dachterrasse, nur wenige Zimmer – unbedingt reservieren!

3 **Colonial**① (General Flores 440, Tel. 4523 0347, hostelling_colonial@hotmail.com), sehr einfaches, sauberes und entspanntes Hostel mit zwei Patios; Mehrbettzimmer (nur wenige mit eigener Toilette/Dusche), Gepäckaufbewahrung, überaus freundlicher Service, perfekt gelegen: Die Altstadt kann man von hier zu Fuß erkunden, auch bis zum Fährhafen bzw. Busbahnhof sind es nicht einmal 10 Min.

7 **Perla del Plata**② (Washington Barbot 121, Tel. 4522 5848, www.perladelplata.com.uy), simples kleines Hotel, ohne großen Luxus, aber mit allem Nötigen ausgestattet, nur 200 m vom Portón del Campo am Rand der Altstadt gelegen.

8 **Posada del Ángel**②-③ (Washington Barbot 59 / M. A. Odriozola, Tel. 4522 4602, www.posadadelangel.net), Boutiquehotel in einer alten Villa aus den 1920er Jahren, die Zimmer sind stilvoll eingerichtet, kleiner Pool im Garten, Sauna, Fitnessraum, sehr guter Ruf.

2 **Casa de los Limoneros**②-③ (Carretera Humberto Mignone / Tomás Assandri, El Caño, Tel. 098 648 244), traumhaft schönes Boutique-Hotel, erbaut im englischen Landhaus-Stil, ca. 10 km außerhalb von Colonia. Sehr angenehme, individuelle Zimmer, sehr gutes hauseigenes Restaurant für Gäste, kleiner Park mit Pool, Teich und Zitronenbäumen (daher auch der Name), 5 Min. bis zum Strand.

5 **Posada El Capullo**②-③ (Plan S. 89, 18 de Julio 219, Tel. 4523 0135, www.elcapullo.com), kleines familiengeführtes Hotel, schön renovierte Zimmer rund um den Innenhof, insgesamt moderner Stil, Gemeinschaftsraum mit Sitzecke und Kamin, kleiner Pool im Garten – allerdings haben einige der Standardzimmer kein Fenster.

6 **Posada Don Antonio**③ (Plan S. 89, Ituzaingó 232, Tel. 4522 5344, www.posadadonantonio.com), Hotel in einem herrschaftlichen Stadthaus mit Terrassen und Innenhof (dort kleiner Pool), am Rand der Altstadt gelegen, sehr geschmackvoll restauriert und eingerichtet, viele Zimmer mit Balkon; kleine Bibliothek, samstags kann man an einer kostenlosen Stadtführung teilnehmen.

Camping

1 **Los Nogales**① (R 1 km 175 / Severino Ortíz, Tel. 098 171 008 / 099 565 616, campinglosnogales.colonia@gmail.com), Campingplatz kurz vor dem Stadteingang (ca. 2 km von der Altstadt entfernt), großer Zeltplatz, viele Bäume, Autos und Wohnmobile erlaubt, voll ausgestattet, 9–13 und 17–23 Uhr heißes Wasser, keine Bungalows, Fußballplatz, knapp 2 km vom Strand des Río de la Plata entfernt, kann in der Nebensaison geschlossen sein, daher vorher kontaktieren.

Essen und Trinken

■ Zentrale **Einkaufs-, Ho(s)tel- und Restaurant-Meile** der Altstadt ist die **Av. Gral. Flores** mit ihren kleinen Seitengassen, die man vom Hafen zu Fuß alle in 5–10 Min. erreicht. Dort finden sich auch die lokalen Autoverleiher.

5 **Parrillada Nuevo San Cono** (Int. Suarez / 18 de Julio, Tel. 4522 8964, 10–2 Uhr), perfekt für traditionelle uruguayische Grillgerichte (und etwas Hochprozentiges hinterher).

6 **Cervecería Barbot** (Washington Barbot 160, Tel. 4522 7268), erstes Brauhaus der Stadt; vor den Augen der Gäste wird in diesem renovierten alten Stadthaus am Rand des historischen Stadtkerns das Bier selbst gebraut – ganz handwerklich und orientiert an klassischen Rezepten alter Biernationen, u. a. wird auch Kölsch ausgeschenkt. Zu essen gibt es mexikanische Gerichte, Pizza und Pommes. Meist sehr gut besucht, daher evtl. längere Wartezeiten.

MEIN TIPP: 3 **Ganache Café & Pastelería** (Plan S. 89, Calle Real 178 / Portugal, www.facebook.com/GanacheCafeteriaPasteleria, Tel. 4522 6386, 10–14 und 15–19 Uhr), schön in der Altstadt gelegen, liebevoll renoviertes kleines Bistro, ideal für eine Pause beim Stadtrundgang, denn: Hier gibt es den besten Kaffee von ganz Colonia! Auch die selbst gemachten süßen oder herzhaften Gebäcke, Baguettes, Torten etc. schmecken sehr gut.

2 **Chopería Mastra** (Plan S. 89, Calle del Comercio 158 / Calle de la Playa, Tel. 4523 8853, Mo 12–17 Uhr, Di geschlossen, Mi bis Sa 13–17 und ab 20 Uhr bis open end, So ab 13 Uhr, ebenfalls open end), für Bierliebhaber: 13 (!) verschiedene handwerklich gebraute Biersorten *(cerveza artesanal)* der Brauerei Mastra aus Montevideo sowie einfaches, aber gutes Essen.

1 **Sacramento** (Plan S. 89, Calle del Comercio / Calle de la Playa, Tel. 4522 924, 12–16 und ab 20 Uhr bis open end), angeblich eines der besten Restaurants der Stadt mit traditioneller kreolischer und mediterraner Küche.

4 **Viejo Barrio** (Plan S. 89, Vasconcellos 169, Tel. 4522 5399), Restaurant und Bar, Hausmannskost à la urugaya: Fleisch, Pizza, Pasta etc.; sehr nette Atmosphäre und zuvorkommende Bedienung, Tische drinnen und draußen; ein perfekter Ort, um den Sonnenuntergang in Colonia zu genießen – und dazu vielleicht das ein oder andere Gläschen …

An-/Weiterreise

■ Die Entfernung von Colonia del Sacramento bis Montevideo beträgt 180 km über die R 1, die man im **Auto** in 2½ Std. zurücklegen kann, **Busse** (u. a.

uru015_023 lbo

„Heute ist ein großartiger Tag" – im Ganache Café

noch erhalten ist und zum großen Teil besichtigt werden kann. Insgesamt sieht der Komplex **fast wie ein Dorf** aus und umfasst das Haupthaus des Estanciero und seiner Familie, die Produktionsstätten (Weinkeller und Lagerhallen), die Gesindehäuser, die Schule und den alten Laden, in dem sich die Arbeiter und ihre Familien mit Lebensmitteln eindecken konnten, die dann mit ihrem Lohn verrechnet wurden.

■ **Estancia-Bodega Los Cerros de San Juan,** R 21 km 213,500, La Horqueta / San Juan, Tel. 2481 7200, www.loscerrosdesanjuan.com.uy.

Carmelo

Der **kleine Badeort** wurde auf Befehl des „Vaters der Unabhängigkeit", General *Artigas,* gegründet. Er liegt **am Ufer des Río Uruguay,** der hier durch die breite Flussmündung des Río de la Plata in den Atlantik fließt. Es ist aber ein anderer (sehr viel kleinerer) Fluss, dem Carmelo seine Bekanntheit verdankt: Der **Arroyo de las Vacas** (Bach der Kühe) teilt die Stadt in zwei Teile, verbunden durch eine elegante metallene **Drehbrücke (Puente Giratorio).** Erbaut von einer deutschen Firma, wurde sie 1912 eingeweiht und ist als einzige von Hand betriebene Brücke Südamerikas zum Wahrzeichen der Stadt geworden.

uru015_019 lbo

Neben dieser Drehbrücke, den **langen Stränden** und dem modernen **Jachthafen** ist Carmelo für sein Kasino und seine Weingüter bekannt. Im Sommer trifft sich im Ort die Motoryachtszene Uruguays. Unter ausländischen Touristen gilt der Badeort mit seinen rund 18.000 Einwohnern immer noch als „Geheimtipp". Dabei hat die Stadtverwaltung in den vergangenen Jahren viel in den Ausbau der touristischen Einrichtungen investiert. Neben Kasino und Jachthafen bieten Golf- und Tennisplätze sowie die Strandpromenaden viele Möglichkeiten der Freizeitgestaltung. Da Carmelo in einer Weinbauregion liegt, wird hier jährlich im Februar das **Weinfest Festivál Nacional de la Uva** (Nationales Fest der Traube) gefeiert.

Sehenswertes

Carmelos **Altstadt** zentriert sich rund um die **Plaza de la Independencia** (Unabhängigkeitsplatz), während die **Calle 19 de Abril** (Straße des 19. April) die Haupteinkaufsstraße ist; sie führt auch zur Drehbrücke über den Arroyo de las Vacas. Von dort erreicht man in wenigen Gehminuten das südlich gelegene Erholungsgebiet: einen großen **Naturpark,** in dem man schwimmen und campen kann und in dem sich das im neogotischen Stil erbaute Kasino befindet.

Wahrzeichen von Carmelo – die einzige von Hand betriebene Brücke Südamerikas

Carmelo

0 200 m ©Reise Know-How 2017

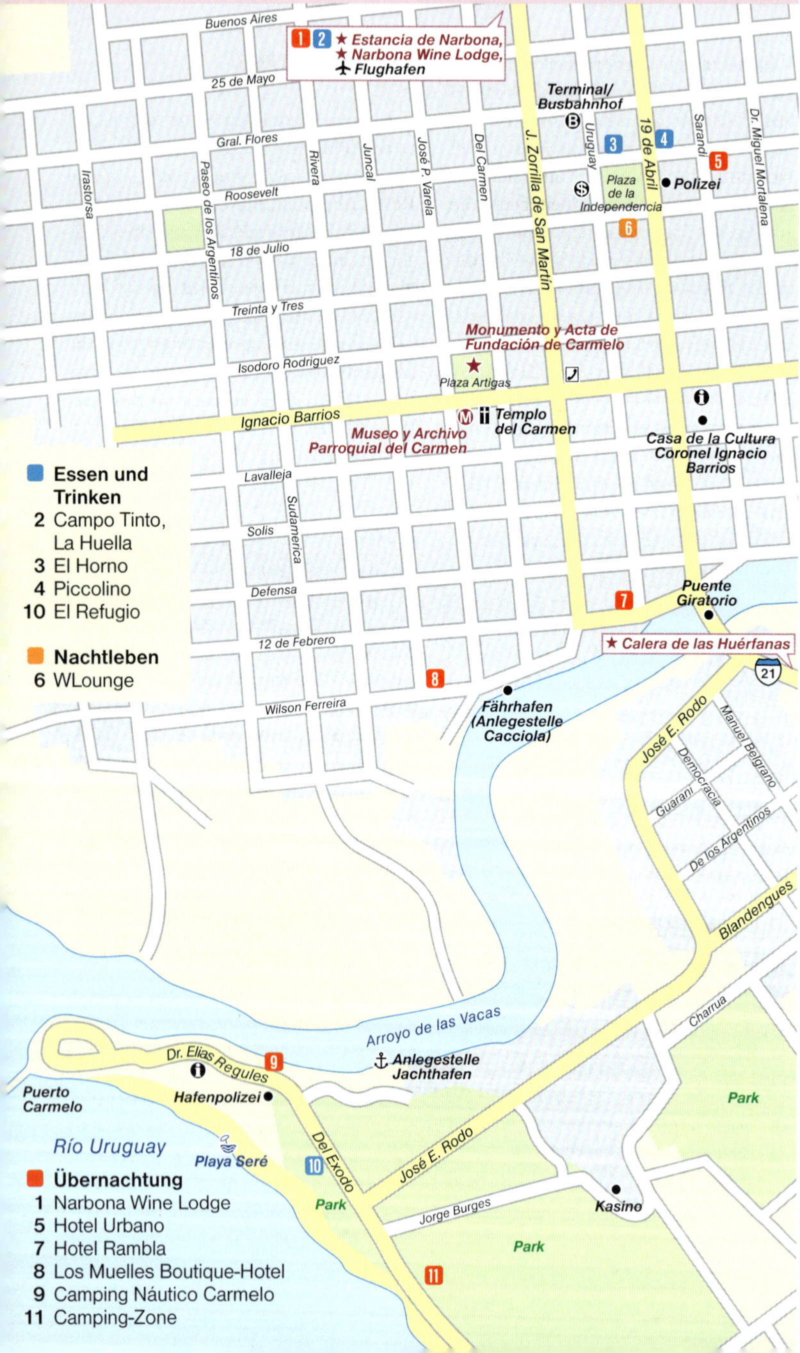

Ein sehenswerter Sakralbau ist der **Templo del Carmen** (Ignacio Barrios s/n, zwischen Varela und del Carmen, gegenüber der Plaza Artigas). Es handelt sich um eine ab 1830 von Nachbarn (Maurer, Tischler, Landarbeiter) erbaute Kirche, nachdem hier zuvor nur eine Hütte aus Lehm und Stroh gestanden hatte. Das Baumaterial holten sich die Arbeiter von der alten Jesuitenruine Calera de las Huérfanas einige Kilometer außerhalb. Die Kirche beheimatet eine *Virgen del Carmen*, Schutzheilige und Namensgeberin der Stadt. Besonders sehenswert sind die alten Gebetsbänke aus Holz, der Fußboden im Originalzustand, ein Pianola (selbsttätig spielendes Klavier) von 1876 sowie ein Gemälde des berühmten uruguayischen Malers *Juan Manuel Blanes* („Der Traum von San José", 1870). Neben der Kirche befindet sich das **Museo y Archivo Parroquial del Carmen** (Ignacio Barrios 208; Tel. 4542 5835), in dem sich eine Bibliothek befindet und neben einer Münzsammlung wichtige historische Dokumente aufbewahrt werden. Außerdem finden hier wechselnde Ausstellungen zeitgenössischer lokaler Künstler und Kunsthandwerker statt.

Als Wahrzeichen am Ortseingang der Stadt hat die rot lackierte Eisenbrücke **Puente Giratorio** (R 21) über den Arroyo de las Vacas auf jeden Fall einen Besuch verdient; sie ziert fast jede Postkarte der Kleinstadt. Zu bestimmten Anlässen wird sie bei Dunkelheit in verschiedenen Farben angestrahlt. Ein Besuch der Brücke lässt sich auch gut mit einem Spaziergang am Flussufer verbinden.

Am Río Uruguay lockt die **Playa Seré** (Dr. Elias Regules). Der lange feinsandige Badestrand wird von Einheimischen und Touristen für seine Weitläufigkeit und Ruhe geschätzt. Im angrenzenden Park mit seinen Bäumen bieten sich im Sommer zahlreiche lauschige, schattige Plätze zur Entspannung. Trotz der vielen Restaurants am Strand ist es hier erlaubt zu grillen oder ein Picknick zu machen.

Der **Hafen** von Carmelo **(Puerto Carmelo)** hat (etwas weiter vorgelagert) ca. 120 Liegeplätze und wird oft von großen Jachten angesteuert, da es entsprechende Dienstleistungen gibt (Trinkwasser und Strom sogar kostenlos). Darüber hinaus kann hier Wassersport ausgeübt werden, z. B. Surfen, Tauchen und Wasserski. Der Hafen ist zudem Startpunkt für die Fähren nach Tigre (Vorort von Buenos Aires) und für Bootsfahrten zur Inselwelt des Río Uruguay und des Río de la Plata, wie etwa der 184 ha großen, zu Argentinien gehörenden **Isla Martín García;** sie lässt sich von Carmelo in rund 30 Minuten erreichen. Rund 200 Menschen leben auf der Insel, es gibt einen Campingplatz, ein Hotel und ein Restaurant.

■ **Puerto Carmelo,** www.puertocarmelo.com; Hafenverwaltung: Tel. 4542 2058, täglich 7–18 Uhr; Yacht Club Carmelo: Tel. 4542 4930; Ruderclub: Tel. 4542 2222.

Die Ruinen der ehemaligen Jesuitenmission **Calera de las Huérfanas** liegen 15 km außerhalb von Carmelo (in Richtung Colonia del Sacramento, R 21 km 241, von dort nochmals 4 km über den Camino Juan de San Martín). Von 1741 bis 1767 waren die Glaubensbrüder hier tätig (siehe Exkurs). Nach der Entmachtung und Vertreibung der Jesuiten durch die spanische Krone ging die Estancia an einen weltlichen Besitzer über, nämlich *Don Juan de San Martín*, dessen Sohn

uru015_025 lbo

später der große Unabhängigkeitskämpfer Lateinamerikas werden sollte: *José de San Martín.*

Die **Estancia de Narbona** nördlich von Carmelo ist eine der ältesten Estancias des Landes, erbaut 1732 von dem Spanier *Juan de Narbona;* sie stammt also noch aus der Kolonialzeit und ist daher weniger herrschaftlich, sondern hat einen eher festungsähnlichen Charakter. *De Narbona* ließ hier ein Sägewerk und einen Kalksteinbruch anlegen, mit deren Produkten er Montevideo und Buenos Aires belieferte. Die meisten Gebäude sind noch erhalten, auch der Turm auf dem obersten Stockwerk, der einen schönen Ausblick ermöglicht. Unter der Kapelle (Capilla de Narbona) ruhen die sterblichen Überreste des Erbauers. Außerdem führt von der Estancia ein Geheimtunnel zum Arroyo de las Víboras.

Narbona Wine Lodge – eines der jüngsten und erfolgreichsten Boutique-Weingüter des Landes

Estancia de Narbona, R 21 km 263,8, nördlich von Carmelo; geführte Besichtigungen Di bis So, außer Fr nur nach telefonischer Voranmeldung, Tel. 4540 4154.

Auch die **Narbona Wine Lodge** liegt nördlich von Carmelo. 1909 gegründet, ist sie eines der berühmtesten Weingüter Uruguays und umfasst auch ein Restaurant und ein Hotel (s. u.). Die alten Gebäude sind weitgehend im Art-déco-Stil gehalten und sehr liebevoll restauriert. Der neue Weinkeller mit seinem monströsen Tor ist erst vor einigen Jahren dazugekommen und ergänzt das Ensemble sehr schön, ebenso die Oldtimer auf dem Gelände. Einige der Weinfelder beginnen direkt hinter dem Anwesen. Die Verkostungen werden an unterschiedlichen Orten des Weinguts angeboten (je nach Gruppengröße) und sehr kenntnisreich und stilvoll durchgeführt.

Mein Tipp: 1 **Narbona Wine Lodge,** R 21 km 268, nördlich von Carmelo; Tel. 4540 4778, www.narbona.com.uy/reservas), Weingut, Estancia, Restaurant und Luxus-Boutique-Hotel. Das Restaurant befindet sich in einem ehemaligen Feinkostladen, dessen Regale und Holztheke beibehalten wurden; köstliche kreolische Küche modern interpretiert, feinste Weine aus eigenem Anbau. Die Suiten des Hotels sind sehr groß, sehr geschmackvoll eingerichtet und sehr hell (riesige Fenster), einige mit Blick auf die Weinfelder, andere auf den Weinkeller. Um den Pool herum befinden sich die Poolbar, Gärten, ein Patio und ein Pavillon mit Fitnessgeräten. Bungalows für 4 bis 8 Personen sind nur wochenweise zu mieten (Selbstverpflegung).

Praktische Tipps

Information

■ **Información Turística – Casa de la Cultura Coronel Ignacio Barrios,** 19 de Abril 246, zwischen Barrios und Lavalleja, Tel. 4542 2001, culturacarmelo@adinet.com.uy.

Übernachten

7 Hotel Rambla② (Uruguay / 12 de Febrero, Tel. 4542 2390 / 4542 2638, www.ciudadcarmelo.com/ramblahotel), Hotel zwei Straßenecken von der Drehbrücke am Ortseingang und zwei vom Hafen entfernt; Zimmer in allen Kategorien, sehr einfach ausgestattet, die Suite mit Kitchenette.

5 Hotel Urbano② (Sarandí 308, Tel. 4542 2224, www.carmelohotelurbano.com), modernes, einfaches Hotel mit großen Zimmern, zentral gelegen, wenige Gehminuten vom Strand, Hafen und den Geschäften.

8 Los Muelles Boutique-Hotel②-③ (Wilson Ferreira 219, Tel. 4542 5485, www.losmuelles.com), Boutique-Hotel direkt am Hafen, nicht ganz 1 km vom Zentrum und nur wenige Meter vom Strand des Río de la Plata entfernt; zweistöckiges Art-déco-Gebäude. Im Los Muelles (Die Landebrücken) sind alle Zimmer mit dem gleichen Komfort (Hydromassage in jeder Badewanne, Klimaanlage, Minibar, TV) ausgestattet, aber unterschiedlich dekoriert: Jedes Zimmer wurde von einem anderen Künstler gestaltet. Das Hotel verfügt neben Restaurant und Café auch über eine Vinothek. Darüber hinaus bietet das Hotel Tagestouren zu den Sehenswürdigkeiten rund um Carmelo.

Camping

9 Camping Náutico Carmelo① (Arroyo de las Vacas s/n, Tel. 4542 2058), kleiner Zeltplatz am Arroyo de las Vacas, vor allem für Bootsfahrer gedacht, lässt aber auch andere Gäste hier ihre Zelte aufschlagen; vollständig ausgestattet.

Essen und Trinken

3 El Horno (Plaza de la Independencia 19, Tel. 4542 5672), im Zentrum gelegene Pizzeria mit Holzofen (daher auch der Name „horno" = Ofen). Familienbetrieb mit wenigen Sitzmöglichkeiten, dafür werden oft draußen noch Tische aufgestellt, Take-away möglich; oft lange Schlangen ab 22 Uhr. Pizzas in zwei Größen mit jeweils einheitlichen Preise: klein (ca. 20 cm Durchmesser) für 10 US-$, groß (ca. 30 cm Durchmesser) für 15 US-$. Die Getränkekarte listet neben Wasser und Limonaden vor allem Bier auf; „Weine gibt es hier keine", steht extra auf der Karte.

4 Piccolino (18 de Abril / Franklin Roosevelt, Tel. 4542 4850), einfaches familiengeführtes Restaurant, schnelle Küche, große Portionen, u. a. Pasta, besonders beliebt für seine *Chivitos.*

10 El Refugio (Exodo, Playa Seré, Tel. 4542 2325), das Restaurant mit Seefahrerambiente direkt am Strand existiert seit 1935, Tische drinnen und draußen, gemischte Karte, vor allem Pasta, Grillgerichte und Meeresfrüchte.

uru015_092 lbo

3 Der Westen und der Río Uruguay

Eine Reise durch Uruguay ist eine Reise durch das Land seines Gründervaters und Ur-Gauchos José Gervasio Artigas, dessen Statue in (fast) jeder Stadt steht. Aber es ist auch eine Reise durch ein Land mit einer üppigen Flora und Fauna, einer vielfältigen Wasserwelt – und historischen Bauwerken.

< Die Plaza Artigas im Zentrum von Salto

NICHT VERPASSEN!

- **Jazz a la calle in Mercedes:** Festival mit Musikern aus aller Welt | 108
- **Gruta del Palacio:** Indigene Kultstätte oder prähistorische Brutstätte? | 112
- **Museo de la Revolución Industrial in Fray Bentos:** wo Liebig Fleisch in Reinstform konzentrierte | 114
- **Monumento a la Perpetuidad in Paysandú:** Denkmal für die Ewigkeit – und für die Freimaurer | 119
- **Museo Casa Quiroga in Salto:** Uruguay ehrt einen seiner größten Autoren | 126

Diese Tipps sind gelb hinterlegt.

Wegweiser zu den Thermalbädern im Westen des Landes

ÜBERBLICK

uruC15_036 lbo

Der Río Uruguay bildet von seiner Mündung in den Río de la Plata bis hoch in den Norden des Landes über knapp 580 km die Westgrenze zum Nachbarn Argentinien. Litoral nennen die Uruguayos dieses Gebiet, dessen Städte trotz ihrer Überschaubarkeit und Gemächlichkeit Handels-, Wirtschafts- und Kulturzentren sind. Aber auch flache, sattgrüne Ebenen kennzeichnen die Region, deren weitestgehend naturbelassenen Flüsse bestens zum Schwimmen, Kajaking, Kanufahren, Rudern oder Angeln geeignet sind.

Mercedes

Obwohl Regierungssitz und **Hauptstadt des Departamento Soriano** sowie Handels- und kulturelle Metropole der Region, so ist Mercedes eine der Städte Uruguays, in der sich der Alltag seinen Weg eher **gemütlich** durch die Woche zu bahnen scheint. Die Häuser, zum großen Teil im Art-déco-Stil errichtet und ab und an in leuchtenden Farben gestrichen, dominieren das Bild der Stadt, die gut 40.000 Einwohner hat. Zentraler Treffpunkt ist die **Plaza Independencia** mit der Kathedrale Nuestra Señora de las Mercedes ist. Von hier sind es gerade einmal vier Blocks bis zur **Uferpromenade** (Av. Grito de Ascencio). Sie wurde 1912 errichtet und erstreckt sich über eine Länge von 2 km am **Río Negro,** bestückt mit alten einheimischen Bäumen sowie einer Reihe weißer Skulpturen, die dem Leben der Landbevölkerung huldigen. Am Wochenende ist die Promenade mit ihren kleinen Plätzen ein Ort, an dem die Bewohner von Mercedes, egal ob jung oder alt, spazieren gehen, Freunde treffen oder einfach ihren Mate trinken und auf den Fluss schauen. Von hier gelangt man auch zu der kleinen Insel im

Der südliche Westen und der Río Uruguay

Río Negro, der **Isla del Puerto,** eine weitere Attraktion der Stadt.

Die große Ausnahme von diesem geruhsamen Leben bilden zwei Anlässe: einmal das internationale **Musikfestival Jazz a la calle** (Jazz auf der Straße) im Januar, zu dem Musiker aus aller Welt, auch aus Deutschland, zusammenkommen, und zum anderen der **Karneval** im Februar, der in der ganzen Stadt gefeiert wird. Beim Jazz-Festival spielen die Musikerinnen und Musiker tatsächlich auf der Straße, aber natürlich auch in Parks und auf den Plätzen, vor allem in der Nähe der Uferpromenade. Nicht nur die Einheimischen genießen die vielen Konzerte, sondern Gäste aus dem ganzen Land, sogar der ganzen Welt, kommen

dann nach Mercedes, um sich die kostenlosen Darbietungen anzuschauen bzw. bei den Jam Sessions danach vielleicht sogar mitzuspielen.

Sehenswertes

Die **Plaza Independencia** ist ein guter Ort, um die Sehenswürdigkeiten der Stadt zu Fuß zu erkunden. Von hier sind es auch nur rund zehn Blocks bis zum Busbahnhof (s. u.), der zugleich ein **10** Einkaufszentrum mit verschiedenen Geschäften und Banken ist.

Aufgrund ihrer ansprechenden klassizistischen Architektur eines der beliebtesten Fotomotive der Stadt ist die **Catedral Nuestra Señora de las Mercedes** an der Plaza Independencia. Das nationale Baudenkmal wurde in der Zeit von 1860 bis Anfang 1900 errichtet und weist noch die beiden originalen Glocken auf, die jeweils 250 kg wiegen.

ru015_029 lbo

Die Rambla in Mercedes

Im Río Negro liegt die **Isla del Puerto,** ein kleines ökologisches Refugium mit einer großen Vogel- und Pflanzenvielfalt sowie einem Campingplatz und Stränden. Das Inselchen ist über eine Brücke mit der Uferpromenade verbunden.

Eines der größten Theater im Landesinneren Uruguays ist das **Teatro 28 de Febrero** (Wilson Ferreira / 28 de Febrero), zum ersten Mal 1857 eingeweiht, als Mercedes zur Hauptstadt von Soriano erklärt wurde. Hier fand auch die erste Kinovorführung des ganzen Departamento statt sowie zahlreiche andere Veranstaltungen neben den Theateraufführungen: Boxen, Zirkus, Konzerte (natürlich auch *Carlos Gardel*). 1938 durch ein Feuer zerstört, danach im Art-déco-Stil wieder aufgebaut, wurde das Theater 1980 durch das Departamento Soriano aufgekauft und zunächst schlicht Teatro Municipal (Stadttheater) getauft; 2009 erhielt es dann seinen aktuellen Namen 28 de Febrero (28. Februar) in Erinnerung an den Sieg einer Handvoll Orientalen über spanische Soldaten am 28. Februar 1811 in der Nähe des heutigen Mercedes, ein Markstein auf dem blutigen Weg in die Unabhängigkeit.

Die **Casas de Matosas** (Carteaga 327 und 337) sind zwei Wohnhäuser, die der spanische Künstler *Francisco Matosas* bauen ließ und deren Fassaden er, inspiriert von dem Stil des katalanischen Künstlers *Gaudí*, mit einem exzentrischen Mosaik-Design gestaltete.

Sehenswert ist auch das **Castillo Mauá** knapp 6 km außerhalb der Stadt, ursprünglich das Anwesen des *Barón de Mauá*, eines brasilianischen Bankiers, erbaut zwischen 1857 und 1862. Im Erdgeschoss befindet sich das **Paläontologische Museum Alejandro Berro,** das mit einer beeindruckenden Fossiliensammlung aufwartet. Im Obergeschoss ist eine Kunstausstellung untergebracht. Der gesamte Komplex ist sehr gut erhalten und von einem schönen **parkähnlichen Gelände** umgeben – ideal für Picknicks.

■ **Castillo Mauá,** Camino Saravia / Luis Tuya, den Schildern „Museo Alejandro Berro" folgen, Tel. 4532 3290, museoberro@gmail.com; der Besuch des Museums ist für alle Altersgruppen geeignet, geöffnet 11–17 Uhr, Eintritt frei.

Praktische Tipps

Information

■ **Información Turística,** die Tourist-Info befindet sich in einem kleinen weißen Gebäude auf der Uferpromenade (Detomasi 415, Tel. 4532 2733, turismo@soriano.gub.uy).

Übernachten

8 **Marín**① und 9 **Marín Anexo**① (Rodó 668 und Franklin D. Roosevelt 627, Tel. 4532 2115), alles ganz einfach, aber auch alles, was man braucht – und nur fünf Blocks bis zur Uferpromenade.

MEIN TIPP: 6 **Gran Hotel Brisas del Hum**② (Artigas 209, Tel. 4532 9794, www.granh.com/brisas_mercedes), das modernste Haus am Platze verfügt über einen kleinen Außenpool, das Restaurant Don Peperone und einen Fitnessraum, es liegt zudem zentral an der Plaza Independencia – sehr freundlicher Service!

3 **Mercedes Rambla**②-③ (Av. Grito de Asencio / Artigas y Colón 728, Tel. 4533 0696, mrh@adinet.com.uy), Hotel direkt gegenüber vom Río Negro, unverbaute Sicht, sehr freundlicher Service, alles da und alles in guter Qualität und sauber; Frühstücksbuffet im Preis inbegriffen, Parkplätze vorhanden, aber nicht für alle Gäste ausreichend; Preise etwas höher als sonst für diese Kategorie; Samstagnacht kann es lauter werden, da die Rambla die Ausgehmeile der Stadt ist.

Camping

1 **Camping del Hum**① (Tel. 4532 2733), geöffnet Dezember bis März, gut ausgestatteter und geräumiger Zeltplatz auf der Isla del Puerto mit guten Schwimm- und Angelmöglichkeiten.

Essen und Trinken

6 **Don Peperone** (Artigas 209, Tel. 4533 0025, 7– 1 Uhr), gehört zur gleichnamigen Restaurantkette und ist durch eine Tür mit dem Hotel Brisas del Hum verbunden; gutes Essen (trad. Küche: Pizza, Fleisch, Pasta etc.), kleine Weinauswahl, barrierefreies WC, günstige Preise (die Ausgaben kann man sich auf die Hotelrechnung setzen lassen, wenn man dort übernachtet).

barstadt Gualeguaychú (nur 9 km von Fray Bentos entfernt) sowie argentinische Umweltschützer die **internationale Brücke Libertador General San Martín,** die beide Städte verbindet.

Fray Bentos größte Attraktion ist das Museum, das sich auf dem Gelände der ehemaligen **Fleischfabrik** befindet (die in ihren Hochzeiten 4000 Arbeiter beschäftigte und in der 2000 Rinder pro Tag geschlachtet und verarbeitet wurden, um aus 30 kg Rindfleisch 1 kg Fleischextrakt zu gewinnen). Das Museum ist ganz der Industriellen Revolution gewidmet, und genauso heißt es: **Museo de la Revolución Industrial** (etwas außerhalb der Stadt im Barrio Anglo). Auf dem Gelände sind die Anlagen der alten Fleischfabrik und das „Dorf", in dem die Arbeiter lebten, noch weitgehend erhalten und zum größten Teil begehbar. Dazu gehören die Wohnhäuser mit ihrer originalen Einrichtung genauso wie die alte Schule, das Krankenhaus und andere Gebäude aus den ersten Jahren des 20. Jahrhunderts. Erfinder und erste An-

wender der Extraktkonservierung von Fleisch waren übrigens zwei Deutsche: der Unternehmer *Georg Christian Giebert* (einigen Quellen zufolge allerdings Belgier) und der Chemiker *Justus von Liebig*.

■ **Museo de la Revolución Industrial,** Tel. 4562 3690 / 4562 2918, fraybentos.museoanglo@gmail.com, museo.anglo@rionegro.gub.uy); täglich 9.30–17.30 geöffnet, Führungen dauern ca. 2 Std. (täglich um 10 und 15 Uhr), Zeiten und Eintrittspreise können je nach Saison variieren, daher besser vorher anrufen oder mailen und nachfragen.

Ein weiterer interessanter Ort in Fray Bentos ist das Museum zu Ehren des Malers *Luis Alberto Solari*, eines Sohnes der Stadt: Im **Museo Luis Alberto Solari** ist ein großer Teil seiner Kunst ausgestellt.

■ **Museo Luis Alberto Solari,** Treinta y Tres s/n, zwischen Av. 18 de Julio und Rincón, Tel. 4562 1057; geöffnet Mo bis Fr 8–20 Uhr, Sa, So und an Feiertagen 14–20 Uhr, Eintritt frei.

Übernachten/Essen und Trinken

1 **Gran Hotel Fray Bentos**② (Av. 18 de Julio 3272, Tel. 4562 0566, www.granh.com/fray_bentos), sehr zentral gegenüber dem Teatro de Verano (Park) und dem Río Uruguay gelegen, Geschäfte ebenfalls nahebei, mit Pool, Sauna und Fitnessraum; einfache, aber komplett ausgestattete Zimmer, sauber, freundlicher Service. Mit hauseigenem Restaurant Barranco.

2 **Juventud Unida** (Av. 18 de Julio, zwischen Treinta y Tres und Brasil, Tel. 4562 3365), Restaurant, das von außen eher abschreckt, aber: gutes Essen (vor allem Fisch, Fleisch und Pasta), große Portionen und wechselnde Karte; vor allem Chivitos, Wiener Schnitzel und Desserts sind sehr empfehlenswert. Nur Barzahlung.

3 **Medio Mundo** (25 de Mayo 3311, Tel. 4562 8533), Restaurant und Pizzeria in einem alten Gebäude, wechselnde Gerichte, klassisch uruguayisch, große Portionen – oft Live-Musik.

An-/Weiterreise

■ Vom Busbahnhof in Fray Bentos (Av. 18 de Julio, zwischen José P. Varela und Blanes, Tel. 4562 2737) fahren mehrere lokale, regionale, nationale und internationale **Busse.** Von Montevideo (bzw. Mercedes) gelangt man nach Fray Bentos mit den Buslinien Cut, Chadre und Agencia Central.

■ Mit dem **Auto** erreicht man Fray Bentos von Montevideo bzw. Mercedes aus über die R 2 (die von der R 1 auf der Höhe des km 129 abgeht bzw. hier entsteht).

uruC15_030 lbo

> Der Unvermeidliche – Denkmal zu Ehren des Nationalhelden José Gervasio Artigas

Der nördliche Westen und der Río Uruguay

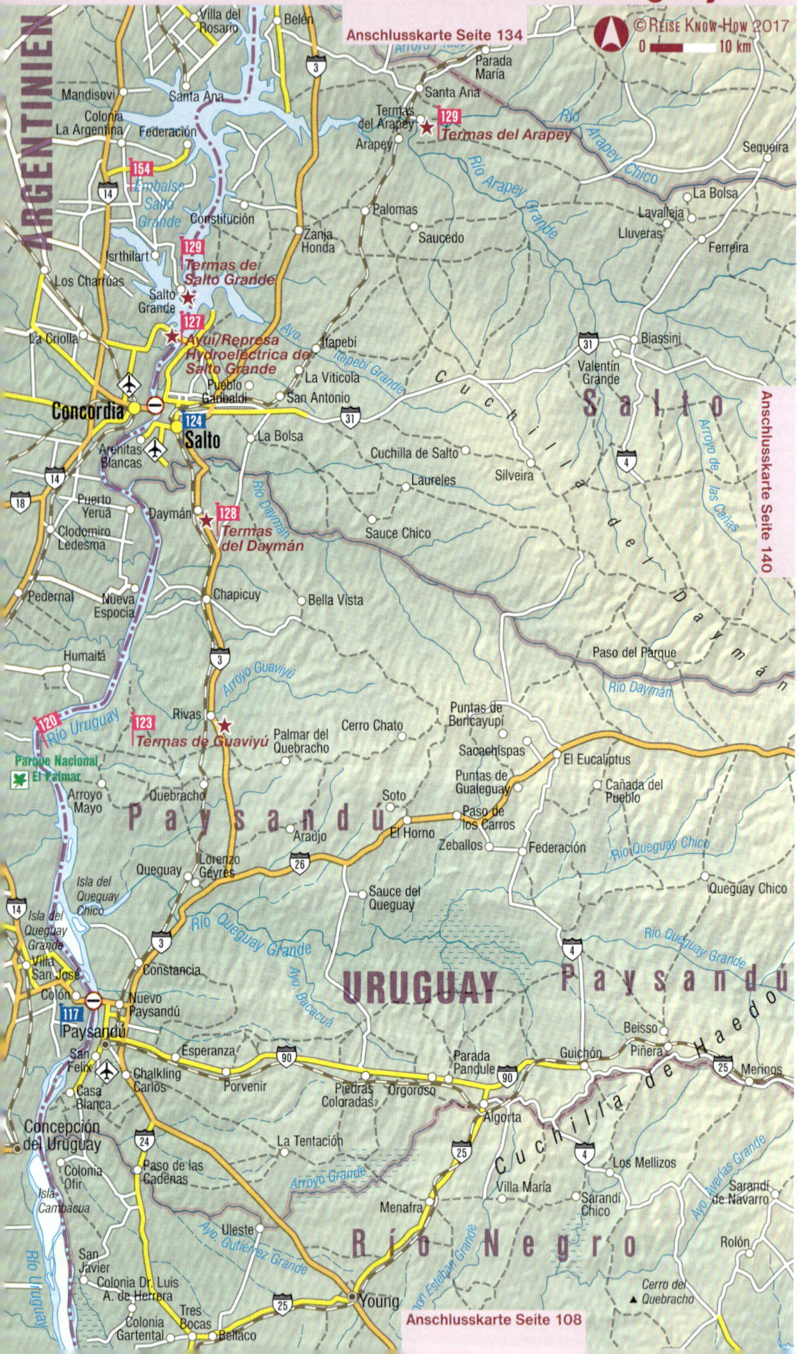

Paysandú

Der Name der Stadt setzt sich zusammen aus dem Guaraní-Wort „Pay" für Vater und dem Nachnamen des Jesuitenpaters *Policarpo Sandú*, der hier 1772 eine Mission gegründet hatte. Der Ruf Paysandús ist noch immer geprägt von der Rolle, die die Stadt 1865 in der **Verteidigung der Unabhängigkeit** und der Konstitution Uruguays spielte, als General *Leandro Gómez* mit rund 1000 Landarbeitern der Invasion von Truppen unter dem konservativen General *Venancio Flores* sowie 15.000 brasilianischen Soldaten und ihren Kanonen trotzte. Aus dieser Zeit stammt der Beiname der Stadt: „La Heróica" (Die Heldenhafte).

Bis heute ist Paysandú ähnlich wie Fray Bentos ein Zentrum für **Fleisch- und Lederverarbeitung;** diese Karriere begann mit der Errichtung eines Pökelhauses im Jahr 1871. 1968 wurde die internationale **Brücke General Artigas** eingeweiht, die Paysandú mit der argentinischen Stadt Colón verbindet.

Paysandú, die Hauptstadt des gleichnamigen Departamento, ist landesweit und über die Grenzen Uruguays hinaus bekannt für seine **Strände am Río Uruguay,** die Möglichkeiten, Wassersport zu betreiben, seine Museen sowie das alljährliche **Bierfestival Semana de la Cerveza** (im April) und **Chajá,** ein süßes Schaumgebäck (Baiser), das hier produziert und in ganz Uruguay verkauft wird. Außerdem heißt es, dass Paysandú eine der Städte auf dem amerikanischen Kontinent sei, in der die Freimaurerloge (Masones) über viele Jahrzehnte großen Einfluss ausgeübt habe. Der alte Friedhof Monumento a la Perpetuidad (einer der schönsten des ganzen Landes) ist ein Anhaltspunkt dafür, dass das stimmen könnte.

Sehenswertes

Ein guter Ausgangspunkt, um Paysandú kennenzulernen, ist der zentrale Platz der Altstadt, die **Plaza Constitución,** auf dem sich ein Denkmal und das Mausoleum für General *Gómez* befinden. Auf der anderen Straßenseite steht die Basilica de Nuestra Señora del Rosario, die ein Bollwerk bei der Verteidigung gegen die Invasoren war und heute als eine der schönsten Kirchen des Landes gilt. Von hier führt die **Haupteinkaufsstraße Av. 18 de Julio** bis hinunter zum Flussufer, das aufgrund immer wiederkehrender Überflutungen weitestgehend unbebaut ist. Weitere Anlaufstellen während einer Tour durch die Stadt sind ihre zum Teil sehr schön gestalteten Plätze (Artigas, Lavalleja, Rivera, Chaplin), der alte Friedhof, die Museen sowie das Amphitheater, das Raum für 20.000 Zuschauer bietet, sich allerdings etwas außerhalb befindet.

Mit dem Bau der **Basílica de Nuestra Señora del Rosario** gegenüber der Plaza Constitución wurde 1860 begonnen, fünf Jahre später nahm sie eine zentrale strategische Rolle bei der Verteidigung der Stadt gegen die Truppen von General *Flores* ein, fertiggestellt wurde sie 1879. Architekt war der Italiener *Bernardo Poncini.* Die Kirche gilt als eines der am üppigsten dekorierten uruguayischen Gotteshäuser. In ihrem Archiv befinden sich die Geburtsurkunden von *Tacuabé* und *Guyunusa,* zwei von vier

Paysandú

0 200 m
Übernachtung
1 Camping Guyunusa
3 Mykonos
4 Gran Hotel Paysandú
7 Majo's
9 Estancia La Paz
Essen und Trinken
2 Doña Maruja
5 El Bar
6 La Familia
8 Los Tres Pinos
10 La Pulpería
Playa Municipal
Anfiteatro del Río Uruguay
Instrucciones del Año XIII
Éxodo
Andresito
Juan Henderson
Av. de los Iracundos
Pbro. Baldomera Vidal
Jachtclub
Jachthafen
Prbo. Horacio Meriggi
Obelisco
Av. Salto
Río Uruguay
Carlos Albo
Tacuarembó
Lucas Piriz
Dam. A. Larrañaga
Plaza Gral. Lavalleja
Ayacucho
Bolívar
Washington
Charrúas
Uruguay
Florida
Playa Park
Batlley Ordoñez
Entre Ríos
Parroquia San Ramón
Don Bosco
Carlos Ggardel
Plaza Gral. Artigas
Plaza Colón
Av. Brasil
18 de Julio
Casa de la Cultura/ Museo de Artes Plásticas
Leandro Gómez
Sarandí
Dirección de Cultura
Ituzaingó
25 de Mayo
Colón
Plaza Fco. Acuña de Figueroa
Artigas
Río Negro
Solís
Av. Soriano
Hafen
Pte. Viera
Colonia
Garzón
Paz
Angelzone
Pte. Roosevelt
Playa Nueva
Ledesma
Pinilla
H. Gutiérrez Ruiz
Zelmar Michelini
Carlos Albo
Silván Fernández
Libertad
Baltasar Brum
Luis Batlle Berres
Independencia
Setembrino Pereda
33 Orientales
Montevideo
19 de Abril
Polize

Charrúa-Indígenas, die als Gefangene nach Frankreich verschifft und dort zur Schau gestellt worden waren.

Im **Mausoleum von General Leandro Gómez,** ebenfalls an der Plaza Constitución, befinden sich die sterblichen Überreste des Feldherrn sowie eine Liste all jener, die bei der Verteidigung der Stadt im Kampf für die Unabhängigkeit gestorben sind. Außerdem sind Karten des Generals, Dokumente und Fotografien aus jener Zeit und Waffen ausgestellt.

■ **Mausoleo del Gral. Leandro Gómez,** Plaza Constitución, 18 de Julio / Montecaseros, Tel. 4722 6220 int. 247; geöffnet Di bis Sa 10–17 Uhr.

Der Friedhof **Monumento a la Perpetuidad** (Denkmal für die Ewigkeit), auch **Cementerio Viejo** (Alter Friedhof) genannt, liegt hinter dem Busbahnhof und ist historisch betrachtet einer der größten Schätze der Stadt. Von 1835 an errichtet, dokumentieren die hier stehenden, zum Teil überaus ausdrucksstarken und prachtvollen Grabskulpturen nicht nur den Tod, sondern auch das Leben der Menschen, die hier begraben liegen. Die Mehrheit der Grabmäler stammt aus der zweiten Hälfte des 19. Jahrhunderts und ist aus italienischem Carrara-Marmor hergestellt. Architekt des Eingangsportals und der Kapelle war der Italiener *Bernardo Poncini,* der auch Paysandús Basilika und den Zentralfriedhof in Montevideo mitgestaltet hat. Viele der Skulpturen weisen nicht nur eine katholische oder jüdische Symbolik, sondern auch die der Freimaurer Paysandús auf. Um darüber mehr zu erfahren, kann man sich über die unten angegebenen Telefonnummern eine Führung vermit-

Río Uruguay – Fluss der bunten, singenden Vögel – und der vielen Fische

Oft genug wiedergegeben wurde die genaue und komplette Übersetzung des Landesnamens aus dem Spanischen und dem Guaraní ins Deutsche: Republik östlich des Flusses der bunten, singenden Vögel – das bedeutet Uruguay. Schon seit vielen Jahren ist Uruguay ein **Mekka für Ornithologen** und ein Paradies für Angler. Aus fernen Ländern kommen die Vogelkundler angereist, um die Vielfalt des Federviehs zu studieren. Über 500 Arten von Watt- und Wasser-, Land-, Küsten- und Sumpfvögeln sind im Land heimisch, darunter die Schwarz-Weiß-Monjita, der überaus seltene Schwarzhalsschwan, die farbenprächtige Schwarzdrossel, Rotschulter-, Amazonas- und Krickenten ebenso wie Mohrenibis, Brillenibis oder Stirnbandibis sowie die südamerikanische Version des Vogel Strauß, der Ñandú. Außerdem finden sich noch Maskenpfahlhühner und Geradschnabel-Riedschlüpfer, Sumpf- und Weißnackenpfäffchen, Pampahühner, Weißbauchpieper, Weißhals- und Mangrovenreiher, ferner Rotbrustfischer und Schneckenweihen, Wegebussarde, Flamingos und Seeschwalben.

Nicht nur im Río Uruguay, sondern in allen Flüssen, Lagunen und Seen tummelt sich eine **große Zahl von Fischarten** – darunter viele, die nicht nur riesig sind, sondern auch sehr gut schmecken und deswegen bei Anglern bzw. Sportfischern sehr beliebt sind. Eine Besonderheit sind die elektrischen Fische; der größte von ihnen ist der bis zu 2 m lange Südamerikanische Zitteraal. Er kommt aber eher selten vor, die kleineren elektrischen Fische dagegen relativ häufig. Auch Piranhas sind in uruguayischen Gewässern vertreten, darüber hinaus diverse Welsarten, Engmaul-, Säbel- und Tigersalmler, Karpfen (auch Riesenkarpfen, die mehr als 100 kg auf die Waage bringen), Adlerfische, Goldbrassen bzw. Doraden, Meeräschen, La-Plata-Ährenfische und Süßwasserrochen, Schaufelmaule sowie Patís. Außerdem Sardellen, Schwertfische, Delfine und sogar Blauhaie (die sich aber weit von den Küsten entfernt aufhalten). Dabei weist Uruguay nicht nur zahlreiche Süß- und Salzwasserfische, sondern auch viele andere Meeresbewohner auf, darunter Schildkröten, Garnelen, Muscheln und Krebse.

uru015_031 lbo

teln lassen, die etwa 2 Stunden dauert (der Preis variiert, unbedingt vorher nachfragen).

Monumento a la Perpetuidad / Cementerio Viejo, Montecaseros, zwischen Artigas und Soriano, hinter dem Busbahnhof, Tel. 091 218 387 / 4722 6220 int. 177, turismo@paysandu.gub.uy; Öffnungszeiten des Friedhofs Di bis Sa 9–17 Uhr, So 11–17 Uhr.

Das **Geschichtsmuseum Casa del Espíritu de Paysandú** gegenüber dem Rathaus illustriert die Geschichte des Gebäudes und der Stadt, beherbergt eine Münzsammlung, Waffen sowie Skulpturen lokaler Künstler.

Museo Histórico Casa del Espiritú de Paysandú, Zorrilla de San Martín 874, zwischen Leandro Gómez und Sarandí, Tel. 4722 6220 int. 247.

In dem Gebäude, in dem heute die **Casa de la Cultura** und das **Museo de Artes Plásticas** untergebracht sind, trafen sich einst die Freimaurer (Masones) von Paysandú, zu denen auch der Held der Stadt, General *Leandro Gómez,* gehört haben soll. Heute ist es ein Kulturzentrum und Kunstmuseum mit wechselnden Ausstellungen und Workshops.

Casa de la Cultura und Museo de Artes Plásticas, Leandro Gómez 852, Tel. 4722 2398, cultura@paysandu.gub.uy.

Am Ufer des Río Uruguay gibt es drei Strände in der Stadt: An der **Playa Municipal** finden sich Restaurants, Bars und Diskotheken sowie Fußball- und Tennisplätze. Die **Playa Park** verfügt über einen Parador mit Getränkeverkauf und Musikveranstaltungen, auch gerne für Fitnesstraining genutzt. Abends und nachts ist dieser Strand im Sommer einer der beliebtesten Treffpunkte der Jugendlichen; oft werden hier auch Lagerfeuer gemacht. Die **Playa Nueva** hingegen wird hauptsächlich zum Schwimmen benutzt.

Das **Anfiteatro del Río Uruguay** (Av. de los Iracundos / Instrucciónes), 1997 am Río Uruguay errichtet, bietet Platz für 20.000 Personen und im Sommer ein relativ umfassendes Veranstaltungsprogramm, vor allem im Rahmen des jährlichen Bierfestivals Semana de la Cerveza im April. Für genauere Informationen zu aktuellen Veranstaltungen die Tourist-Info kontaktieren (s. u.).

Praktische Tipps

Information

Die **Oficina de Turismo de la Intendencia** befindet sich gegenüber der Plaza Constitución (18 de Julio 1226, Tel. 4722 6220, turismo@paysandu.gub.uy)

Übernachten

7 **Majo's**② (Sarandí 1192, Tel. 4722 0453, www.hotelmajos.com), sehr zentral gelegen, einfache, aber freundliche (Einzel- bis Vierer-)Zimmer, Autostellplätze.

3 **Mykonos**② (18 de Julio 768, Tel. 4722 8201, www.hotelmykonos.com.uy), ebenfalls sehr zentral gelegenes Hotel, einfache Ausstattung der Zimmer, freundlicher Service.

4 **Gran Hotel Paysandú**② (19 de Abril 958, Tel. 4723 2295, www.granhotelpaysandu.com.uy), sehr modern und stilvoll eingerichtetes Hotel mit Tiefgarage, hauseigener Wäscherei und Pool; Massagen

möglich; gutes Preis-Leistungsverhältnis – das Hotel hält definitiv mehr, als die Fassade verspricht.

9 **Estancia La Paz**③ (Colonia La Paz, Tel. 4720 2272 / 099 091 668, www.estancialapaz.com.uy), das Hotel de Campo ist eine der bekanntesten Estancias des Landes, ca. 30 km südlich von Paysandú gelegen, über die R 24 km 86,5 und die R 3 km 336 erreichbar, von dort jeweils noch einige Kilometer über die Feldwege landeinwärts fahren bis zur Estancia. Sehr stilvoll eingerichtete Zimmer und Gemeinschaftsräume, Pool, Startbahn, aber vor allem Pferde, Pferde, Pferde. Hier bekommen Touristen genau den Urlaub geboten, den sie sich auf einer (Luxus-)Estancia vorstellen.

Camping

1 **Camping Guyunusa** (Av. de los Iracundos s/n), der kostenlose kommunale Zeltplatz am Fluss ist mit dem Nötigsten ausgestattet: Toiletten, Tische, Grillmöglichkeiten, Duschen (nur kaltes Wasser). Bevor man sein Zelt aufschlagen darf, muss man eine Erlaubnis bei der Tourist-Info (s. o.) einholen.

Essen und Trinken

5 **El Bar** (Herrera 955 / 18 de Julio, Tel. 4723 7809), Restobar (Restaurant und Bar) mit einer großen Auswahl an Speisen und Getränken, alle Altersgruppen, gute Stimmung, Live-Musik am Wochenende, geöffnet von 6.30 Uhr bis nach Mitternacht.

2 **Doña Maruja** (18 de Julio 833, Tel. 4724 1711, marujaresto@adinet.com.uy), zentrales Restaurant, elegant eingerichtet, eines der wenigen Restau-

uru015_032 lbo

⌄ Monumento a la Perpetuidad – auf dem alten Friedhof von Paysandú

uru015_033 lbo

rants in Paysandú, die nicht mit traditioneller Küche aufwarten und in denen man Fisch bekommt, außerdem Fleisch, Pasta und Desserts – alles sehr gut. Reservieren!

8 **Los Tres Pinos** (Av. España 1474, Tel. 4724 1211, www.lostrespinos.com.uy), das Restaurant ist einer der Klassiker der Stadt und sehr beliebt bei den Einheimischen, besonders für seine Fleischgerichte; nette Atmosphäre, schnelle und freundliche Bedienung, gutes Preis-Genuss-Verhältnis.

6 **La Familia** (18 de Julio 1152, Tel. 4722 2181, www.postrechaja.com), Konditorei-Verkauf, kein Café – hier wird das berühmte Baiser-Schaumgebäck *Chajá* hergestellt und direkt über den Tresen verkauft bzw. in das ganze Land und nach Argentinien verschickt. Man muss Süßes sehr mögen, dann hat das Gebäck Suchtpotenzial, sonst aber besser die Finger davon lassen.

Mein Tipp: 10 **La Pulpería** (Rambla 11 de Febrero de 1811, Casa Blanca, Tel. 4724 2627, www.fricasa.com.uy/lapulperia), Restaurant ca. 11 km außerhalb von Paysandú: Der „Tante-Emma"- oder „Kolonialwaren"-Laden, so die deutsche Übersetzung von *Pulpería*, ist eines der großen lukullischen Highlights in der Region des Litoral; hier werden die Gäste mit einer jungen, modernen Variante der uruguayischen Küche und besten Gewächsen aus den Bodegas des Landes verwöhnt; aber schon das geschmackvoll restaurierte Gebäude selbst und seine Einrichtung sind einen Besuch wert, obendrein ist das Preis-Genuss-Verhältnis phänomenal. Nicht vergessen: Nach dem Essen einen Verdauungsspaziergang durch das pittoreske Casa Blanca unternehmen.

An-/Weiterreise

■ Die Stadt ist sehr gut an das nationale und internationale **Busnetz** angeschlossen. Vom Busbahnhof (Av. Zorrilla de San Martín 630 / Artigas, Tel. 4722 3225) südlich der Plaza Independencia gelangt man in fast alle großen Städte des Landes sowie nach Asunción (Paraguay), Colón, Concepción del Uruguay, Córdoba, Paraná und Santa Fé in Argentinien.

■ Mit dem **Auto** erreicht man Paysandú am besten über R 3, R 26 und R 90, von Mercedes, Fray Bentos und Salto dauert dies jeweils gut 1½ Std., von Montevideo 3½ Std.

Termas de Guaviyú

Rund 60 km nordöstlich von Paysandú befinden sich die Mineralquellen von Guaviyú. Das Wasser, das hier um die 38 Grad warm aus dem Boden kommt, entstammt dem **unterirdischen Wasserreservoir Acuífero Guaraní.** Diesem Wasser werden dank seiner mineralischen Bestandteile Calcium, Magnesium, Kalium und Fluor heilende Qualitäten zugeschrieben. Es soll eine beruhigende Wirkung haben, die Muskelverspannungen und entzündliche Prozesse in der Haut und im Körper reduziert – ideal für die Behandlung von Krankheiten wie Rheuma, Arthritis oder Arthrose.

Der **Thermalkomplex** liegt mitten auf dem Land, umgeben von Wiesen und Yatai-Palmen, und hat sechs Rundbecken (einige sind Whirlpools), zum Teil mit Wasserstrahlern für Menschen mit Wirbelsäulenleiden. Die Wassertemperatur in den Pools variiert, die heißesten sind zum Entspannen, die warmen auch zum Schwimmen. Besonders angenehm ist ein Bad in den Becken, wenn die Dämmerung langsam hereinbricht und man die ersten Sterne sehen kann – diese Kombination aus heißem Wasser und frischer Luft sorgt für größtmögliches Wohlbefinden.

Die Thermen werden übrigens von der Kommunalverwaltung betrieben,

Die **Catedral San Juan Bautista** (25 de Agosto), erbaut 1889, steht an der Stelle, an der sich die erste Kirche Saltos befand, und ist seit 1939 der Hauptsitz der Diözese Salto. Neben ihrer Architektur im eklektischen Stil mit Dominanz barocker Elemente sind die Ölgemälde von *Zorrilla de San Martín* sowie eine Christus-Figur aus Bronze von *Edmundo Pratti* hervorzuheben. Bei seinem Uruguay-Besuch im Jahr 1988 machte Papst *Johannes Paul II.* auch hier Station.

Das **Museo de Bellas Artes y Decoración** (Uruguay 1067 / Feliciano Viera) ist in einem Herrenhaus aus dem Jahr 1900 untergebracht, auch bekannt als **Palacio Gallino** (nach seinem Erbauer). Es zeigt Art-Nouveau-Skulpturen und wichtige Werke uruguayischer Künstler, u. a. von *Cúneo, Vivente Martín, José Cziffery* und *Petrona Viera.*

■ **Museo de Bellas Artes y Decoración,** Uruguay 1067 / Feliciano Viera, Tel. 4732 9898 int. 148; geöffnet Di bis Fr 15–19 Uhr, So 17–20 Uhr (nicht immer geöffnet, besser vorher nachfragen).

Das **Teatro Larrañaga** (Joaquín Suárez 39) gilt als künstlerisches Wahrzeichen der Stadt. Es hat Platz für 850 Zuschauer. Die Eröffnung war Ende 1882 nach zwei Jahren Bauzeit, der eine Sammlung durch die Oberschicht der Stadt vorangegangen war. Das Theater ist eines der repräsentativsten Gebäude Saltos und weitgehend noch mit der Originalausstattung versehen. Besonders sehenswert sind der rote Samtvorhang und der opulente Kristallleuchter, außerdem das Museum mit alten Requisiten

■ **Teatro Larrañaga,** Joaquín Suárez 39, Tel. 4732 9898; Eintritt frei, geöffnet Mo bis Sa 14–20 Uhr.

Das **Museo Casa Quiroga** (Viera / Maciel) ist im Elternhaus von *Horacio Quiroga* untergebracht, in dem der berühmte Autor seine Kindheit und Jugend verbrachte. Zu sehen sind Bücher, Fotos und persönliche Gegenstände, vor allem aber ist die Urne mit seiner Asche ausgestellt. Außerdem beherbergt das Museum einen Saal zu Ehren der Dichterin *Marosa Di Giorgio* (eine der wichtigsten Autorinnen Uruguays) mit Büchern, persönlichen Gegenständen und Kleidung der Schriftstellerin.

Wasserkraftwerk Salto Grande nördlich der Stadt

uru015_035 lbo

■ **Museo Casa Quiroga,** Viera / Maciel, Tel. 4732 5685, museosalto@gmail.com; Eintritt frei, geöffnet Di bis Sa 14–20 Uhr, So 17–20 Uhr.

Außerhalb von Salto liegt das **Wasserkraftwerk Salto Grande,** etwa 13 km nördlich in **Ayuí** am Río Uruguay; 1979 ging es in Betrieb.

■ **Represa Hydroeléctrica de Salto Grande,** Ayuí; Tel. 4732 7777 int. 3332 / 3333, www.saltogrande.org; mehrmals täglich Führungen durch die Einrichtungen, täglich geöffnet 7–15 Uhr.

Praktische Tipps

Information

■ **Oficinas de Turismo** befinden sich am Busbahnhof (Terminal Salto Shopping, Av. Batlle 2265, Tel. 4734 0843) und im Zentrum (Uruguay 1052, Tel. 4733 4096, turismo@salto.gub.uy.

Übernachten

Trotz der Größe der Stadt ist die Unterkunftssituation in Salto eher schwierig. Viele Reisende beklagen die mangelnde Auswahl und die hohen Preise (vor allem in Relation zu Ausstattung und Angebot).

3 Hostal del Jardín② (Colón 47, Tel. 4732 4274), sehr zentral gelegen, einfache Ausstattung, freundlicher Service; manche Gäste beklagten die mangelnde Sauberkeit, was hier so nicht bestätigt werden kann.

6 Gran Hotel Uruguay② (Brasil 891, Tel. 4733 5197, www.hoteluruguay.com), sehr zentral gelegen, die meisten interessanten Orte der Stadt sind nur wenige Straßenecken entfernt, WiFi in der Lobby, außerdem Computer mit Internetanbindung (kostenfreie Nutzung). Die Übernachtung muss bar bezahlt werden, der Preis beinhaltet den freien Eintritt in den Parque Acuático bzw. Termas de Salto Grande.

5 Los Cedros② (Uruguay 657, Tel. 4733 3984, www.loscedros.com.uy), sehr zentral gelegenes großes Hotel, nur fünf Blocks bis zum Río Uruguay, Abstellmöglichkeit fürs Auto, einfache, aber komplette Ausstattung, sauber, allerdings etwas dunkel.

MEIN TIPP: **9 Posada del Siglo XIX**②-③ (R 3 km 479,300 / Los Molles y los Sauces, Daymán, Tel. 4736 9955 / 4736 9712, www.posadasigloxix.com), SPA-Komplex bzw. 3 ha große Anlage mit Thermalbädern (drinnen und draußen), einem kleinen Aqua-Park für Kinder (inkl. Rutschen), Becken mit Hydromassage, Sportgeräten, Spielplatz, Anwendungen, Massage etc. – also alles vorhanden, was man für einen Erholungsurlaub braucht. Das Wasser der Anlage stammt ebenso aus dem Wasserreservoir Acuífero Guaraní, wie in den großen Thermen auch. Übernachtungsmöglichkeiten bestehen im Hotel der Posada oder in den Bungalows: sehr gut ausgestattet, sehr professioneller, freundlicher Service. Insgesamt eine sehr gute Alternative zu den großen Themalbädern.

4 Art Hotel Deco②-③ (Sarandí 145, Tel. 4732 8585 / 095 889 664, www.arthoteldeco.com/ger), schon von außen macht dieses Boutique-Hotel seinem Namen und der gleichnamigen Stilrichtung in der Designgeschichte des 20. Jahrhunderts alle Ehre; auch innen und im Garten ist der Name in allen Zimmern und Gemeinschaftsräumen Programm: sehr stilvoll und mit viel Liebe zum Detail – und die Dame des Hauses ist Deutsche.

Essen und Trinken

1 Casa de Lamas (Chiazzaro 20, Tel. 4732 9376), eines der beliebtesten Restaurants der Stadt (gilt für Einheimische wie Touristen), gute Auswahl an Menüs, einige vegetarische Gerichte, gute Weine, schöner Blick auf den Fluss. Nicht ganz günstig, aber gutes Preis-Genuss-Verhältnis.

7 La Trattoria (Uruguay 754, Tel. 4733 6660), Restaurant/Café mit Pizzas, Pasta- und Fleischgerichten, angenehme Atmosphäre, zentral gelegen.

MEIN TIPP: **10 El Rancho** (R 3 km 488, Tel. 4736 9942, www.elranchospetto.com.uy), Grillrestaurant etwas außerhalb (ganz in der Nähe des Dayman-Thermenkomplexes), großer Grill, große und abwechslungsreich bestückte Salattheke, reichliche Weinauswahl, sehr gute Qualität und sehr beliebt; öffnet ab 20 bzw. 20.30 Uhr, ab 21 Uhr wird es schwierig, einen Tisch zu bekommen – also entweder früh genug da sein oder reservieren.

8 La 2000 (Av. Blandengues 195, Tel. 4733 0668, www.facebook.com/la2000pizzeria), Pizzeria in der Nähe des Busbahnhofs, schlicht, lange Tischreihen, Pizzas in allen Variationen, außerdem Pasta, Salate und Chivitos; schnelle Bedienung und faire Preise.

2 La Caldera (Uruguay 221, Tel. 4732 4648), Grillrestaurant in schönem alten Kolonialgebäude, nur einen Block vom Hafen entfernt, rustikal, Backsteinwände, sehr gutes Essen, sehr aufmerksame und freundliche Bedienung – ein Muss, aber nur Bargeld wird akzeptiert.

An-/Weiterreise

- Vom Busbahnhof (Terminal Salto Shopping, Av. Batlle 2265, Tel. 4733 6200, www.saltoshopping.com.uy/terminal.php) fahren die **Busse** der Gesellschaften Alonso, Chadre, C.O.A. und J&L Bentos landesweite und internationale Destinationen an. Mit der lokalen Buslinie Larrañaga y Andrés kann man sich in Salto fortbewegen.
- Mit dem **Auto** erreicht man die Stadt direkt über die R 3 (Nord-Süd-Verbindung) und über die R 31 (Ost-West-Verbindung).
- Von Saltos Flughafen **Aeropuerto Internacional de Nueva Hespérides** konnte man von 2010 bis 2014 zum Hauptstadtflughafen Carrasco fliegen. Wegen der geringen Nachfrage hat die Fluggesellschaft BQB aber vorerst ihre Flüge eingestellt.

Thermalbäder

Zu den beliebtesten Urlaubszielen der Uruguayos in der Winterzeit gehören die Thermalquellen im Nordwesten des Landes. Dazu zählen medizinische und therapeutische Heilbäder genauso wie riesige Aquaparks. Die meisten liegen in den Departamentos Salto und Paysandú zwischen Wäldern und Hügeln, eingebettet in flache, dünn besiedelte Flusslandschaften. Genannt seien die Thermalbäder von Almirón, Arapey, Daymán, Guaviyú und Salto Grande. Neben den großen Termas in der Region gibt es auch zahlreiche kleinere Anbieter, etwa Estancias oder ehemalige Campingplätze, die auf ihrem Gelände neben den Thermal- und Wellnessbereichen auch Hotels, Bungalows und Reitmöglichkeiten anbieten.

Nur jeweils 10 Autominuten von Salto entfernt befinden sich die beiden Thermalbäder Daymán und Salto Grande. Die Termas del Arapey liegen 80 km nördlich der Stadt.

Termas del Daymán

Die Thermen von Daymán entstanden in gewisser Hinsicht als „Kollateralschaden“ bei der Suche nach Öl in dieser Region, denn dabei stießen die Ingenieure in mehr als 2000 m Tiefe auf das **Wasserreservoir des Acuífero Guaraní.** In der Folge entstand das Thermalbad, das heute für seine Besucher **zahlreiche Becken innen und außen** (sieben für Erwachsene, drei für Kinder) mit unterschiedlichen Wassertemperaturen (auch ein Kaltwasserbecken), den **Aquapark Acuamanía** (besonders beliebt: die 18 m hohe Kamikaze-Rutsche) und hydrothermale SPA-Behandlungen bereithält. An der R 3 vor dem Gelände befinden sich zahlreiche Restaurants und Hotels. Oft sieht man Erwachsene in Bademänteln am Straßenrand mit Handtuch unter dem Arm. Von Salto (Hafen) und aus fast allen größeren Städten des Landes, sogar von Montevideo (Terminal Tres Cruces), fahren Busse zu dem Thermalbad.

Termas del Daymán, R 3 km 478 / Av. Paysandú, Tel. 4736 9711, www.termasdayman.com; Tageskarte: ca. 80 UR-$ für Erwachsene bzw. 40 UR-$ für 6- bis 12-Jährige, für Kinder bis 5 Jahre ist der Eintritt frei; geöffnet 8–23 Uhr.

Termas de Salto Grande

Die Thermen von Salto Grande gehören eigentlich zu dem Hotel Horacio Quiroga (benannt nach einem der berühmtesten Schriftsteller des Landes). Man muss aber kein Hotelgast sein, um sie benutzen zu dürfen, sie sind auch für andere Besucher geöffnet. Angeblich ist dieser „Parque Acuático" der **größte Thermalbad-Komplex Lateinamerikas.** Er ist auf jeden Fall so angelegt, dass alle Generationen sich darin wohlfühlen können: Während Kinder und Jugendliche ihren Spaß auf den Wasserrutschen haben oder Schlauchboot fahren, nutzen die Erwachsenen das umfangreiche Thermal-/SPA-Angebot. Das Wasser ist in einigen Becken bis zu 45 Grad warm. Zu dem Komplex gehören auch ein Wasserfall, Whirlpools, ein Strand (Playa Paraiso) und ein Freiluftwellenbad. Auf Anfrage wird der Transport von Salto zu den Thermen kostenfrei ermöglicht. Um das Gelände herum befinden sich zahlreiche Hotels und Bungalows.

Termas de Salto Grande, Parque del Lago, R 3 km 505, Tel. 4733 0902 / 4733 4411, www.hotelhoracioquiroga.com; Tageskarte: ca. 200 UR-$ für Erwachsene bzw. 170 UR-$ für 5- bis 10-Jährige, für Kinder bis 4 Jahre ist der Eintritt frei; geöffnet 10–20 Uhr.

Termas del Arapey

Die Thermen von Arapey sind die **ältesten des Landes** und befinden sich **in einem relativ weitläufig angelegten Park.** Das Wasser in den vier Becken ist 42 Grad warm. Es enthält Jod, Eisen, Kalzium, Magnesium und Fluor, aber kein Arsen und kaum Sulfate und Nitrate, weshalb es sogar trinkbar und sehr geeignet für Hydrotherapien sein soll. Neben den vier Pools (innen und außen) gibt es Spielplätze und Felder für verschiedene Ballsportarten. Nur von Salto aus bestehen direkte Busverbindungen nach Arapey, die Busse aus den anderen Städten fahren über Salto.

Termas del Arapey, R 3 bis zur Ausfahrt km 548 bzw. 552, dann 19 km weiter, einfach den Schildern folgen, Tel. 4768 5001 / 4768 2101 / 4768 2031 int. 355, admarapey@gmail.com; Tageskarte: ca. 90 UR-$ für Erwachsene bzw. 40 UR-$ für 6- bis 12-Jährige, für Kinder bis 5 Jahre ist der Eintritt frei; geöffnet 8–22.45 Uhr.

uru015_051 lbo

4 Der Norden und das Landesinnere

Wo gibt es denn so was? Noch ist man in Uruguay – aber mit einem Fuß schon fast in Brasilien: Mehrere Orte „teilen“ sich die Hunderte von Kilometern lange Grenze zum großen Nachbarn. Und auch sonst sind der Norden und das Landesinnere ziemlich einzigartig.

< Die Plaza Internacional in Rivera, Grenze zwischen Uruguay und Brasilien

NICHT VERPASSEN!

- **Puente de la Concordia in Artigas:** ganz nah dran am großen Nachbarn Brasilien | 135
- **Plaza Internacional in Rivera:** noch näher dran am Nachbarn – besser geht's nicht | 139
- **Valle del Lunarejo:** so paradiesisch können Jahrmillionen lange Erosionen aussehen | 141
- **Fiesta de la Patria Gaucha in Tacuarembó:** es lebe die Tradition – hoch zu Pferde | 145
- **Quebrada de los Cuervos:** unterwegs in der „Schlucht der Raben" | 155

Diese Tipps sind gelb hinterlegt.

Tiefe Schluchten im Landesinneren – die Quebrada de los Cuervos

ÜBERBLICK

Der Norden Uruguays ist ein bisschen anders als der Rest des Landes: Das Klima ist subtropisch, die Vegetation zeigt sich oftmals etwas karger, die Menschen sprechen vielerorts kein reines Río-de-la-Plata-Spanisch, sondern Portuñol, einen Mix aus Spanisch und Portugiesisch. Etwas weiter im Landesinneren prägen Hügelketten, Flüsse, Bäche und Seen das wieder sehr viel grünere Weideland, den Campo. Ruhe und Abgeschiedenheit sind die Konstanten dieser Ebenen – und Rinder, viele Rinder.

Artigas

Die Brücke zwischen Artigas und der südbrasilianischen Stadt Quarai, die über den **Río Cuareim** führt, ist nicht einmal 1 km lang. Diese geografische Nähe zwischen den beiden Städten erklärt die wechselseitigen kulturellen Einflüsse und den spanisch-portugiesischen **Sprachmix Portuñol/Portunhol,** der in Artigas und dem Rest von Uruguays Norden neben dem Castellano Rioplatense gesprochen wird. Aber nicht nur Kultur und Sprache sind hier stark vom großen Nachbarn im Norden beeinflusst, auch das Wetter fühlt sich bei dem hier herrschenden subtropischen Klima eher brasilianisch an.

Bei seiner Gründung 1852 hieß der Ort noch **San Eugenio de Cuareim,** erst 1915 mit dem Erhalt der Stadtrechte bekam er den Namen des uruguayischen Nationalhelden. Heute ist Artigas ein **Handelszentrum für Getreide und (Halb-)Edelsteine;** 1860 fand man im (südlichen) Umland der Stadt die ersten (Halb-)Edelsteine (Achate, Amethyste). Sie werden bis heute abgebaut, zu Kunsthandwerk und Souvenirs verarbeitet und in die ganze Welt exportiert.

uru015_037 lbo

Landesweit berühmt ist Artigas für seinen **Karneval,** der sehr stark von dem in Río de Janeiro inspiriert ist und als bester Samba-Karneval von ganz Uruguay gilt. Er wird von der Stadtverwaltung und der Vereinigung der Sambaschulen von Artigas (Federación de Escuelas de Samba de Artigas, FEDESA) organisiert und hat im Gegensatz zu den meisten anderen Städten Uruguays auch Themenwagen vorzuweisen, die bei dem großen Umzug über die Avenida Lecueder fahren. Jede der Sambaschulen hat ein eigenes Thema, das bei dem Umzug präsentiert wird.

◁ Architektonisch einer der bedeutendsten Bauten in Artigas – die Jefatura de la Policia

Sehenswertes

Die **Puente de la Concordia,** die Artigas mit Brasilien verbindet, ist eine der wichtigsten Sehenswürdigkeiten der Stadt. Überquert man die Brücke von der brasilianischen Seite aus, geht sie automatisch in die wichtigste Straße der Stadt über, die **Av. Carlos Lecueder.** Sie führt durch die ganze Stadt und verbindet auch die beiden zentralen Plätze miteinander, die Plaza Artigas und die Plaza Batlle. An ihr und in ihren Seitenstraßen befinden sich die sogenannten **Free Shops,** in denen Touristen zollfrei einkaufen können.

In der Mitte der **Plaza Artigas** (Av. Lecueder s/n) steht das Denkmal für den Nationalhelden *José Artigas,* außerdem bietet sie Raum für kulturelle Veranstaltungen und Spiele für Kinder.

Die **Plaza Batlle** (Av. Lecueder s/n) ist angeblich der größte öffentliche Platz des Landes. Hier stehen verschiedene historische Denkmäler (wie der Pabellón del Mastíl), und es wird Essen verkauft.

Der **Paseo Siete de Setiembre** ist eine Parkanlage am Ufer des Cuareim-Flusses, der Uruguay von Brasilien trennt. Hier stehen ein Campingplatz, Grillmöglichkeiten, Toiletten und Tische mit Bänken zur Verfügung. Man kann von dem Park gute Wandertouren am Flussufer starten, Mountainbike fahren oder skaten. Hinzu kommen Plätze für Basketball, Volleyball und Fußball, ein Baby-Fußballplatz und das Fußballstadion von Artigas.

Der städtische Markt **2** **Mercado Municipal** (Bernabé Rivera 2557 / Av. Lecueder) findet sich in der alten Markthalle, einem historischen Gebäude vom Anfang des 20. Jahrhunderts, entworfen

von dem Architekten *Giovanni Veltroni*. Heute ist die Halle in drei Bereiche aufgeteilt: eine Schule für Kunsthandwerk mit Workshops, ein Saal für kulturelle Veranstaltungen und das Museum des Departamento Artigas.

Die **Jefatura de Policia** (Amaro F. Ramos 289, Tel. 2152 6100, artigas@minterior.gub.uy), das Hauptgebäude der Polizei, ist architektonisch einer der bedeutendsten Bauten der Stadt, eingeweiht im Jahr 1896 auf Initiative des Coronel *Carlos Lecueder*. Angelehnt ist die Konstruktion an das Erscheinungsbild einer mittelalterlichen Burg. Über die Jahre war die Jefatura sowohl Kaserne als auch Gefängnis, bevor sie ihre heutige Funktion übernahm.

Die **Piedra Pintada** erhebt sich im Parque Congreso de Abril (R 30, 17 km südlich von Artigas, von der R 30 nochmal 8 km landeinwärts). Dieser 19 m hohe Sandsteinfels heißt „Bemalter Stein", weil er voller Beschriftungen von Besuchern ist; die älteste stammt vermutlich aus dem Jahr 1883 von einem Herrn *L. Villar*. Der Stein ragt so unverhofft aus dem Boden, als sei er gezielt so behauen worden. Er ist ein beliebtes Ausflugsziel der Uruguayos. Im Park selbst erwarten den Besucher ein **Campingplatz,** ein Swimmingpool, ein Grillplatz und ein Hostel. Der Campingplatz kann kostenlos benutzt werden, man schlägt einfach sein Zelt auf und nutzt alle Einrichtungen gratis, muss sich vorher aber in einer der beiden Oficinas de Turismo in Artigas registrieren lassen.

Das Departamento Artigas ist reich an **(Halb-)Edelsteinen.** In der **Zona Catalana** ca. 60 km südlich von Artigas Richtung Rivera (R 30 km 178) gibt es Steinbrüche **(La Limeña, Mina Las Amatistas),** wo Achate und Amethyste gebrochen werden. In der Region arbeiten noch weitere Minen. Besuche der Minen und Steinbrüche koordinieren die Oficinas de Turismo in Artigas; sie organisieren auch Touren von Montevideo aus.

Praktische Tipps

Information

■ Eine der beiden **Oficinas de Turismo** befindet sich in der Calle José Pedro de Varela 284 (Tel. 4772 2841 / 4772 4571, Mo bis Fr 7–18 Uhr), die andere im Gebäude der Stadtverwaltung (Av. Lecueder 472, Tel. 4772 2841 / 4772 4571); Informationen online auf www.artigas.gub.uy.

Übernachten

4 Del Norte① (Av. Lecueder 507, Tel. 4772 2223, www.hotel-del-norte.com), einfaches kleines Hotel, aber alles da, was man braucht, und freundlicher Service; während des Karnevals ziehen die Wagen direkt am Hotel vorbei.

6 Terminal② (Luis A. de Herrera 438, Tel. 4772 0599), kleines familiengeführtes Hotel, das nur 50 m vom Busbahnhof entfernt liegt, einfach, aber sehr freundlicher und zuvorkommender Service; auch Frühstück wird geboten.

Mein Tipp: 3 Hotel Casino San Eugenio del Cuareim② (Luis A. de Herrera 298 / Av. Lecueder, Tel. 4772 0710 / 4772 0711 / 4772 0712, www.hotelartigas.com), das Hotel, das auch unter dem Namen Hotel Artigas operiert und bekannt ist, ist das erste Haus am Platz und befindet sich auf halber Strecke zwischen den beiden Plazas; eine Seite des mehrstöckigen Gebäudes geht zur Hauptstraße Av. Lecueder, weswegen es eine der Hauptanlaufstellen für Karnevalsbesucher ist, die von der Dachterrasse dem Umzug zusehen. Auch sonst ist dieses Hotel mit seiner Dachterrasse (perfekt für den Sonnenuntergang) sehr empfehlenswert: einfache, aber sehr saubere und vollständige Ausstattung, barrierefrei, kleiner Fitnessraum, sehr freundlicher Service (eine Mitarbeiterin spricht sogar ein wenig deutsch). Das mit dem Hotel verbundene Restaurant gegenüber der Rezeption wirkt unscheinbar, aber das Essen (trad. kreolisch) ist sehr gut.

Camping

1 Camping Paseo 7 de Setiembre (Zugang über die Straßen Vasconcellos und Ansina), riesiges Gelände am Río Cuareim, viele Bäume, neben Zelten sind auch Wohnwagen und Autos zugelassen. Voll ausgerüstet, großes Sportangebot (Paddelboote, Fußball, Inlineskates, Basketball etc.), aber Restaurant, Cafeteria und Laden sind nicht immer geöffnet. Der Aufenthalt auf dem Platz ist gratis, aber die Nutzung der Feuerstellen zum Grillen muss bezahlt werden (ca. 200 UR-$).

Essen und Trinken

Mein Tipp: **5** **El Estudiante** (Plaza Batlle s/n), sozusagen „Essen auf Rädern", denn dieser kleine Imbiss befindet sich in einem ausrangierten Wohnanhänger mit Tischen und Stühlen davor; klein, aber fein, denn das Essen (v. a. Pizzas und *Chivitos*) ist sehr lecker (und günstig) – kurz: perfekter Zwischenstopp auf dem Weg durch die Stadt.

3 **Boi Brasino-Artigas** (Luis A. de Herrera 298 / Av. Lecueder), dieses vollkommen unscheinbare Grillrestaurant sieht fast aus wie eine Kantine, bietet aber sehr gute, frische Grillware in Verbindung mit einem großen Salatbuffet sowie Gerichte à la carte – zu sehr günstigen Preisen. Überaus freundlicher und zuvorkommender Service.

An-/Weiterreise

■ Der **Busbahnhof** befindet sich gegenüber dem Platz Andresito (Av. Lecueder 472, Tel. 4772 2346); fast alle landesweiten Busse halten hier und verbinden die Stadt mit dem Rest des Landes.

uru015_038 lbo

Uruguayisches Begrüßungskomitee

■ Mit dem **Auto** ist Artigas über R 4, R 5 und R 30 zu erreichen. Die schnellste Variante von Montevideo aus ist über die R 5 bis Rivera; dort überquert man die Grenze zu Brasilien (Santana do Livramento) und fährt dann über die BR-293 bis Quaraí, wo man die Brücke nach Artigas nimmt.

■ Die Stadt hat einen eigenen **Flughafen,** den Aeropuerto Internacional de Artigas, und einen **Bahnhof.** Beide werden aber fast ausschließlich zu wirtschaftlichen Zwecken genutzt.

Rivera

Eine Stadt, zwei Länder: Damit ist zu Rivera auch schon das Wichtigste gesagt. Auf der uruguayischen Seite heißt sie Rivera (und ist zugleich Hauptstadt des gleichnamigen Departamento), auf der brasilianischen Seite Santana do Livramento. Die Stadt besucht man sicherlich nicht aufgrund herausragender Bauten oder bemerkenswerter Denkmäler, denn in dieser Hinsicht und touristisch ganz allgemein hat Rivera nichts zu bieten. Aber angesichts der über Jahrhunderte schwierigen und von Kriegen bestimmten Beziehungen zwischen Uruguay und Brasilien ist die Tatsache, dass dieser Ort heute so friedvoll ist, schon Grund genug für einen Abstecher. Obligatorisch ist der Besuch des Platzes, der mit einem Obelisken und den Flaggen von Uruguay und Brasilien genau die Grenze markiert: Die **Plaza Internacional**, auch Parque Internacional genannt, wurde am 26. Februar 1943 eingeweiht und ist seitdem der einzige Platz weltweit, der gleichmäßig durch zwei souveräne Staaten geteilt wird. Tatsächlich wurde Rivera 1862 mit dem Ziel der Befriedung der Region unter dem Namen **Villa de Ceballos** gegründet. Ziel der uruguayischen Politiker war es, den brasilianischen Einfluss im nördlichen Teil des Landes zurückzudrängen.

Neben dieser Binationalität ist Rivera vor allem wegen seiner **Free Shops** bekannt, in denen Uruguayos und Brasileiros kostengünstig Markenprodukte aus aller Welt einkaufen. Dazu gehören Uhren und hochprozentiger Alkohol genauso wie Elektrogeräte, Kosmetik und Kleidung. Die Preise sind deutlich günstiger als im Rest beider Länder und immer in US-Dollar angegeben. Auf Nachfrage kann man aber auch in UR-$ und Reales bezahlen, evtl. auch in Euro.

Eine der größten Stärken Riveras ist seine schöne **Umgebung:** Die Landschaft ist geprägt von Schluchten, Flüssen, viel Grün und einer sehr vielfältigen Tierwelt. Ein guter Anlaufpunkt, um Zeit in dieser üppigen Bilderbuch-Natur zu verbringen, ist das Valle del Lunarejo (s. u.). Wer sich dazu spontan entscheiden sollte, kann ein Auto mieten oder sich von einem Taxi fahren lassen (vorher nach dem Preis fragen bzw. ihn aushandeln).

Praktische Tipps

Information

■ **Tourismusabteilung** der Stadtverwaltung Rivera (Agraciada 570, Tel. 4623 1900 int. 177-198, turismo@rivera.gub.uy). Angeboten werden auf Anfrage auch Touren zum Valle del Lunarejo und zu anderen Destinationen auf dem Land; sie starten am **Busbahnhof** von Rivera (Uruguay / Vera, Tel. 4622 5899 / 4623 1999).

turschutzgebiet von mehr als 25.000 ha Größe ist in den Händen von rund 100 Privatpersonen, die sich zu seiner Erhaltung verpflichtet haben.

Das Lunarejo-Tal liegt rund 70 km südwestlich von Rivera im Gebiet der **Hügelkette Cuchilla Negra** (Schwarze Klinge). Seine Berge sind zwischen 250 und 370 m hoch, die bekanntesten von ihnen heißen Cerro Bonito, Minuano, Boquerón (Sardelle), Cerro de los Peludos (Berg der Pelzigen) und Lunarejo, zu dessen Füßen auch der Strom mit demselben Namen, der **Arroyo Lunarejo,** entspringt. Über die Jahrmillionen haben sich hier durch Erosion sowohl einzeln stehende als auch in einer Reihe angeordnete Berge herausgebildet. Dabei enden sie nach Osten hin in Form steiler Abhänge, während sie im Westen sanft in die Landschaft übergehen. Das Naturschutzgebiet übertrifft jede **Postkartenidylle:** Während in den Tälern und auf den Almen Rinder, Schafe, Ziegen oder Pferde grasen, ziehen über den Bergwipfeln Adler, Bussarde und Geier ihre Kreise. Stundenlang kann man am steinigfelsigen Ufer des Arroyo Lunarejo entlangwandern (oder über die Wiesen bzw. hoch auf die Berge). Und man sollte das Tal nicht verlassen, ohne in einem der natürlich entstandenen Becken des

uru015_040 lbo

Stroms oder an einem seiner kleinen Wasserfälle gebadet zu haben.

Einige Bewohner der Gegend behaupten, sie hätten **Pumas** gesehen, ihre Existenz ist aber nicht bewiesen. Gesichert dagegen ist, dass in der **Tierwelt** Wildkatzen, kleine Ameisenbären, Frösche in allen Farben und Größen, Schlangen (nur eine Sorte ist giftig), Capybaras (Wasserschweine), Fischotter, Schildkröten, Füchse und Herden von Nasenbären sowie über 100 Vogelarten vorkommen.

So wie in anderen Gegenden des nördlichen Uruguay auch, besteht hier immer wieder Verdacht auf **Dengue-Fieber,** daher auf jeden Fall Mückenspray benutzen!

Praktische Tipps

Information

■ Die **Tourismusabteilung** der Stadtverwaltung Rivera (s. o.) bietet auf Anfrage auch Touren zum Valle del Lunarejo an.

uru015_039 lbo

◁ ▽ Landschaftsidylle durch Jahrmillionen der Erosion im Valle del Lunarejo (links der Arroyo Lunarejo)

An-/Weiterreise

■ Mit dem **Auto** gelangt man von Norden (Rivera) und Süden (Montevideo) jeweils zuerst über die R 5 und dann über die R 30 (vorbei an dem Ort Tranqueras Richtung Artigas) zum Eingang des Nationalparks. Aus Artigas nimmt man die R 30 Richtung Rivera bzw. Tacuarembó. Auf der Höhe des km 238 in den Seitenweg abbiegen und den Schildern folgen. Der Weg führt zuerst an kleineren Häusern und Höfen vorbei. Irgendwann muss man das Auto stehen lassen und kommt nur noch zu Fuß weiter.

uru015_041 lbo

Übernachten

MEIN TIPP: **Posada Lunarejo**② (R 30 km 238, Tel. 4650 6400, www.posadalunarejo.com), altes Estancia-Gebäude von 1880 in Sichtweite einer Fischreiher-Kolonie gelegen, mit sehr schönen Gästezimmern; im Angebot sind auch Ausflugsfahrten in einem umgebauten 4x4-Transporter, Ausritte und Führungen durch das Tal, ferner werden Mountainbikes verliehen. Sehr gutes Essen, sehr freundlicher und kenntnisreicher Service.

⌃ Zu Hause im selbst gebauten Rancho im Valle Lunarejo

› Nur 25 km von Tacuarembó entfernt – zu Besuch bei Carlos Gardel

Tacuarembó

Nicht nur wegen seiner geografischen Lage gilt Tacuarembó als **„corazón del país“**, als das Herz des Landes. Zwei Schlagworte fallen immer, wenn Uruguayos über die Hauptstadt des gleichnamigen Departamento sprechen: **Gaucho** und **Gardel.** Tacuarembó rühmt sich, der Geburtsort der „Pampa-Cowboys“ und des Tango-Königs zu sein (s. u. „Valle Edén“). Definitiv ist die Stadt mit ihren rund 55.000 Einwohnern das finanzielle, kulturelle und soziale Zentrum im Kern des Landes. Die Tierzüchtung bzw. die Erzeugung tierischer Produkte (vor allem von Rindern) spielt seit jeher eine große Rolle. Der Name Tacuarembó leitet sich von einem Guaraní-Wort ab und bedeutet so viel wie „Tacuara-Sprossen“ in Anspielung auf ein Gemüse, das hier ähnlich wie Bambus am Flussufer wächst.

Der Ort verfügt über ein paar interessante Sehenswürdigkeiten, dazu gehören das Museo del Indio y del Gaucho und das Geowissenschaftliche Museum. Jedes Jahr im März steht die Stadt noch mehr im Zeichen ihrer Gaucho-Tradition, als sie es ohnehin schon tut. Dann feiert man hier eines der wichtigsten Feste des Landes, die **Fiesta de la Patria Gaucha,** also das Fest der Gaucho-Nation bzw. Gaucho-Heimat.

Im nahen **Umland** von Tacuarembó finden sich weitere Sehenswürdigkeiten. Dazu zählen der Badeort Iporá und das Valle Edén (Eden-Tal). Dort befindet sich auch das Carlos-Gardel-Museum, das sich größte Mühe gibt, die uruguayische Herkunft des Tangosängers zu belegen (s. u.).

Sehenswertes

Das **Museo del Indio y del Gaucho** wurde 1941 durch *Washington Escobar* eröffnet, der es zuerst in seinem Privathaus untergebracht hatte. Das Museum dokumentiert Leben und Sterben der Urbevölkerung Uruguays sowie Geschichte und Alltag der Gauchos. Die Exponate reichen von Schnitzereien und Zeichnungen über Alltagsgegenstände und Kunsthandwerk bis hin zu Silbersporen und Messern. Zudem belegt die Ausstellung, dass nicht die vier im Jahr 1833 nach Frankreich verschifften Charrúa *Vaimaca, Senaqué, Tacuabé* und *Guyunusa* die letzten Indígenas Uruguays waren, sondern dass es noch eine Großfamilie mit 20 Mitgliedern gab, die auf dem Gelände einer Estancia in Batoví lebte und dort auch starb.

■ **Museo del Indio y del Gaucho,** Flores / Gral. Artigas, Tel. 4632 4671 int. 188; geöffnet Di bis Sa 8–14 Uhr (besser vorher anrufen, um sicherzugehen, dass geöffnet ist).

Das **Museo de Geociencias,** das Geowissenschaftliche Museum, ist eine kommunale Einrichtung. 1989 eröffnet, beherbergt es Reproduktionen prähistorischer Tiere (die in Uruguays Norden gelebt haben sollen), Fossilien-Sammlungen sowie eine Kollektion von Edel- und Halbedelsteinen. Zudem hat es eine interaktive Anlage, dank derer Besucher aller Altersklassen spielerisch mehr über die geowissenschaftliche Geschichte des Landes erfahren können.

■ **Museo de Geociencias,** Gral. Artigas 191 / 25 de Mayo, Tel. 4632 4671 int. 184, geocien@hotmail.com; geöffnet Mo bis Fr 9–14 Uhr, Eintritt frei.

So wie in vielen anderen Städten des Landes gehört auch in Tacuarembó das Gauchofestival **Fiesta de la Patria Gaucha** jedes Jahr zu den Höhepunkten. Es findet in der Regel im März statt und be-

uru015_042 lbo

Vom Ex-Sträfling zur Kultfigur – der Gaucho

Oft heißt es, der echte, der urtümliche, der wahre Uruguayo sei der Gaucho. Dabei gibt es viele Mythen um die Entstehung dieser Berufsgattung – *gaucho* bedeutet nichts anderes als **Viehhirt** bzw. **Landarbeiter.**

Die Gauchos waren (ähnlich wie die Cowboys in den USA) vor allem für die **Erschließung des Landes** zuständig. Das Landesinnere Uruguays, „El Interior", war von der spanischen Kolonialherrschaft relativ unberührt geblieben und nach der Unabhängigkeit nur sehr dünn besiedelt. Auch in den darauffolgenden Jahrzehnten, die vor allem von Bürgerkriegen und Gesetzlosigkeit geprägt waren, blieb das Landesinnere vergleichsweise gering entwickelt. Viehherden und Gauchos streiften gleichermaßen frei durch dieses Niemandsland. Vor allem aus dieser Zeit stammt der **Mythos** des stolzen Mannes, der mit seinem Pferd ein Nomadenleben führt, niemands Knecht und schnell mit dem Messer zur Hand ist und im Freien auf seiner Matte schläft, wenn die Nacht ihn in der unendlichen Weite des Interior überrascht.

Fakt ist, dass der Gaucho ein **Kind zweier Kulturen** war: der europäischen Einwanderer und der Ureinwohner des heutigen Uruguay. Aber vor allem war der Gaucho – oftmals ein ehemaliger Sträfling oder ein von den Behörden gesuchter Mann – **arm.** Ein Pferd, Sattel und Zaumzeug, Messer, Lasso und Bola (Wurfkugel) waren seine kostbarsten Besitztümer. Mit Bola oder Lasso fing er die Tiere, aus deren Leder er mit seinem Messer jene Stücke schnitt, die er zur Herstellung seines Sattels und Zaumzeugs benötigte. Geld bedeutete dem Gaucho – so heißt es – nichts. Die Silbermünzen, die er an seinen

uru015_045 mtd-ep

Ledergürtel nähte, brauchte er angeblich vor allem, um damit anzugeben. Viel wichtiger war ihm sein Messer, mit dem er Rinder und Schafe tötete, um sie dann – über dem Lagerfeuer gegrillt – zu essen. Diese **Grilltradition** lebt bis heute im **„Asado"** fort, das aus der Kultur (nicht nur) der Uruguayos nicht wegzudenken ist.

Durch sein ungebundenes **Nomadenleben** auf dem Land war der (eigentlich europäischstämmige) Gaucho auch in einem sehr viel engeren **Kontakt mit den Indígenas** als der Rest der uruguayischen Bevölkerung. Er war es, der den Brauch des Matetrinkens der Ureinwohner übernahm und ebenso wie den Asado in der Kultur des Landes verankerte. Im Gegensatz zu einigen der benachbarten Länder waren die Gauchos auch nicht an der Ausrottung der Ureinwohner beteiligt. Der berühmteste von ihnen, der Nationalheld **General José Gervasio Artigas,** lebte von seinem 16. bis zu seinem 33. Lebensjahr mit Mitgliedern der Charrúa. Als er später sein Volk im Freiheitskampf gegen die spanische Kolonialherrschaft anführte, tat er dies mit der Unterstützung vieler Charrúa. Nicht umsonst werden sie noch heute als das „Rückgrat" seiner Befreiungsarmee bezeichnet. Auch eine seiner Frauen war eine Charrúa.

Heute gibt es die vagabundierenden Gauchos nicht mehr. Sie verdienen zwar noch immer ihr Geld als Landarbeiter und Viehhüter der großen Estancias. Aber sie sind **längst sesshaft geworden** und besitzen oftmals auch eigenes Land, das aber oft nicht für ihren Lebensunterhalt ausreicht. Den alten Traditionen sind die meisten von ihnen noch immer verbunden.

☒ Fiesta de la Patria Gaucha in Tacuarembó

ches, *Chivitos* und Würstchen sowie eine großes Angebot an alkoholischen Getränken. Tische innen und außen, bei gutem Wetter aber besser im Park gegenüber essen.

4 **Cabesas Bier** (Sarandí 349, Tel. 4633 3450, www.facebook.com/cabesas.bier, www.cabesasbier.uy), in dieser Bar bekommt man ausschließlich das Bier zweier Freunde zu trinken, die vor einigen Jahren Spaß daran bekamen, ihr eigenes Bier zu brauen; nach zunächst 20 l Ausstoß sind sie jetzt bei 50.000 l im Monat angekommen. Die Bandbreite reicht von Blond Ale, Brown Porter über Pilsen Lager, Pumpkin Ale und Weizen, bis hin zu Oatmeal Stout und Scottish Ale. Nur Do bis Sa geöffnet (jeweils ab 20 Uhr).

6 **V8** (25 de Mayo 77, Tel. 4632 1234), (Grill-)Restaurant – eines der beliebtesten der Stadt; außer Fleisch auch Pasta, Gnocchis, Geflügel und Fisch. Das Weinangebot könnte vielfältiger sein. Meistens voll, also vor 21 Uhr da sein oder reservieren.

An-/Weiterreise

- Tacuarembó liegt **an der R 5,** die hier die **R 26** kreuzt: Während die R 5 Norden und Süden des Landes miteinander verbindet, stellt die R 26 eine Ost-Weste-Route dar.
- Der **Busbahnhof Carlos Gardel** befindet sich am Stadteingang (Av. Victorino Pereira 351, Tel. 4632 4441), der Regionalflughafen der Stadt, **Aeropuerto Dep. de Tacuarembó,** in Rincón de Tranqueras (Tel. 4632 3938).

Valle Edén

Rund 25 km südwestlich von Tacuarembó befindet sich das „Tal Eden", so die Übersetzung von Valle Edén, das in der Nähe der R 26 Richtung Paysandú liegt. Bevor man das Tal erreicht, sieht man den **Cerro Cementerio,** der seinen

Namen (Friedhofsberg) dem Umstand verdankt, dass an diesem Hügel der Friedhof eines Indígena-Stammes gefunden wurde. Nur 300 m von dem Berg entfernt, auf Höhe des km 208, folgt der Eingang zum Valle Edén. Über die **Av. Carlos Gardel** gelangt man vorbei an einer bzw. über eine Hängebrücke aus Holz aus dem Jahr 1926 zum Gardel-Museum und zur Posada Valle Edén. Wandert man noch einige Kilometer weiter ins Tal hinein, kommt man zu dem 15 m hohen **Wasserfall Pozo Hondo** (s. u.). Man kann auch die R 26 weiterfahren bis Tambores, um zu dem Wasserfall zu gelangen, aber von dort ist der weitere Weg nicht ausgeschildert.

Das **Museo Carlos Gardel** (c/o Casa de la Cultura, Tacuarembó; Tel. 4632 3520) widmet sich mit allen möglichen Dokumenten vor allem der Beweisführung, dass *Carlos Gardel*, der bekannteste aller Tangointerpreten – u. a. auch *Carlito, El Zorzal Criollo* (Die kreolische Drossel), *El Mago* (Der Magier) und *El Rey del Tango* (Der König des Tango) genannt – am 11. Dezember 1887 in Uruguay zur Welt kam. (Und nicht in Frankreich. Und schon gar nicht in Argentinien!) *Gardels* einzigartige Karriere als Tangosänger und -komponist hatte sicher auch mit dem Mythos über seine etwas komplizierte Herkunft zu tun. Eine der vielen Thesen über seine uruguayische Abstammung besagt, er sei der Sohn des Besitzers der Estancia Santa Blanca in der Nähe des Valle Edén und dessen Schwägerin (Schwester der Ehefrau) gewesen. Um diesen Fehltritt geheim zu halten, sei das Kind dem französischen Dienstmädchen *Berta Gardes* übergeben worden. Diese habe den kleinen *Carlito* mit nach Frankreich genommen und vor den Behörden in Toulouse als ihren eigenen Sohn, *Charles Romuald Gardes*, ausgegeben. (Hier wird es noch komplizierter, denn angeblich hatte sie tatsächlich einen Sohn mit diesem Namen.) Als junger Mann soll *Gardel* dann nach Argentinien gereist sein, wo er bald den Tango für sich entdeckte. Der Rest seines bewegten Lebens (und tragischen Todes) ist Geschichte – und wird ebenfalls im Museum dokumentiert.

Übernachten/Essen und Trinken (Plan S. 146)

8 Gegenüber dem Museum befindet sich die **Posada del Valle Edén**② (Tel. 4630 2345 / 098 800 100, www.posadavalleeden.com.uy). Das Gebäude aus dem 19. Jahrhundert war ursprünglich ein Gemischtwarenladen, die Posada ist ganz im Stil jener Zeit eingerichtet. Die alte Ladentheke wurde beibehalten, der Kamin im Esszimmer funktioniert noch immer. Die Gästezimmer (und Bungalows) sind einfach ausgestattet. Das Essen, das hier geboten wird, ist traditionell kreolisch, der Service sehr zuvorkommend. Der Betreiber bietet auch Führungen und Ausritte durch das Tal an sowie Karten für Touristen, die auf eigene Faust losziehen möchten.

Vom Museum bzw. der Posada führt ein Weg bis zu dem **Wasserfall Pozo Hondo** (Tiefer Brunnen), der seinen Namen dem Umstand verdankt, dass die **Lagune** unter ihm tatsächlich rund und tief wie ein Brunnen ist – wenn auch natürlich deutlich größer. Angeblich hat sich die tatsächliche Tiefe der Lagune bis heute nicht feststellen lassen. Es gibt nur Spekulationen darüber, denn selbst für Taucher soll es unmöglich sein, bis zu ihrem Grund zu gelangen. Gerade wenn es länger regnet, steigt der Wasserpegel weiter an, und die Ausmaße der Lagune vergrößern sich deutlich.

San Gregorio de Polanco

Das **kleine Dorf am Ufer des Stausees Embalse del Río Negro** ist wahrscheinlich einer der ruhigsten Orte des Landes; derzeit zählt es rund 3500 Einwohner. Menschen aus ganz Uruguay (und immer mehr auch aus anderen Ländern) kommen her, um hier ihre Wochenenden oder ihren Urlaub zu verbringen; die touristische Infrastruktur ist durchaus gut. Durch den Bau der Staumauer Gabriel Terra 1945 am Río Negro ist um den Stausee herum eine sehr grüne, üppig wachsende Landschaft entstanden. Vor allem Pinien und Eukalyptusbäume prägen diese Region, die auch den Namen **Península Dorada** (Goldene Halbinsel) trägt, womöglich aufgrund der Farbe des Sandes am Stauseestrand.

Besonders **Angler** lieben den See und die Flüsse um ihn herum, denn hier tummeln sich Ähren- und Wolffische sowie verschiedene Welsarten. Seit einigen Jahren produziert die Firma **Estuario del Plata** (www.estuariodelplata.com.uy) vor Ort **Kaviar** in einer gut gesicherten Anlage direkt am Wasser. Dabei handelt es sich um den ersten Kaviar überhaupt aus der südlichen Hemisphäre. Ziel ist es, den Kaviar als „orgánico", also ökologisch einwandfrei, zertifizieren zu lassen. Schon jetzt stellt Estuario del Plata eigenes Futter für die Störe her und verwendet dafür ausschließlich uruguayische Produkte. Das Wasser für die Zucht wird dem Río Negro entnommen, dann direkt vor Ort wieder gefiltert und dem Fluss zugeführt. Zusatzstoffe werden dem Unternehmen zufolge keine verwendet. Innerhalb weniger Jahre hat sich die außergewöhnliche Qualität des uruguayischen Kaviars herumgesprochen, und unter Kennern rangiert er als einer der besten weltweit überhaupt. Das Unternehmen verweist auch darauf, dass es selbst in Russland und Japan Kunden hat. Außerdem hat der Besitzer *Facundo Márquez* beschlossen, die Anlage für Touristen zu öffnen. Ein Besuch ist aber nur nach persönlicher Voranmeldung möglich (Tel. 2601 4795, fmarquez@estuariodelplata.com.uy).

Es müssten auch Störe im Río Negro vorkommen, denn 2012 sollen sich 1500 Tiere aus ihren Käfigen befreit haben. Auch **Wassersportler** kommen gerne an den See, denn man kann hier rudern, Wasserski fahren und schwimmen.

Überregionalen Ruhm genießt San Gregorio de Polanco auch für sein **Museo a Cielo Abierto de Artes Visuales** (Freilichtmuseum der Bildenden Künste). Dabei handelt es sich um traditionelle Häuser, deren Mauern von 50 Künstlern bemalt bzw. gestaltet wurden.

Die **Anfahrt** von Tacuarembó erfolgt über die R 5 nach Süden und dann über die R 43 ostwärts (ca. 110 km).

Übernachten

Mein Tipp: **Bali Hotel Boutique**② (José Pedro Varela 184 / Carmen, Tel. 4369 4041, www.balihotel-boutique.com), familiengeführtes Boutique-Hotel, sehr angenehme, persönliche Atmosphäre, freundlicher und zuvorkommender Service; das Besitzerehepaar hat lange in New York gelebt und spricht fließend Englisch. Ganz dem Namen entsprechend innen und außen mit vielen südostasiatischen Objekten eingerichtet bzw. dekoriert. Kleiner Pool im Garten, kostenloser Fahrradverleih, Parkplätze am Straßenrand, nur wenige Blocks bis zum Zentrum bzw. zu den Haltestellen der Reisebusse.

■ **Camping Municipal B**①-② (Av. Arturo Mollo, auf der Halbinsel, Tel. 4369 4074), Campingplatz auf der Península Dorada, der „Goldenen Halbinsel", unter Eukalytusbäumen und Pinien, mit allem, was man braucht, um die Seele baumeln zu lassen. Außer den Zeltplätzen gibt es ein Hotel, Bungalows und ein Restaurant am Eingang des Platzes.

Essen und Trinken

■ **Peregrino del Hum** (Calle Sergio Arbiza / Gral. Artigas, Tel. 092 379 150), Pizza, Pasta, Salate und Craft-Biere (auch auf Bestellung) in einer selbst gezimmerten Hütte aus Holz. Besitzer und Koch des Peregrino ist *Santiago,* ein junger Kavalier alter uruguayischer Schule, der zwar nur wenig Englisch spricht, aber sich größte Mühe gibt, seine Gäste glücklich zu machen.

■ **Los Médanos** (Av. Arturo Mollo, am Eingang des Campingplatzes, Tel. 4369 4013), gutes traditionell uruguayisches Lokal: Fleischgerichte, Pizza, Pasta, Salate, uruguayische Weine – mit Blick aufs Wasser.

Segen, Fluch und Sintflut – die Stauseen des Landes

Kaum ein anderes südamerikanisches Land dürfte so fortschrittlich sein wie Uruguay – auch oder gerade im Bereich der Erneuerbaren Energien ist dies der Fall, sowohl für Windkraft und Solaranlagen als auch in besonderem Maß für die **Wasserkraft.** Schon Mitte des 20. Jahrhunderts wurde im Land der erste Stausee angelegt, der **Embalse del Río Negro,** meist **Rincón del Bonete** genannt. Dieser weit verzweigte Stausee liegt im Herzen des Landes und hat eine Wasseroberfläche von rund 1100 km². Besonders bekannt und im Sommer gut besucht ist hier der Badeort San Gregorio de Polanco. Ob es sich beim Rincón del Bonete um ein Urlaubsparadies handelt, wie es ab und zu heißt, muss jeder für sich selbst entscheiden.

Eine eher zweifelhafte Berühmtheit erlangte der Rincón del Bonete im Jahr 1959, als ganz Uruguay von einer fast biblischen Sintflut heimgesucht wurde und die wohl schlimmsten **Überschwemmungen** seiner Geschichte erlebte. Am 27. März, dem Karfreitag jenen Jahres, begann es einen ganzen Monat lang landesweit in Strömen zu regnen. Die Folge: Fast alle Städte und Gemeinden standen unter Wasser, Telefon- und Strommasten knickten um, Flüsse traten über die Ufer, viele Straßen waren unbefahrbar. Auch das Wasserkraftwerk am Rincón del Bonete wurde überschwemmt, obwohl man das mit der Sprengung eines der seitlichen Staudämme zu verhindern versucht hatte. Der Wasserspiegel des Stausees stieg unaufhaltsam weiter, bis er schließlich 70 cm höher als die Talsperre war. Als die Wassermassen dann Richtung Westen hinunterflossen, mussten rund 10.000 Menschen aus der nahe gelegenen Kleinstadt Paso de los Toros und der Umgebung evakuiert werden. Bis nach Mercedes strömte das Wasser. Außer diesen beiden Städten wurden Salto, Paysandú, Fray Bentos und Rivera besonders stark durch die „uruguayische Sintflut" geschädigt.

Ein anderer bekannter Stausee ist der **Embalse Salto Grande** auf der Grenzlinie zwischen Uruguay und Argentinien. Er dehnt sich einige Kilometer nördlich der Stadt Salto aus und entstand in den 1970er Jahren durch die Stauung des Río Uruguay. Sein Speicherinhalt beträgt 5 Mrd. Kubikmeter, die Wasseroberfläche misst knapp 800 km². Auf der Staumauer (3000 m lang, bis zu 60 m hoch) verlaufen eine Straße und eine Eisenbahnlinie, die Uruguay und Argentinien verbinden.

Quebrada de los Cuervos

Die „Schlucht der Raben“ in der Nähe der Stadt Treinta y Tres im gleichnamigen Departamento wurde **1986 zum ersten Naturschutzgebiet Uruguays deklariert.** Seinen Namen verdankt dieses 4413 ha große Areal einer Raben-Kolonie, die hier ihr Zuhause hat. Geografisch betrachtet handelt es sich um eine überdimensionierte Felsspalte in der Form einer Kehle, durch die der **Río Yerbal Chico** fließt. Die Schlucht prägen in ihrem Verlauf mehrere Wasserfälle und aufgrund ihres Mikroklimas eine sehr besondere Zusammensetzung der hier existierenden einheimischen Flora und Fauna. Um dieses **vielfältige und sensible Ökosystem** im Gleichgewicht zu halten, ist es zum Beispiel verboten, Haustiere mit in das Naturschutzgebiet zu bringen. Der gut **3 km lange Weg** durch die Schlucht nimmt zu Fuß und ohne Pause etwa 2 Stunden in Anspruch. Es gibt aber unterschiedliche Routen, und man sollte sich Zeit für die Quebrada de los Cuervos nehmen. Die Parkhüter am Eingang geben auf Anfrage Hinweise, welche Punkte besonders interessant sind. Insgesamt gibt es neun sehenswerte Stationen, die sich unterschiedlich kombinieren lassen.

Drei Dinge sollte man bei einer Wanderung durch die Quebrada **nicht vergessen:** geschlossene Schuhe (vereinzelt soll es Schlangen geben, also genau schauen, wo man hintritt), ein Handtuch (an manchen Stellen kann man gut im glasklaren Wasser des Yerbal Chico baden) und einen Fotoapparat.

In das Naturschutzgebiet gelangt man sowohl aus dem Süden als auch aus dem Norden des Landes **über die R 8,** die Ausfahrt zur Schlucht befindet sich auf der Höhe des km 306,700 (ca. 40 km von der Stadt Treinta y Tres entfernt), von dort sind es dann noch einmal 24 km bis zum **Eingang,** wo auch die **Hütte des Parkhüters** steht (Tel. 4450 2394; Eintritt ca. 60 UR-$ pro Person).

uru015_048 lbo

Wasserfall in der Quebrada de los Cuervos

Praktische Tipps

Information

■ Die **Oficina de Turismo de la Intendencia** befindet sich in der Calle Manuel Lavalleja 1118 in Treinta y Tres, Tel. 4452 2911, www.treintaytres.gub.uy. Die Stadt **Treinta y Tres** selbst bietet kaum einen Grund für einen Besuch. Reisende legen hier höchstens einen Zwischenstopp auf ihrem Weg nach Brasilien ein.

Übernachten/Essen und Trinken

Pinos de la Quebrada② (R 8 km 316, ab der R 8 muss man insgesamt drei Tore kreuzen und mehrere Kilometer fahren, bevor man zur Estancia gelangt; Tel. 095 001 250, www.pinosdelaquebrada.com), Estancia Turística inmitten der Weiten des Departamento Treinta y Tres nur knapp 10 km Luftlinie vom Naturschutzgebiet entfernt und damit der perfekte Ausgangsort, um die Schlucht kennenzulernen. Die geschmackvoll restaurierte Estancia mit

ihren großen Zimmern und ihrem überaus freundlichen und zuvorkommenden Servicepersonal sowie einem Kamin im Salon und dem kleinen Pool im Patio ist aber schon Grund genug, um hierher zu kommen. Die Brüder *Panizza* und ihr Personal tun alles, um ihren Gästen den Aufenthalt so angenehm wie möglich zu machen. U. a. bieten sie über ihren Gaucho *Wilmar Lucas* Ausritte in die Quebrada und das gesamte Umland an. Zudem schicken sie ihre Gäste gerne zu *Iris Olivera,* die ein kleines Anwesen in der Quebrada betreibt, um deren hausgemachte kreolische Küche kennenzulernen.

■ **Cañada del Brujo**① (Camino Quebrada de los Cuervos, km 14, Tel. 099 297 448, cdelbrujo@latinmail.com), das ehemalige Landschulgebäude, in dem *Pablo Rado* ein sehr einfach ausgestattetes Hostel untergebracht hat, ist ein weiterer guter Ort, um die Region kennenzulernen. Wer hier unterkommt, wohnt im traditionellen Gaucho-Stil: ohne Strom, ohne warmes Wasser, nur mit Wolldecken, aber dafür gibt es Mate, Kerzenlicht und kreolisches Essen. *Pablo* veranstaltet Wanderungen und Ausritte (auch über mehrere Tage) durch die Region. Auf vorherige Anfrage holt er Gäste in Treinta y Tres mit dem Auto ab.

uru015_050 lbo

▷ Estancia Pinos de la Quebrada

Lo de Iris (Quebrada de los Cuervos, den genauen Weg beim Parkhüter erfragen; Tel. 095 574 654), immer nur mittags und generell nur auf Anfrage bereitet *Iris Olivera* für Touristen ein typisch kreolisches Mittagessen zu. Die Zutaten (Gemüse, Ziegen- und Schaffleisch) kommen von direkt nebenan: 100% ökologischer Anbau, 100% artgerechte Haltung der Tiere. *Iris* und ihre Familie sprechen nur spanisch. Gibt es Verständigungsprobleme bei der Reservierung, hilft die Estancia Pinos de la Quebrada weiter (s. o.).

Gaucho Wilmar Lucas (Quebrada de los Cuervos, Tel. 091 455 374), Ausritte durch die Sierra Treinta y Tres (inkl. Quebrada de los Cuervos), 1–2 Std. kosten ca. 15 € pro Person, 6–7 Std. ca. 40 €. Auch *Wilmar* spricht nur spanisch. Im Falle von Verständigungsproblemen bei der Reservierung hilft die Estancia Pinos de la Quebrada weiter (s. o.). Bei den Ausritten gelingt es dem Gaucho aber auch vollkommen ohne Sprache die nötigen Hilfestellungen zu geben bzw. die Touristen auf die Schönheiten der Strecke hinzuweisen.

MEIN TIPP: **El Establo** (Calle Freire 1429, Treinta y Tres), Restaurant in Treinta y Tres – das Essen von *Ricardo* sollte man auf keinen Fall verpassen: wechselnde Tageskarte, auf den Tisch kommt, was er auf dem Markt findet bzw. was ihm die Bauern aus der Region liefern.

Laguna Merín

Ein echter Tipp für einen Urlaub in der unberührten Wasserwelt Uruguays ist sicherlich die Laguna Merín. Sie markiert nicht nur den **östlichsten Punkt des Landes,** sondern ist mit einer Oberfläche von mehr als 3500 km² auch **eines der größten Süßwasserreservoirs der Erde.** Die Vogel-, Fisch- und Pflanzenwelt ist hier mehr als vielfältig. Die Lagune erstreckt sich weit über die Landes-

uru015_049 lbo

grenze nach Brasilien hinein. Eine der besten Möglichkeiten, sie besser kennenzulernen, ist per Motorboot von dem alten Fischerdorf Puerto La Charqueada aus. Hier besteht auch die Möglichkeit, sich auf einer der Inseln in der Lagune absetzen und einige Stunden später wieder abholen zu lassen.

Puerto La Charqueada hat ca. 1500 Einwohner, heißt offiziell eigentlich **Pueblo Gral. Enrique Martínez** und liegt 61 km von Treinta y Tres entfernt am Ufer des Río Cebollatí, der in die Lagune mündet. In früheren Zeiten wurde vom Hafen des Ortes die ganze Region bis nach Brasilien hinein mit Gütern versorgt. Heute vermittelt das angenehm verschlafene Nest seinen Besuchern außer der Nähe zur Natur vor allem eins: Tiefenentspannung. Allerdings gibt es eine Ausnahme: In der Osterwoche kommen mehrere tausend Besucher zu einem Folklore-Festival.

Nicht nur die Lagune selbst, auch der **Río Cebollatí** hat einen hohen Freizeitwert: Man kann im Fluss schwimmen, rudern und paddeln bzw. an manchen Stellen sogar Wasser- oder Jetski fahren. Es gibt Menschen, die auf dem Río Cebollatí und dem Río Olimar Grande bis nach Treinta y Tres rudern (bzw. umgekehrt). In der Osterwoche findet alljährlich eine Regatta von Treinta y Tres bis Puerto La Charqueada statt.

◁ Kleines weites Land – Ebene im Departamento Treinta y Tres

Praktische Tipps

Information

■ **Oficina de Turismo,** Av. del Puerto / Francisco Osorio, Puerto La Charqueada, Tel. 4459 2366. Über Tagestouren von Treinta y Tres in die Lagune informiert auch die Tourist-Info in Treinta y Tres (s. o. bei der Quebrada de los Cuervos).

Bootstouren

■ **La Lancha** (Rambla Joaquín Machado, Puerto La Charqueada, Tel. 4459 2256), Bootstouren über den Fluss und die Lagune, pro Tour max. 10 Personen, besser mit einigen Tagen Vorlauf buchen. Die Preise variieren je nach Tourlänge und Saison, aber bezahlt wird nicht pro Person, sondern immer die volle Tour, was je nach Saison und Auslastung 500–3000 UR-$ kosten kann.

Camping

Mein Tipp: **Camping La Charqueada**① (Rambla Joaquín Machado, Puerto La Charqueada, Tel. 4459 2204 / 4459 2256 / 4459 2366), Zeltplatz mit sehr schönem hohen Baumbestand, voll ausgestattet, inkl. Sportplätze und Bootsverleih (bis 25 Pers.).

An-/Weiterreise

■ Ab Treinta y Tres fahren **Busse** der Linien COTA (Haltestelle Manuel Meléndez / Freire) und Rutas del Plata (Haltestelle Zufriategui 1079).

■ Mit dem **Auto** gelangt man über die R 17 zur Lagune bzw. nach Puerto La Charqueada. Auf der Höhe des km 54 die Abfahrt nehmen und der Beschilderung folgen.

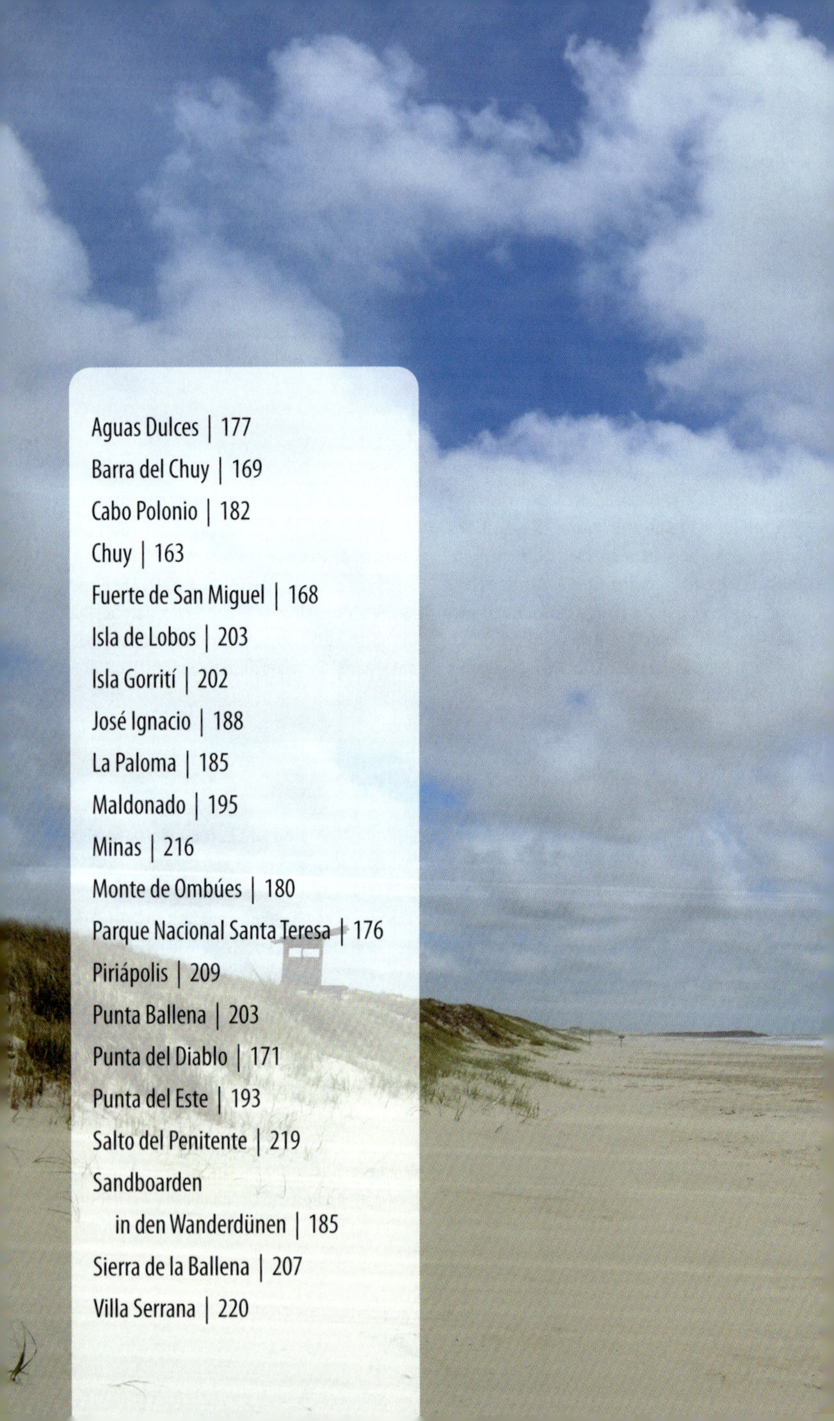

5 Der Süden und die Küste östlich von Montevideo

Vor der Jetset-Hochburg Punta del Este fließt der Río de la Plata in den Atlantik. Temperatur, Salzgehalt und Farbung unterscheiden die Gewässer.

Sand, so weit das Auge reicht – der Strand von Barra del Chuy

NICHT VERPASSEN!

- **Fuerte de San Miguel:** restaurierte Reminiszenz an Uruguays kriegerische Vergangenheit | 168
- **Parque Nacional Santa Teresa:** Abgeschiedenheit und Entspannung in wilder Natur | 176
- **Monte de Ombúes:** der größte Wald seiner Art weltweit | 180
- **Faro José Ignacio:** 150 Stufen für eine einzigartige Sicht | 190
- **Museum Azotea de Haedo:** ehemalige Sommerresidenz mit weltberühmter Polit-Prominenz | 197
- **Isla de Lobos:** 190.000 Seehunde, -löwen und -elefanten | 203
- **Cerro de los Cuervos und Cerro Arequita:** Klettern und viel mehr | 217

Diese Tipps sind gelb hinterlegt.

Das „Monaco Lateinamerikas" – Punta del Este zieht in der Saison viele Touristen an

uru015_061 lbo

ÜBERBLICK

Im Süden Uruguays leben rund drei Viertel der Bevölkerung. Die Landschaft ist flach, Strände und fruchtbares Weide- bzw. Ackerland prägen diese Region ebenso wie Flüsse, Seen und Lagunen. Im Küstenstreifen östlich von Montevideo bis hoch zur brasilianischen Grenze liegen neben der Touristenhochburg Punta del Este vor allem ehemalige Fischerdörfer, die in ganz Lateinamerika für ihre unberührten Strände und ihre hohe Lebensqualität berühmt sind und dieser Region den Beinamen einer „lateinamerikanischen Riviera" eingebracht haben.

Chuy

Die kleine Stadt nahe am Atlantik **verbindet** (ähnlich wie Rivera) **Uruguay mit Brasilien.** Auf der brasilianischen Seite wird der Stadtname fast identisch geschrieben: Chuí. Er stammt von dem Fluss Chuy, kommt aus dem Guaraní und bedeutet so viel wie „Fluss des braunen Wassers". Aber außer dem Grenzübergang zum großen Nachbarland gibt es touristisch betrachtet kaum einen Grund für eine Anreise (ebenfalls ähnlich wie im Fall von Rivera). In der Mitte der Stadt verläuft eine lange und breite Straße, die **Av. Brasil bzw. Uruguay** (auch Av. Internacional), zu deren Seiten sich streckenweise ausschließlich Free Shops für den zollfreien Einkauf befinden. Angesichts ihrer bescheidenen Größe und Beschaffenheit könnte man die Avenida auch als Piste bezeichnen.

Touristisch wirklich lohnenswert sind der **Strandort Barra del Chuy,** die alte Festungsanlage **Fuerte de San Miguel** und das **Hotel Fortín de San Miguel,** das seinerzeit die Offiziere der Festung beherbergte. Diese Orte bzw. Sehenswürdigkeiten befinden sich nur 7–8 km außerhalb der Stadt (s. u.).

Der Süden und die Küste östlich von Montevideo

> Stummer Zeuge von Uruguays kriegerischer Vergangenheit – das Fuerte de San Miguel bei Chuy

Praktische Tipps

Information

■ Das **Centro de Informes** befindet sich auf dem Hauptplatz (Plaza Prinzipal) der Stadt an der Ecke Gral. Artigas / Arachanes (Tel. 4474 3627, infochuy @turismorocha.gub.uy).

■ Weitere **hilfreiche Telefonnummern:** Zoll: Tel. 4474 2003 / 4474 3809 / 4474 4599; Einwanderungsbehörde: Tel. 4474 2072.

Übernachten

6 **Étnico**① (Laguna Negra 299, Tel. 4474 2281, etnicohostelchuy@gmail.com), Hostel, klein, sauber und voll ausgestattet, die Zimmer mit eigenen Bädern, nur 300 m von der brasilianischen Grenze entfernt, freundlicher Service, entspannte Gäste – genau das Richtige, um sich nach einer langen (Bus-)Fahrt ein, zwei Nächte für die Weiterfahrt auszuruhen (wenn man keine allzu großen Ansprüche hat).

uru015_055 lbo

Chuy
0 200 m
©Reise Know-How 2017
Uruguay 15
Busbahnhof
Rua S. Priliac
BRASILIEN
Paraguay
Palestina
Ecuador
Bolivia
Colombia
Chile
Peru
Venezuela
Panama
Costa Rica
Nicaragua
Av. Brasil
1 Fuerte de San Miguel, Cerro San Miguel
Av. Uruguay
Bus-Endstation
Plaza Principal
URUGUAY
India Muerta
Mauro Silva
1 de Agosto
Ipiranga
Numancia
Farrapos
Guachos
Laguna Merín
T.M. Fernandez
A. San Miguel
Leonardo Olivera
Laguna de los Patos
Laguna Negra
Laguna de los Castillos
Portugal
España
Laguna de Rocha
Ing. Andreoni
Italia
Santa Teresa
Magallanes
Gaboto
Elcano
Madrid
Gral. Artigas
Leonardo Olivera
Zoll
Barra del Chuy, Punta del Diablo
Übernachtung
1 Fortín de San Miguel
2 Internacional
6 Étnico
Essen und Trinken
3 Los Leños
4 Fusión Bar
5 Il Forte

uru015_054 lbo

2 Internacional② (Av. Brasil 679, Tel. 4474 2153 / 4474 2055, hotel@adinet.com.uy), traditionelles Hotel in zentraler Lage, einfach ausgestattet, mit kleinem Garten (inkl. Spielmöglichkeiten für Kinder) und Fitnessraum. Es gab zwischenzeitlich Beschwerden über mangelnde Sauberkeit, was hier nicht bestätigt werden kann.

MEIN TIPP: **1 Fortín de San Miguel**② (R 19, Paraje 18 de Julio, Tel. 4474 6607 / 4474 6537, www.elfortin.com), historisches Hotel in einem wunderschönen alten Gebäude, dessen dicke Mauern keinen Zweifel an seinem ursprünglich militärischen Zweck aufkommen lassen. Müsste sicherlich renoviert werden, hat aber so noch den Charme der alten Zeit. Das ganze Gebäude mit seinen Kaminen, Rüstungen und der Galerie bietet zahlreiche Fotomotive. Großes Plus: das hauseigene Restaurant (sprich Speisesaal) und der Pool vor dem Hotel.

⌃ Pferdekarren und Free Shops – Alltag in Chuy

Essen und Trinken

4 Fusión Bar (Av. Brasil 387 / Numancia, Tel. 099 605 482 / 099 879 135), das Restaurant hat einen guten Ruf für seine moderne Küche: Serviert werden neben Fleisch auch Fisch und Meeresfrüchte, es wird viel mit Kräutern und exotischen Früchten gearbeitet. Gute Weinauswahl, entspannte Atmosphäre. An den Wochenenden besser reservieren.

3 Los Leños (Gral. Artigas 113, Tel. 4474 3316), Grillrestaurant – alles, was der Grill hergibt: Verschiedenste Fleischsorten werden hier genauso über dem offenen Feuer zubereitet wie Gemüse – und Stockpizza. Große Portionen, gutes Preis-Genuss-Verhältnis, bis 2 Uhr morgens geöffnet.

5 Il Forte (Av. Brasil 391, Tel. 4474 5391), in dieser Pizzeria gibt es die typische Pizza Uruguaya: eckig, nicht rund, auf einer heißen Steinplatte serviert – und bis zu einen halben Meter lang. Das Restaurant ist sehr einfach, dafür ist der Service umso freundlicher und aufmerksamer.

An-/Weiterreise

- Im Prinzip bildet Chuy den Endpunkt der **R 9,** die in den Außenbezirken von Montevideo beginnt und hinter der brasilianischen Grenze fließend in die BR-471 übergeht. Aus Treinta y Tres erreicht man Chuy über die **R 19.**
- Von Montevideo, Punta del Este und der Ruta del Sol (den Badeorten entlang der Atlantikküste) fahren **Busse** mehrerer Gesellschaften (u. a. COTEC, CYNSA Núñez und Rutas del Sol) zur Plaza General Artigas, die auch als Busbahnhof der Stadt fungiert. Der Busbahnhof auf der brasilianischen Seite der Stadt (Estação Rodoviária de Chuí) befindet sich in der Rua Venezuela 247 (Tel. 0055 53 32 651 498).

Fuerte de San Miguel

Vor bald 300 Jahren (1734) **von den Spaniern erbaut,** ist diese Festung ein stummer Zeuge der Zeit, als die Eroberer der spanischen Kolonialmacht alles versuchten, um die Position Spaniens in der Region zu festigen – das galt für den Kampf gegen die Ureinwohner genauso wie für den gegen andere Kolonialmächte, allen voran die Portugiesen. Doch schon 1737 gelang es den Portugiesen, das Fort in Besitz zu nehmen; erst 1763 konnten die Spanier es zurückerobern. Aber kurz danach schwand die militärische Bedeu-

tung der Feste und der Bau geriet in Vergessenheit. Erst im Jahr 1923 wurde der Archäologe *Horacio Arredondo* mit dem Wiederaufbau beauftragt. Bei der **Restaurierung** stützte er sich auf die ursprünglichen Pläne und Bautechniken aus der Entstehungszeit.

Auch heute, knapp 100 Jahre nach der Instandsetzung, ist die Festung in bestem Zustand. Das ganze Gelände macht den **Eindruck eines großen Freilichtmuseums,** das seine Besucher in die Zeit der Eroberer zurückversetzt. Es hilft zu verstehen, wie so eine militärische Einrichtung zu jener Zeit funktionierte und wie der Alltag dort aussah: Wo und wie groß waren die Festungsanlagen? Wo standen die Kanonen? Wie und wo kamen die Soldaten, Offiziere und Generäle unter? Wie sahen die Kapelle oder die Küche aus?

Der Fuerte de San Miguel befindet sich auf dem **Cerro San Miguel** 7 km vor dem Ortseingang von Chuy. Die Abfahrt von der R 19 erfolgt schräg gegenüber eines Polizeipostens (der kontrolliert, ob und wie viel zollfreie Ware man in Chuy gekauft hat) und ist ausgeschildert, aber dennoch leicht zu übersehen.

■ **Fuerte de San Miguel,** R 19 km 8, Tel. 4474 6541, dptoeehh@ejercito.mil.uy; geöffnet in der Hochsaison täglich 10–19 Uhr, von März bis November Fr bis So 13–18 Uhr; Eintritt: 30 UR-$, Kinder unter 12 Jahren und Senioren haben freien Zutritt.

◁ 1734 von den Spaniern erbaut – Fuerte de San Miguel

Barra del Chuy

Nur wenige Kilometer außerhalb von Chuy liegt der **östlichste Badeort der uruguayischen Atlantikküste.** Der kleine Ort mit seinen weißen Sandstränden befindet sich in einem Dreieck zwischen Río Chuy, Atlantikküste und Merín-Lagune. Das Wasser ist für einen Ozean verhältnismäßig klar, die Winde sind gemäßigt, der Wellengang eignet sich gut zum Surfen und Kitesurfen. Die Mündung des Chuy in den Atlantischen Ozean ist sehr beliebt bei Anglern. Unter Uruguayos gilt Barra del Chuy nach wie

La Costa Uruguaya – die Riviera Lateinamerikas

Es gibt viele Gründe, warum die **660 km lange uruguayische Küste** immer wieder als die „Riviera Lateinamerikas" bezeichnet wird. Sicherlich kann man zunächst auf die vielen Jachten verweisen, die in den Häfen von Punta del Este, José Ignacio oder Piriápolis vor Anker liegen. Oder auf den internationalen Jetset-Tourismus, dessen Mitglieder sich von Mitte Dezember bis Ende Januar in diesen Städten ein Stelldichein geben und bei Sunset-Sekt und Soireen Küsschen links und rechts auf bekannte und unbekannte Wangen hauchen. Aber der wahre Grund für diesen Vergleich sind die **unvergleichlich langen, sauberen, zum Teil feinsandigen und angenehm unbevölkerten Strände** der ehemaligen Fischerdörfer, zu denen neben La Paloma, Cabo Polonio oder Punta del Diablo auch José Ignacio (in New York spricht man vom „Saint Tropez Lateinamerikas") gehört. Hier und da finden sich hinter den hügeligen (Wander-)Dünen Kunstgalerien und Gourmetrestaurants wie in Europa. Aber vor allem herrscht an der uruguayischen Küste eine **relaxte, ungezwungene Atmosphäre,** die schon fast dazu zwingt, sich dem ungestörten Sonnenbaden hinzugeben, dem süßen Nichtstun zu frönen, dem Rauschen des Meeres zu lauschen und den tiefblauen Himmel mit seinen einzigartigen Wolkenformationen zu bewundern. Wer möchte, kann sich aber auch zahlreichen Wassersportarten zuwenden oder (mit etwas Glück) von einigen Stränden aus mit Delfinen schwimmen bzw. in den Wintermonaten die vorbeiziehenden Wale bestaunen. Auch wenn Letzteres für die europäische Riviera gar nicht typisch ist.

vor als „Geheimtipp", da die Preise hier günstiger sind als in den meisten anderen Badeorten an der Atlantikküste. Das Angebot an Unterkünften ist sehr groß und reicht von Campingplätzen über Bungalows bis hin zu Privatunterkünften und einfachen Hotels; Barra del Chuy ist noch einer der wenigen Orte an der Küste, wo man ankommt und sich eine Unterkunft suchen kann, ohne vorher reserviert zu haben.

Übernachten

- **Complejo Turístico Chuy & Camping**①-② (Calle 1, Tel. 4474 8113 / 4474 9425, 2900 6122, http://complejoturisticochuy.com), direkt am Ortseingang, etwa fünf Blocks bis zum Strand: Camping, Bungalows, Hostal und Wasserpark (verschiedene Pools, Wasserrutschen etc.), Freizeitprogramm für jede Altersklasse und je nach Jahreszeit), alles sauber und komplett ausgestattet.
- **Los Orozco**② (Ruta 9, Parada 0, Tel. 4474 9047 / 099 231 905, www.losorozco.com), Bungalowkomplex 300 m vom Meer entfernt, am Ortseingang direkt neben der Bushaltestelle Parada 0 gelegen, Bungalows für 2 bis 6 Personen, zwei Pools außen (einer mit Rutsche), einer innen, Unterkünfte komplett ausgestattet, zum Teil sogar mit Kamin bzw. Parkplatz. Alles einfach, aber alles da – sehr freundlicher Service.

An-/Weiterreise

- Mit dem **Auto** gelangt man über die R 9 zu dem Badeort; auf Höhe des km 330 die Abfahrt nehmen und noch ca. 9 km fahren.
- Drei **Buslinien** verbinden Barra del Chuy und Montevideo: CYNSA Nuñez, COT und Rutas del Sol.

[>] Fischerboote am Strand von Punta del Diablo

Punta del Diablo

Seit dem Ende der 1960er Jahre ist dieses alte Fischerdorf **eine der angesagtesten Adressen der Hippie- und Surfergemeinde Lateinamerikas.** Kamen zu Beginn vor allem Uruguayos und Argentinier, stammen die Besucher jetzt aus allen Teilen des Kontinents – und immer mehr Europäer gesellen sich zu dieser bunten Gemeinde. In Punta del Diablo ergänzen sich Natur und Nightlife perfekt: tagsüber schwimmen (mit etwas Glück mit Delfinen), surfen und Wellen reiten oder mit einem Fahrrad die Gegend erkunden, abends und in der Nacht Restaurant-, Bar- und Clubbesuche. Punta del Diablo ist mittlerweile weit davon entfernt, das verschlafene Fischernest von einst zu sein: Überall sind in den letzten Jahren Häuser wie Pilze aus dem Boden geschossen, und der Ort ist wahrscheinlich mindestens um ein Zehnfaches gewachsen. Trotzdem haben es die Menschen hier verstanden, auf eine ansprechende Architektur zu setzen oder ihre Häuser mit viel Farbe zu gestalten – und keine Bettenburgen zu bauen. So konnte sich der Charme eines polyglotten Dorfes entwickeln. Viele der Ho(s)tel-, Bar- und Restaurantbetreiber kommen aus anderen Teilen des Landes bzw. der Welt. Obwohl zur Hochsaison von Mitte Dezember bis Februar ganze Massen anrollen können, bleibt die **Atmosphäre entspannt und freundlich,** allerdings verdreifachen sich die Preise dann.

uru015_056 lbo

on. Das Team lässt sich alles Erdenkliche einfallen, um den (zumeist jungen) Gästen aus aller Welt den Aufenthalt so abwechslungsreich wie möglich zu machen: (Motto-)Partys, gemeinsam kochen und spielen, Surfkurse, Fahrradverleih, Ausritte etc. – all das ist hier möglich. Wer in Punta del Diablo eine günstige Unterkunft mit Spaß in entspannter Atmosphäre sucht, findet sie hier. Parkmöglichkeit vor dem Hostel.

3 **Cabañas 4 Elementos**② (Calle 5, zwischen Calles 14 und 20, Tel. 098 388 471), Bungalows für Selbstversorger mit schöner Sicht aufs Meer – alles einfach, aber alles da, was man braucht. Nur 200 m bis zum Strand.

4 **Las Bossas**② (Calle 5, zwischen Calles 14 und 20, Tel. 091 334 113, www.bossaspuntadeldiablo.com.uy), „Bossa", „Samba" und „Maracatú" heißen die drei Holzbungalows mit Strohdächern, die mit allem ausgestattet sind, was nötig ist, um einen entspannten Urlaub zu verbringen – auch bzw. vor allem mit Hängematten, um die Sicht auf den Atlantik zu genießen. Bettwäsche und Handtücher müssen mitgebracht oder extra gemietet werden.

5 **El Diablo Tranquilo Playa Suites**② (Calle 5 / Camino Costanera, Tel. 4477 2519, www.eldiablotranquilo.com), das Hotel führen die Betreiber von El Diablo Tranquilo; große Suites, z. T. mit Meerblick. Erst 2014 fertiggestellt, sehr schön eingerich-

uru015_057 lbo

tet und mit einer schönen Außenanlage sowie Bar auf halbem Weg zum Strand versehen.

Mein Tipp: 10 **Aquarella**②-③ (Calle 5, zwischen Calles 10 und 12, Tel. 4477 2400, www.hotelaquarella.com), Hotel gut 100 m vom Strand entfernt, sehr angenehme Atmosphäre, optimal zum Entspannen, sehr geräumige Zimmer bzw. Suiten (fast alle mit Meerblick), Kamin im Gemeinschaftsraum, zwei Außenpools im schön angelegten Garten mit Salzwasser und elektrischer Reinigung (kein Chlor!), hauseigenes Restaurant, überdachte Parkmöglichkeit, auf Anfrage auch Shuttle-Service zur Bushaltestelle; der Inhaber *Horacio Degener* spricht auch deutsch.

9 **Aquabeach Suites**③ (Calle 5, zwischen Calles 10 und 12, Tel. 4477 2400, www.hotelaquarella.com), Hotel direkt am Strand (ca. 70 m bis zum Wasser), alle Suiten 40 m^2 groß, mit Meeresblick, Whirlpool und Kingsize-Betten, gehört demselben Inhaber wie das Hotel Aquarella, der betont, dass das Hotel explizit gay friendly sei, aber auch „kein Ghetto für schwule Gäste".

Camping

1 **Camping Internacional Punta del Diablo**① (R 9 km 298, neben der Straße nach Punta del Diablo, Tel. 4470 20 60 / 4474 5040, campingpuntadeldiablo@yahoo.com.ar), großer Campingplatz für Zelte und Wohnwagen, volle Ausstattung plus Grillmöglichkeiten, Pool und Sportplätze, Transfer zum Strand gratis.

Essen und Trinken

12 **Mirjo** (Avenida del Pescador, Tel. 099 874 478), traditionelles Fischrestaurant mit Blick auf den Atlantik und nur wenige Meter von den Ständen des Kunsthandwerksmarktes, das ganze Jahr über geöffnet. Sowohl bei Einheimischen als auch bei Touristen sehr beliebt.

< Ein Paradies für Surfer, Althippies und Party-People – Punta del Diablo

13 Cero Stress (Avenida de Los Pescadores, direkt vorne an den Felsen), einer der Restaurant-Klassiker des Ortes, gutes Essen (Pasta, Fisch, Meeresfrüchte etc.), freundliche Bedienung, manchmal Live-Musik, immer das Rauschen des Meeres im Hintergrund.

7 Panes & Peces (Calle 3 / Calle 12), kleines, aber feines Restaurant: Holzhütten-Strohdach-Kerzenlicht-Ambiente, serviert werden vor allem Fisch und Meeresfrüchte, in der Hochsaison freitags und samstags Live-Musik.

2 Il Tano Cucina (Calle 5 / Calle 20, Tel. 096 589 389, www.iltanocucina.com), schön gelegen, gute italienische Küche (vor allem Fisch und Pasta), freundlicher und aufmerksamer Service, nicht ganz günstig, aber alles hausgemacht. Mittlerweile gehört auch ein Hotel dazu, das Halb- und Vollpension anbietet.

15 54 Diablos Lunch & Music (General San Martín / Bulevar Santa Teresa, Tel. 095 787 016, tplanell@hotmail.com, www.facebook.com/54diablos), Restaurant, in dem vor allem Pasta, Pizza und Gegrilltes auf den Tisch kommt – „bueno, bonito y barato", sagen die Backpacker meist über dieses Lokal: „Gut, schön und billig". Das stimmt.

An-/Weiterreise

- **Busse** fahren mehrmals täglich ab Montevideo (Busterminal Tres Cruces) und von den meisten anderen größeren Städten in den Badeort. Dabei bieten die Gesellschaften Rutas del Sol, CYNSA und COT sowohl Direktverbindungen (3½–4 Std.) als auch Verbindungen mit Zwischenstopps in anderen Badeorten an der Atlantikküste an.
- Von Montevideo oder den anderen Orten an der Atlantikküste gelangt man mit dem **Auto** zuerst über die R 10 und dann die R 9 Richtung Punta del Diablo. Von Chuy kommend nimmt man ebenfalls die R 9. Auf der Höhe des km 298 biegt man rechts zum Ortseingang ab.

Sonstiges/Wassersport

- **BiciUruguay** (**Fahrradvermietung** ohne eigene Station, sondern mobil bzw. bei Ho(s)tels; Tel. 098 498 415, info@biciuruguay.com.uy), Preise: ca. 10 € pro Tag oder 60 € pro Woche, Kreditkarte oder 100 US-$ Pfand werden als Sicherheit verlangt; diese Preise gelten für die Hochsaison, in der Nebensaison kann man sicher auch günstigere Konditionen aushandeln.

8 La Surfera (Tel. 2622 1482 / 099 111 931), Surfschule, Unterricht für (fast) alle Altersklassen, Termine per Telefon vereinbaren.

Parque Nacional Santa Teresa

Ruhig und wild sind Adjektive, mit denen sich dieser Nationalpark gut beschreiben lässt. In dem 1050 ha großen, mit heimischen und exotischen Bäumen bewaldeten Naturschutzgebiet, dessen **Eingang** sich **an der R 9** (km 302) befindet, kann man Abgeschiedenheit und Entspannung genauso (er)leben wie Bewegung und Abwechslung. 60 km lang sind die **Wanderwege,** die durch den von der uruguayischen Armee verwalteten Nationalpark führen. Vor allem in der Hochsaison kommen viele junge Menschen und Familien, um eine schöne Zeit auf den Campingplätzen am Meer zu verbringen. Gerade unter Surfern gelten die **Strände** La Moza, El Barco, Playa Grande und Las Achiras als ideale Adresse, da hier bei gutem Wind und konstantem Wellengang dank der Weitläufigkeit der Strände für alle genügend Platz ist. Anfänger können sich bei der **Surfschule La Mocita** in La Moza melden (Tel. 578 860), um sich an den ersten Tagen die nötige Hilfestellung zu holen. Die Playa La Moza ist auch bei Fischern sehr beliebt.

Wer sich den Park reitend erschließen möchte, kann sich ein **Pferd** leihen (Tel. 4474 6541; auch für andere **Informationen** den Park betreffend).

Der **Campingplatz** (Tel. 4477 2256 / 4477 2101 int. 209, www.sepae.webnode.es) gliedert sich in mehrere Bereiche. Man erreicht ihn über den Parkeingang (R 9 km 302), dann den Schildern folgen. Er ist voll ausgestattet, bietet neben dem Platz für Zelte und Wohnmobile auch ein Hostel und Bungalows sowie einen Fahrservice zu den nächstgelegenen Orten. Außerdem verfügt er über eine Bushaltestelle und Parkmöglichkeiten, hat drei Restaurants, einen Lebensmittelmarkt, Grillstellen, Internetcafé, Spielplatz, Fußball- und Volleyballplatz, direkten Zugang zum Strand und vermietet auch Zelte und Matratzen.

Neben Strand, Campingplatz und Wald gibt es im Parque Santa Teresa noch einen **Rosengarten** mit mehr als 300 Sorten und vor allem die historische **Festungsanlage** von Santa Teresa (R 9 km 302). Die riesige Fortaleza (Festung) ist ein wichtiges Symbol für das Auf und Ab in der uruguayischen Geschichte: Erbaut von 1762 bis 1775 (ursprünglich auf Initiative der Portugiesen, aber fertiggestellt von den Spaniern), war die Anlage lange Zeit heftig umkämpft zwischen den beiden Kolonialmächten. Schlussendlich lag sie in Schutt und Asche. In der Fortaleza Santa Teresa waren in der Kolonialzeit mehr als 300 Soldaten stationiert. 1928 begann der Historiker *Horacio Arredondo*, der zuvor auch den Fuerte San Miguel saniert hatte, mit dem Wiederaufbau. Jetzt ist die Festung wieder so hergestellt, wie sie in ihrer Entstehungszeit im 18. Jahrhundert angelegt worden war: Dazu gehören neben Festungsmauern, Kanonenschächten und Wachtürmen u. a. die alte Kapelle und die Sakristei, die Schmiede, die Schlafsäle für Soldaten und obere Chargen, ferner die Kommandantur und eine kleine Krankenstation. Hinzu kommen ein Museum und eine Küche (ebenfalls ausgestattet wie in der Kolonialzeit).

■ **Fortaleza Santa Teresa** (R 9 km 302), geöffnet im Sommer täglich 9–19 Uhr, im Winter Fr bis So und feiertags 10–17 Uhr; Eintritt: ca. 20 UR-$ (in der Hochsaison evtl. teurer).

Aguas Dulces

Der Küstenort, der wörtlich übersetzt „Süßwasser" heißt, ist **einer der ruhigsten Badeorte an der Küste östlich der Hauptstadt.** Häuser auf Holzpfählen prägen neben Wasser und Sand das Strandbild. Urlauber suchen hier vor allem Erholung. Selbst in der Hochsaison ist der Ort nicht so stark frequentiert wie etwa Punta del Diablo – die Unterkunft dennoch besser vorab reservieren. Das Nachtleben ist eher ruhig als wild, aber es gibt natürlich einige Bars. Der Strand eignet sich perfekt für lange Spaziergänge (z. B. nach Valizas), 2 km ostwärts befindet sich der **FKK-Strand La Serena,** in der Nähe von Valizas der weltweit einzigartige **Ombúe-Wald,** an vielen Stellen des Ortes wird Kunsthandwerk gefertigt und angeboten, und man kann Fahrräder für Touren ins Umland ausleihen. Erholung heißt also nicht Langeweile.

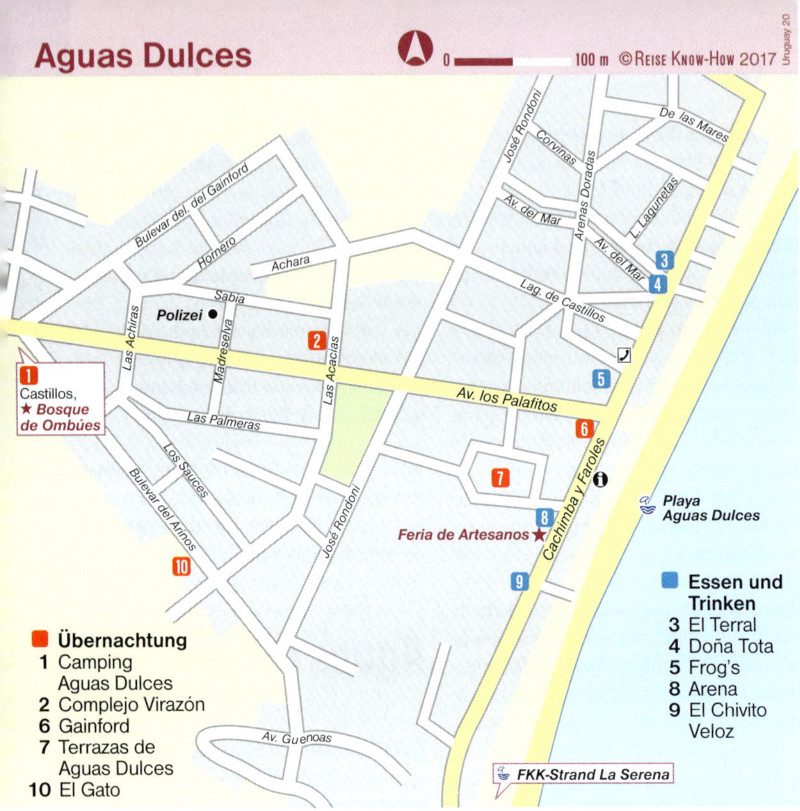

uru015_053 lbo

Sehenswertes

Die größte Sehenswürdigkeit des Ortes sind die oft bunt gestrichenen **Pfahlhäuser am Strand,** deren Bauweise sie vor Überschwemmungen schützen soll. Der Strand selbst ist zwar lang und angenehm unberührt, aber der Sand nicht so fein und weiß wie in anderen Badeorten Uruguays. Zum Sonnenuntergang ist es am schönsten, dann kommen auch die Fischerboote mit ihrem Fang, den sie oftmals direkt am Strand verkaufen.

Die **Feria de Artesanos** (Markt für Kunsthandwerk) befindet sich auf der Kreuzung der Av. de los Creyentes mit der Cachimba y Faroles. Die Stände aus Holz unterstreichen den traditionellen Charakter des Ortes und sind gerade am Abend ein beliebter Anlaufpunkt.

Praktische Tipps

Übernachten

10 El Gato①-② (Bulevar del Arinos / Manzana 30, Tel. 098 777 866), sehr zentral gelegenes Hostel und nur 300 m vom Strand entfernt, großer Garten, mit Grillmöglichkeit, einfach, sauber, freundliche Besitzer. Vermietung von Fahrrädern des Anbieters BiciUruguay (info@biciuruguay.com.uy).

2 Complejo Virazón①-② (Av. Palafitos 2415 / Calandria, Tel. 099 565 868 / 4475 2419), voll ausgestattete Bungalows (bis zu 6 Personen pro Bungalow), freundlich eingerichtet, alle Bungalows mit Patio und überdachtem Grill. Reinigung und Wäscheservice auf Sonderwunsch möglich, ebenso Strandliegen und Sonnenschirme.

7 Terrazas de Aguas Dulces② (Isla del Marco / Piratas s/n, Tel. 098 918 583 / 099 873 252, www.terrazasdeaguasdulces.net), einfaches, zentrales Hotel mit relativ kleinen Zimmern, aber alles da, was man braucht.

Mein Tipp: **6 Gainford**② (Av. Cachimba y Faroles s/n, Tel. 099 875 284, posadagainford@adinet.com.uy), die Posada ist ein sehr lauschiger Ort: gro-

☑ Am langen Strand von Aguas Dulces

be Steinwände, rustikal eingerichtet, sauber, alles einfach, aber so ausgestattet, dass man hier einen entspannten Urlaub verbringen kann. Vom Ein- bis Mehrbettzimmer plus kleines Apartment. Nur 30 m vom Strand entfernt.

Camping (Plan S. 178)

1 **Camping Aguas Dulces**① (Av. Madero Malva Faget, kurz vor dem Ozean, Tel. 4470 6351), schöner baumbestandener Platz, in 30 Parzellen für insgesamt max. 120 Personen eingeteilt, mit Stromversorgung, Grill und kleinem Lebensmittelladen; Duschen für Männer und Frauen jeweils behindertengerecht. Meist nur in der Hochsaison geöffnet.

Essen und Trinken (Plan S. 178)

4 **Doña Tota** (Cachimba y Faroles / Av. del Mar, Tel. 4475 2124), seit ca. 40 Jahren, Restaurant direkt am Strand, rustikal, familiengeführt, meist schon ab Mittag geöffnet; hausgemachte Pasta, Fisch, Meeresfrüchte und Fleisch – besonders für seine Paella bekannt.

9 **El Chivito Veloz** (Cachimba y Faroles, Tel. 099 872 741, elchivitoveloz@hotmail.com), Grillrestaurant mit breitem Angebot: *Chivitos,* Grillgerichte, Pasta, Fisch, Meeresfrüchte, Paella, Pizza; große Portionen, verschiedene Weine, sehr beliebt.

8 **Arena** (Cachimba y Faroles 324, gegenüber Paseo Artesanal), Pizzeria mit rund 40 Pizzas auf der Karte, außerdem Meeresfrüchte und Fleisch; öffnet ab Mittag bis spät in die Nacht.

3 **El Terral** (Cachimba y Faroles 459), Bar, in der es oft Live-Musik gibt, befindet sich auf der Rückseite des Hauses des Eigentümers, der im Dorf auf den Namen „El cebolla" (Die Zwiebel) hört und selbst Musiker ist.

5 **Frog's** (Cachimba y Faroles / Av. Palafitos, www.frogsrestoran.com, www.facebook.com/pages/frogs-restoran), Restaurant nah am Wasser, Einrichtung eher rustikal, das Essen (Fisch, Meeresfrüchte, Salate etc.) sehr frisch und sehr gut zubereitet, sehr freundlicher Service, aber oft nur in den Sommermonaten geöffnet.

An-/Weiterreise

- Es gibt zwei Möglichkeiten, Aguas Dulces mit dem **Auto** anzufahren: entweder über die R 9 und bei Castillos auf die R 16 wechseln (dort den Schildern folgen und dann die Abfahrt zum Ortseingang nehmen) oder über die R 10 und am km 277,500 zum Ort abbiegen.
- Die beiden **Busgesellschaften** Rutas del Sol und CYNSA bedienen Aguas Dulces.

Monte de Ombúes

Der Monte de Ombúes (Ombú-Berg) im Departamento Rocha zwischen Valizas und der Laguna de Castillos ist eine echte Natursensation, weil hier wahrscheinlich weltweit der einzige **Wald** steht, der sich aus diesen **Solitärbäumen** zusammensetzt **(Bosque de Ombúes).** Normalerweise wachsen Ombú-Bäume (dt.: Zweihäusige Kermesbeere, engl.: *Elephant tree*) sehr selten in einem Bestand von mehr als zwei bis drei Bäumen. Jeder Baum hat seine spezifische Form mit dicken, verdrehten Wurzeln, die auch oberhalb des Erdreichs wachsen. Der Stamm hat einen Durchmesser von bis

[>] Zweihäusige Kermesbeere? Elephant tree? Ombú!

uru015_058 lbo

zu 2 m, die ausladenden Baumkronen messen 10 bis 15 m. Der Baumstamm ist so weich, dass man ihn sogar mit einem Messer durchschneiden können soll, seine hellgraue Borke wird mit den Jahren rissig. Die ältesten Bäume, die botanisch streng genommen zu den Riesengräsern gehören (weil sie nicht aus richtigem Holz bestehen, sondern aus dicken Rindeschichten), sind 500 Jahre alt.

An-/Weiterreise

Es gibt zwei Möglichkeiten, den Monte de Ombúes zu erreichen:

- Zum einen über die R 10, wo sich in Höhe des km 267 die **Agentur Monte Grande** (Tel. 099 295 177) befindet, die Bootsfahrten ab der Brücke über den Arroyo Valizas zum Wald anbietet. Die Fahrt dauert ca. 20 Min. und wird im Sommer fast täglich, im Winter nur an den Wochenenden angeboten. Die Preise für die Bootsfahrt und die Führung durch den Wald varrieren je nach Teilnehmerzahl und Saison.
- Eine zweite Möglichkeit besteht darin, eine Führung bei der **Estancia Guardia del Monte** an der **Laguna de Castillos** zu buchen (R 9 km 261,500, dann noch einige Kilometer landeinwärts; Tel. 4475 9064 / 4470 5180, www.guardiadelmonte.com). Die Estancia ist ca. 12 km von der Stadt **Castillos** entfernt und bietet auch Übernachtungen, geführte Ausritte und Fahrradtouren an.

⊡ Easy living in Cabo Polonio (im Bild das Hostel Viejo Lobo)

Cabo Polonio

Als der damalige und Ende 2014 wiedergewählte uruguayische Präsident *Tabaré Vazquez* vor rund acht Jahren mit den Ministern für Umwelt, Landwirtschaft und Tourismus ein Dekret unterzeichnete, das die Halbinsel Cabo Polonio zum **Nationalpark** erklärte, hatten sie ganz klare Ziele: Sie wollten das **einzigartige Ökosystem** mit seiner Felsenküste, mit den sich südwestlich und nordöstlich davon ausbreitenden Stränden und den bis zu 70 m hohen Wanderdünen sowie die vor der Küste befindlichen Inseln mit ihren Seelöwen- und Pinguinkolonien in ihrem ursprünglichen Zustand bewahren und nur einen Teil für eine kontrollierte touristische (autofreie) Nutzung öffnen. Diese Ziele wurden (fast) erreicht. Bis heute hat Cabo Polonio keinen Anschluss an das Straßennetz. Es finden sich einige Häuser bzw. Hütten, ein Leuchtturm *(faro)* sowie ab und an ein paar Seelöwen – und eine ziemlich entspannte Hippie- und Surfergemeinde. Zeit in Cabo Polonio zu verbringen, bedeutet im wahrsten Sinne des Wortes, den Stecker zu ziehen – auf Spanisch: *desenchufar* – sprich: sich auf ein einfaches Leben ohne Luxus einzulassen, denn Cabo Polonio ist nicht einmal an das öffentliche Stromnetz angeschlossen. Viele Menschen, die hier leben bzw. ein Ho(s)tel und/oder Restaurant betreiben, produzieren ihren Strom selbst.

Cabo Polonio hat außer seinem **Leuchtturm** (täglich 10–13 und 15.30–18 Uhr geöffnet; Tel. 4479 8200) keine klassischen Sehenswürdigkeiten zu bieten – aber darum geht es hier auch nicht.

Die Menschen, die hier leben oder Urlaub machen, wollen es einfach und sich auf die Natur bzw. auf sich selbst konzentrieren. **Rund um den zentralen Platz,** wo die Lastwagen ankommen und abfahren, gruppieren sich einige Hütten mit Kleidung bzw. Kunsthandwerk sowie die meisten Restaurants und Unterkünfte.

Vor der Küste liegen mehrere Inseln mit Seelöwen- bzw. Pinguinkolonien, Delfine schwimmen hier häufig und im Winter ziehen die Wale vorbei. Außerdem kann man im Meer auch sehr gut tauchen. Es gibt zwei echte Attraktionen: einmal das **Tauchen** mit Delfinen, zum anderen das Tauchen zu Wracks aus der Kolonialzeit, die hier auf dem Meeresboden liegen. Mehr dazu erfährt man entweder bei *Flavio* (amigodelmar2003@gmail.com) oder in einem der Hostels bzw. einer der Posadas.

Praktische Tipps

Übernachten

Cabo Polonio gehört zu den teuersten Badeorten Uruguays, und zugleich ist es hier am schwierigsten, eine Unterkunft zu finden, wenn man nicht reserviert hat. Aber auch hier gibt es Möglichkeiten, sich jenseits von Hostels und Hotels ein Bett oder zumindest einen Platz für sein Zelt zu organisieren. Denn viele Bewohner von Cabo Polonio sind (alte) Hippies bzw. generell sehr entspannt und offen für Gäste. Niemand fühlt sich belästigt, wenn man an die Tür klopft und freundlich nach einer Schlafgelegenheit fragt. Schon gar nicht, wenn man von vorneherein deutlich macht, dass man dafür bezahlt.

■ **Viejo Lobo**①-② (Plaza Central, das Wort „Hostel" ist groß auf das Dach gepinselt, Tel. 091 413 013, www.viejolobohostel.com), voll ausgestattetes Hostel, kleine Außenfläche, Feuerstelle, nicht weit vom Wasser entfernt. Entspannte Stimmung!

uru015_059 lbo

■ **La Perla**② (am Ufer bei den Felsen, ohne konkrete Adresse, Tel. 4470 5125 / 099 921 037, www.laperladelcabo.net), Hotel und Restaurant, unerwartet luxuriös, schöne Zimmer, freundlicher und zuvorkommender Service, sehr gutes Essen.

■ **La Posada**② (im Zentrum, ohne Adresse, Tel. 098 482 252, www.laposadadelpolonio.com), weißes, schmuckes Häuschen mit viel Holz, voll ausgestattet, Hängematten auf der Veranda, schöne Zimmer mit Meerblick bzw. zum Leuchtturm.

■ **Mariemar**② (gelbes Haus mit roten Säulen im Zentrum direkt am Wasser, ohne konkrete Adresse, Tel. 4470 5164 / 099 875 260, posadamariemar@hotmail.com, https://es-es.facebook.com/posada-mariemar.cabopolonio), Restaurant und Posada, seit mehr als 45 Jahren am Ort, familiengeführt in zweiter Generation, eines der wenigen Hotels am Cabo, Strom von 18 bis 22 Uhr, schön eingerichtet, freundliche Betreuung und vor allem: direkt am Meer gelegen.

MEIN TIPP: **Chez Silvia**③ (Aberbuj s/n, Tel. 4470 5692, http://chez-silvia-suite-bistro-caban.webnode.com.uy/), Bistro, Suite & Cabañas – schon von außen ist das Gebäude in jeder Hinsicht ein Hingucker, und die Zimmer (teilweise mit Kamin) halten das Versprechen; das Essen wird täglich in höchster Qualität mit den Produkten vom Markt frisch zubereitet, die Caipirinhas sind über das alte Fischerdorf hinaus bekannt – Cabo Polonio auf hohem Niveau.

Essen und Trinken

In der Nebensaison haben nur wenige Restaurants und diese auch nur sehr unregelmäßig geöffnet.

■ **Mariemar,** im Restaurant der gleichnamigen Posada (s. o.) gibt es einfache, aber leckere Gerichte, vor allem Meeresfrüchte und Fisch. Nicht ganz günstig, Blick direkt aufs Wasser.

■ **Lo de Dani** (an der Hauptstraße, Tel. 099 875 584), Restaurant mit Terrasse, das ganze Jahr über geöffnet, von Pizza über *Chivitos* bis zu Fisch. Einfach, nett, gut – und einer der wenigen Plätze, wo auch die Preise angemessen erscheinen!

MEIN TIPP: **Lo de Joselo** (an der Hauptstraße), die Bar mit Live-Musik ist eine Institution; *Joselo* ist einer der wenigen, die tatsächlich vor Ort geboren wurden und aufgewachsen sind, eine Unterhaltung mit ihm lohnt sich! Besonders empfehlenswert ist der Schnaps der Butiá-Palme.

■ **Duendes** (Calle Principal, gegenüber El Templao, kein Telefon, keine Website), bei diesem Restaurant darf man sich nicht vom ersten Eindruck täuschen lassen: Das Essen ist weitaus besser als die Fassade es vermuten lässt. Es gibt vor allem Pizza, Fisch und Salate, Zutaten je nach Jahreszeit, alles gut, alles frisch zubereitet. Die Pfannkuchen *(panqueques)* sind definitiv eine Probe wert!

An-/Weiterreise

■ Um nach Cabo Polonio zu gelangen, muss man von Barra de Valizas südwestlich 9 km über die Dünen bzw. 12 km am Strand entlang wandern. Der Weg führt über einen Fluss, ein Fährmann nahm für das Übersetzen Anfang 2017 40 UR-$. Die Wanderung dauert je nach persönlicher Verfassung und Gehtempo um die 3 Std. Es wird empfohlen, sie direkt am Morgen zu beginnen, um der Mittagshitze zu entgehen, und während der Wanderung nicht schwimmen zu gehen, da das Meer hier unberechenbar sein kann und keine Rettungsschwimmer stationiert sind.

■ Mit dem **Auto** (bzw. **Bus**) geht es über die R 10 bis zum km 264,500; dort stellt man den Wagen auf dem dafür vorgesehenen Parkplatz ab und fährt mit einem umgebauten Lkw von der Station „Puerta del Polonio" (Tel. 099 949 060 / 095 643 217, www.puertadelpolonio.com.uy) über die Dünen bis ins Dorf. Abfahrtszeiten und Preise variieren je nach Saison, auch für den Parkplatz (vorher auf der Website oder vor Ort in Erfahrung bringen).

Sonstiges

■ **BiciUruguay** vermietet auf Bestellung auch in Cabo Polonia **Fahrräder** (Tel. 098 498 415, info@biciuruguay.com.uy); Preise: ca. 10 € pro Tag oder 60 € pro Woche, Kreditkarte oder 100 US-$ Pfand werden als Sicherheit verlangt; diese Preise gelten für die Hochsaison, in der Nebensaison kann man sicher auch günstigere Konditionen aushandeln.

Sandboarden in den Wanderdünen

An der uruguayischen Ostküste befinden sich die **höchsten Wanderdünen Südamerikas.** Vor allem in **Punta del Diablo, Cabo Polonio** und **Valizas** sind sie bis zu 70 m hoch und erstrecken sich **bis direkt ans Wasser.** Schon in den 1960er Jahren wurden sie zu Naturdenkmälern erklärt. Abgesehen davon, dass man von ihnen aus einen sehr guten Blick auf die gesamte Küste hat (inklusive der Delfine im Wasser), kann man die Dünen mit etwas Mut – und dem richtigen Brett – auch hinabgleiten. Gerade die Dünen von Valizas finden sich in den Rankings unter Sandboardern ganz weit oben, noch vor Florianópolis in Brasilien, wo dieser Sport angeblich erfunden wurde.

Vor allem in der Hochsaison ist es leicht, an den jeweiligen Stränden ein **Sand-Surfboard** zu **mieten.** Oder aber man kauft es in einem der Sportgeschäfte von Montevideo oder Punta del Este. Auf keinen Fall sollte man einen Spaziergang auf den Dünen, deren Farbton gerne mit „golden" beschrieben wird, versäumen.

La Paloma

Angeblich verdankt der Badeort La Paloma seinen Namen den Buchten, an denen er liegt und die früher vor dem Bau des Hafens von oben wie eine Taube ausgesehen haben sollen. Auf jeden Fall ist das alte Fischerdorf am Atlantik, das sich eingebettet **am Cabo Santa María** rund 240 km östlich von Montevideo befindet, seit vielen Jahren **einer der beliebtesten Ferienorte der Uruguayos** und von Argentiniern und Brasilianern – und zieht zunehmend Touristen auch aus anderen Ländern an. Surfen, Fischen und das Beobachten von Walen (vor allem von Juli bis Oktober) sind hier die Hauptattraktionen – und natürlich die Strände, die sich über eine Länge von ca. 20 km hinziehen. Der weiße Leuchtturm vor Ort wurde 1874 als Reaktion auf die vielen Schiffsunglücke erbaut, die es früher vor der Küste gab. Ähnlich wie die anderen Strandorte der Küstenregion hat La Paloma gerade einmal gut 5000 Einwohner – im Sommer kommen dann 25.000 Touristen hinzu, die die **Ruhe und Gelassenheit** der Menschen hier genießen. Nach wie vor leben viele Einheimische vom Fischfang, der Lebensstandard der Menschen ist eher einfach, und auch die touristische Infrastruktur fällt vergleichsweise simpel aus. Sehr gut ist die lokale Gastronomie, die alles verarbeitet, was das Meer zu bieten hat. Wer aber Amüsement und Nightlife, Kasinos oder Kunstgalerien sucht, ist in La Paloma fehl am Platz. Immerhin: An manchen Wochenenden finden von der Stadtverwaltung veranstaltete Gratiskonzerte statt.

Die **beste Zeit,** um in La Paloma Urlaub zu machen, sind die Monate Oktober bis Mitte Dezember und dann wieder von Februar bis Ende März. Dazwischen wird es ziemlich voll und hochpreisig, wenn auch bei Weitem nicht so teuer und überfüllt wie etwa in Punta del Este.

Die Stadt an sich zeigt sich architektonisch einfach und weitläufig, eine Besonderheit sind die vielen Straßennamen, die auf klassische bzw. abendländische Gottheiten Bezug nehmen, wie etwa Eros und Adonis. Sich in La Paloma zurechtzufinden, ist relativ einfach, da das Straßennetz weitgehend im Schachbrettmuster angelegt und **sehr übersichtlich** ist. Von den meisten Unterkünften gelangt man zu Fuß rasch ans Meer. Lediglich für Nutzer des Campingplatzes und der anderen Anlagen am Ortseingang dürften die 3 km bis zum Wasser etwas zu weit sein. Für sie steht ein Shuttle zur Verfügung, das im Stundenrhythmus für ca. 30 UR-$ pro Person und Fahrt ab dem Busbahnhof den Campingplatz, den Strand und andere zentrale Punkte anfährt.

Praktische Tipps

Information

- **FONOTURISMO,** Tel. 4472 3100
- **Stadtverwaltung,** Tel. 4479 6082 / 4479 6960
- **Liga de Fomento y Turismo,** Tel. 4479 6088

Übernachten

1 LP Hostel Bar① (Antares 1111, Tel. 098 453 557, www.facebook.com/pages/Lp-Hostel-Bar), ziemlich zentrales, einfach ausgestattetes Hostel, aber gute Betten; kontinentales Frühstück im ohnehin günstigen Preis enthalten, Wäscheservice, Touristeninformation, Safe, Küche zur gemeinsamen Nutzung mit voller Ausrüstung; außerdem großer Grill im Garten, Fahrradverleih – und eine Bar.

5 La Casona② (Calle Orion s/n zwischen Aries und de la Iglesia, Tel. 4479 7062 / 099 977 072, www.lacasonahotel.uy), großes Hotel inmitten eines üppig bewachsenen und duftenden Gartens, nicht weit vom Busbahnhof und nur ca. 400 m von der Bahía Chica entfert; einige der 19 Zimmer haben eine Terrasse mit Blick auf den Garten; freie Stellplätze; Beschwerden über mangelnde Sauberkeit können nicht bestätigt werden.

7 Bahía② (Av. del Navio s/n / Av. Solari, Tel. 4479 6029, www.elbahia.com.uy/hotel/en), klassisch-konservatives Hotel mit 16 Zimmern (Einzel-, Doppel- und Dreibett-Zimmer), insgesamt sehr ruhig, sauber und freundlicher Service; hauseigenes Restaurant – und Strandservice: Liegen, Sonnenschirme und Handtücher.

6 La Viola② (Av. Solari s/n / Av. del Navio, Tel. 4479 6020, www.hotelviola.com.uy), das Hotel befindet sich im Zentrum nur zwei Blocks vom Strand entfernt und ist mit viel Geschmack eingerichtet; sehr gutes Restaurant (s. u.); neben WLAN auch hauseigener Computer mit Internetzugang; akzeptiert werden neben UR-$ auch Pesos Argentinos, Reales, Euro und US-Dollar.

3 Casa del Mar② (Rambla Botavara s/n), Aparthotel direkt gegenüber der Playa Solari, elegantes und modernes Haus mit sechs hellen Apartments, umgeben von Gärten und mit einem hervorragenden Blick aufs Meer; die geräumigen Apartments haben einen eigenen Eingang, Terrasse/Balkon mit Blick auf den Garten bzw. das Meer und Badezimmer mit Whirlpool; tägliche Reinigung. 3 km vom Zentrum und vom Busbahnhof entfernt (kostenlose Abholung möglich), privater Parkplatz, Fahrradverleih. Eine perfekte Location, um abzuschalten und das Strandleben zu genießen.

Essen und Trinken

9 El Mejillón (Urano / Juno), der Name des Restaurants („Miesmuschel") ist hier Programm: eines der beliebtesten Restaurants des alten Fischerdorfes mit sehr gutem Ruf, vor allem wegen seiner Muscheln und Meeresfrüchte und dank des guten Preis-Genuss-Verhältnisses.

8 Bahía Chica (Mercurio / Ceres), typisches Strandlokal, sehr traditionell, im alten Teil des Dorfes: simples, aber gutes Essen, freundlicher Service (zu Hochzeiten kann es etwas länger dauern), guter Fisch, gute Pizza, kühles Bier – genau richtig für den Sommer.

4 La Folie (Av. del Navío s/n, Tel. 4479 7755, lafolierestolapaloma@outlook.com, www.facebook.com/pages/La-Folie-Resto-Café), Restaurant-Café mitten im Zentrum, man könnte fast meinen, in einem Holzschuppen zu sitzen – doch die Gerichte (vor allem Fisch und Meeresfrüchte) und die Atmosphäre sind sehr gut. Dessert nicht entgehen lassen!

2 7 Candelas (Delfín s/n), das Restaurant ist aufgrund seines ausgezeichneten Preis-Genuss-Verhältnisses eines der beliebtesten von La Paloma; kreative traditionelle Küche mit frischen Zutaten aus dem Meer, besonders zu empfehlen ist der Meeresfrüchte-Auflauf, aber auch die Pasta-Gerichte sind einen Versuch wert.

6 **La Viola** (Av. Solari s/n / Av. del Navio, Tel. 4479 6020, www.hotelviola.com.uy/restaurante), ob in diesem Restaurant wirklich der beste Fisch Uruguays serviert wird, wie es heißt, muss jeder für sich entscheiden, doch auch die Salate (u. a. mit Algen), die Pasta, die Meeresfrüchte und das Fleisch verdienen ein Lob, genauso die stilvolle Einrichtung des Restaurants, das zum gleichnamigen Hotel gehört. Auf jeden Fall eine der besten Optionen vor Ort.

MEIN TIPP: **10** **Heladería Popi,** in der bekanntesten Eisdiele der Stadt gibt es alle traditionellen Eissorten; die Geschmacksrichtung „Dulce de Leche" ist sozusagen das Flagschiff des Hauses und hat eine ganz eigene Note – nicht entgehen lassen. Im Hochsommer immer voll.

An-/Weiterreise

- **Busse** fahren mehrmals täglich ab Montevideo (Terminal Tres Cruces) und aus den meisten anderen größeren Städten in den Badeort. Dabei bieten die meisten Busgesellschaften wie Rutas del Sol, CYNSA und COT Verbindungen mit Zwischenstopps in den anderen Badeorten an der Küste des Río de la Plata bzw. Atlantischen Ozeans an.
- Aus Montevideo erreicht man La Paloma mit dem **Auto** zuerst über die R 9 bzw. R 10 und schließlich die R 15. Auch von Norden kommend nimmt man die R 10 und biegt dann auf die R 15 ab.

José Ignacio

Dieses alte Fischerdorf, dessen 45 m hoher Leuchtturm schon von Weitem zu sehen ist, kann als der **neue Hotspot der Reichen und Schönen** an der Atlantikküste Uruguays angesehen werden. Millionäre und Milliardäre, Adlige, Stars und Starlets aus der ganzen Welt kommen in der Zeit von Mitte Dezember bis Ende Januar, genießen die Abgeschiedenheit des Ortes, seinen Strand, seine guten Restaurants und die Atmosphäre der Entschleunigung: „Aquí solo corre el viento", steht auf einem Holzschild in der Nähe des Leuchtturms, wörtlich übersetzt: „Hier rennt nur der Wind". Kaum hat sich der Jetset spätestens Ende Januar wieder verzogen, fällt der Ort zurück in seinen Dornröschenschlaf. Als temporärer Rückzugsort der Schickeria hat José Ignacio mittlerweile dem 35 km westlich gelegenen Punta del Este den Rang abgelaufen, das diese Funktion über mehr als ein halbes Jahrhundert innehatte und dabei sehr reich geworden ist.

José Ignacios **Entstehung** geht auf das Jahr 1728 zurück, als sich hier ein ehemaliger Gesandter der spanischen Krone niederließ, der Handelsware von Europa an den Río de la Plata bringen sollte. Er erfüllte seinen Auftrag und wurde dann Fischer; sein Name: *José Ignacio.* Rund 150 Jahre lang lebten an Ort und Stelle nur sehr wenige Menschen und die Siedlung wurde kaum wahrgenommen. Der Ort erschien erst auf den Landkarten, als hier 1877 infolge der vielen Bootsunglücke vor der Küste der Leuchtturm gebaut wurde. Noch einmal 40 Jahre dauerte es, bis das **touristische Potenzial** von José

Ignacio erkannt wurde; 1917 begann die Parzellierung des Ortes und der Verkauf der Grundstücke. Die Bauten, die dann zwischen den alten Fischerhäusern entstanden, wurden mit den Jahren immer luxuriöser und sind heute – meist hinter hohen Hecken verborgen – großzügig angelegte Villen. Die Einwohner von José Ignacio behaupten, dass vor allem die Argentinier, die zuvor schon Punta del Este zu einem Touristenmagnet gemacht hatten, auch die Entwicklung von José Ignacio vorangetrieben hätten.

Sehenswertes/Aktivitäten

In José Ignacio lässt sich alles gut **zu Fuß oder per Fahrrad** erschließen. Nur wer das Umland kennenlernen möchte, sollte am Flughafen oder im Ort (Achtung: 30 km/h!) ein Auto mieten.

Der **Faro José Ignacio** (Calle de los Teros s/n) ist das Wahrzeichen der Stadt und auch ihre einzige Sehenswürdigkeit (im Sommer täglich 10.30–13.30 und 15.30–20 Uhr geöffnet, in der Nebensaison und im Winter nur an den Wochenenden und Feiertagen). 150 Stufen sind zu bewältigen, bevor man in den Genuss der einzigartigen Sicht über den Atlantik (bis in den Río de la Plata hinein) und über das gesamte Umland kommt.

Während der Wintermonate (besonders in der Zeit von Juli bis Oktober) sind vom Strand aus gut die vorüberziehenden **Wale** zu beobachten.

Auch wenn der Tourismus die Haupteinnahmequelle der Einwohner von José Ignacio geworden ist, halten sie weiter an ihrer Fischertradition fest. Meist bieten die Fischer ihren letzten Fang gegen Sonnenuntergang an der Playa Mansa an. Manche nehmen auch Touristen zum **Fischen** mit auf den Atlantik; besonders empfohlen wird eine Tour mit *Maestro Cabrera* (Tel. 99 105 574).

Einer der Gründe für die Beliebtheit des Badeortes ist seine Nähe zum Campo und den **Lagunen Garzón und José Ignacio.** Genau in der Mitte zwischen beiden befindet sich der international bekannte **Reiterhof Haras Godiva** (R 10 km 183,5, Camino de la Escuela No. 41, nur 10 Min. von José Ignacio entfernt; Tel. 4480 6112). Neben der Pferdezucht werden Reitstunden sowie Ausritte am Strand oder bei Vollmond angeboten. Die Lagunen selbst sind für ihre große Anzahl an Vögeln und Fischen bekannt. Man muss sich aber nicht auf die Beobachtung von Flora und Fauna beschränken, sondern kann auch Wassersport (allerdings ohne Motor) betreiben: Schwimmen, Segeln, Kanufahren und Windsurfen sind jederzeit möglich.

▷ Das Wahrzeichen von José Ignacio – der Leuchtturm

Praktische Tipps

Information

- Die **Información Turística** befindet sich auf der Plaza de José Ignacio (Tel. 4486 2294; nur in der Hochsaison geöffnet). Außerdem gibt es noch eine Info-Nummer der Stadtverwaltung: 4480 6004.

Übernachten

Mein Tipp: **2** **Je nous**② (R 10 km 181, dann noch gut 250 m landeinwärts, den Schildern folgen, Tel. 4486 2275 / 099 430 118), etwas vom Zentrum des Badeortes entferntes Hostel, aber nur 300 m zum Strand. Das Hostel mit seinem Gras und den Solarpaneelen auf dem Dach ist eine der wenigen günstigeren Unterkünfte und zugleich eine Art Symbol für das moderne Uruguay: sehr freundliche, extrem hilfsbereite Betreiber, alles sehr professionell, schöne Zimmer, immer sauber, Hühner im Hof, Fahrradverleih, und neben dem Grill und Ökogemüse im Garten wächst Hanf (ganz im Rahmen der gesetzlich erlaubten Menge, betont der Besitzer). Abends oft Live-Musik für die Gäste, tagsüber sind Reit-, Surf- oder Kiteklassen im Angebot. Außer den Mehrbettzimmern werden zwei Apartments angeboten.

5 **Posada Paradiso**②-③ (Calle Picaflores / Biguas, Tel. 4486 2112 / 4486 2487 / 095 031 832, www.posadaparadiso.com), das Hotel ist eines der schönsten Gebäude im Ort und nur 50 m vom Wasser und 450 m vom Leuchtturm entfernt; das alte

Haus ist sehr geschmackvoll eingerichtet, mit viel Kunst an den Wänden; schöner Garten mit Pool, hauseigenes Restaurant mit kreativer internationaler Küche (geöffnet 13–1 Uhr).

4 **Posada del Faro**③ (Calle de la Bahia), Designhotel – alles ist bis auf den letzten Punkt durchdacht und mit viel Geschmack gebaut, umgebaut und dekoriert.

1 **Arenas de José Ignacio**③ (R 10 km 185 / La Farola s/n, Tel. 4486 2943, www.posadarenasdejoseignacio.com.uy), die Mischung aus reduziertem Chic und Landhaus-Stil verleiht dieser Posada ihren eigenen Charme, umgeben von Natur; simpel, aber elegant ausgestattete Zimmer, inkl. Whirlpool; Hängematten und Pool im großen Garten; Fahrräder, Bar und Strandservice – Massagen werden auch angeboten. 5 Min. zu Fuß zum Strand, 20 Min. ins Zentrum (5 Min. mit dem Auto).

3 **CDL – Container Design Loft**③ (Av. República Argentina zwischen Delfines und Focas, Tel. 094 422 598, www.cdljoseignacio.com), Apartmentkomplex nur wenige Blocks vom Strand entfernt, dafür etwas weiter vom Zentrum von José Ignacio; sehr bunte Atmosphäre, alle Lofts sind in einem eigenen Stil dekoriert und eingerichtet, haben private Terrassen, teilweise mit Meerblick. Außerdem: Whirlpool, Grill, Fahrräder und Kajaks kostenlos. Der Chef des Hauses bereitet auf Anfrage auch Essen zu und bietet Transfers zum Flughafen von Punta del Este an.

3 **BDL – Beach Design Loft**③ (gleicher Eigentümer und Kontakt wie CDL, s. o.), die beiden feuerroten Häuser wurden dem Anbieter zufolge den Anforderungen der Nachhaltigkeit entsprechend gebaut und bestehen fast vollständig aus Holz; beide Lofts sind innen sehr viel klassischer gestaltet als die CDL-Lofts und liegen noch näher zum Strand – gute Gegend zum Surfen und Kite-Surfen.

1 **La Atrevida**②-③ (R 10 km 185,5 / Calle Cruz del Sur, Tel. 093 882 343, www.atrevidajoseignacio.com), Bed & Breakfast, wunderschöne Zimmer, sehr stilvoll ausgestattet (viel Kunst an den Wänden), gutes Frühstück, Pool im Garten. Im Garten befindet sich auch ein Tipi, das ebenfalls sehr liebevoll und elegant ausgestattet ist. 5 Min. zu Fuß bis zum Strand, 20 Min. ins Zentrum.

uru015_060 lbo

Essen und Trinken (s. Plan S. 189)

In der Hochsaison gibt es in und um José Ignacio sehr viele Möglichkeiten, sehr gut zu essen. In den anderen Monaten ist es etwas schwieriger. Daher sind hier nur Restaurants aufgeführt, die sich IN José Ignacio befinden und das ganze Jahr über geöffnet sind (eine Garantie gibt es dafür jedoch auch nicht).

11 **Los Mejillónes** (Los Teros / Las Calandrias, Tel. 4486 2018), der Name des Restaurants („Die Miesmuscheln") verrät es: Hier gibt es vor allem Gerichte, deren Zutaten aus dem Meer stammen. Und das frisch und gut.

10 **Popeye** (Los Tordos / Las Garzas, Tel. 4486 2024), mittlerweile einer der Restaurant-Klassiker von José Ignacio, direkt gegenüber dem Wasser gelegen, ab Mittag geöffnet, perfekt für ein entspanntes Essen am Abend. Die Karte ist übersichtlich, die Gerichte sind sehr gut (vor allem Pasta mit Meeresfrüchten, *Chivitos,* frisch gefangener Fisch, Kurzgebratenes), die Preise bezahlbar. Ideal für alle, die einfach gut und in Ruhe essen möchten.

7 **La Huella** (Calle de los Cisnes / Las Calandrias, direkt an der Playa Brava, Tel. 4486 2279, www.paradorlahuella.com), das rustikale Lokal an der Playa Brava in der Nähe des Leuchtturms ist einer der Hotspots von José Ignacio, an denen man Tag und Nacht die berühmten Gesichter sieht. Hier beginnt der Tag mit einem Lunch unter freiem Himmel, Wein und andere (alkoholhaltige) Getränke gibt es später zum Sonnenuntergang und dann informelle Dinner, ab und an werden auch Mottofeste veranstaltet. Die Küche ist einfach und gut: Viele Zutaten kommen aus dem Meer, es gibt auch Sushi und Gegrilltes sowie Pasta und Pizza (aus dem Holzofen). Gute Weinauswahl. La Huella ist von November bis April täglich geöffnet, den Rest des Jahres von Freitag bis Sonntag. Abends auf jeden Fall reservieren.

12 **Isla de Flores** (Los Teros / gegenüber dem Leuchtturm, Tel. 4486 2009), Ableger des Traditionsrestaurants Isla de Flores 1900 in Montevideo – sehr klassisch, sehr gutes Essen, reiches internationales Publikum; direkt am Meer gelegen. Die Köche *Francis Mallman* und *Gastón Yelicich* erstellen jeden Tag ein Gourmet-Menü basierend auf dem Fang des Tages, außerdem gibt es Fleischgerichte. In der Regel nur in den Monaten der Hochsaison geöffnet.

8 **Pizza Tutta** (Las Garzas / Sainz Martinez, Tel. 4486 2924 / 095 927 665, www.pizzatutta.com.ar), alles ganz in Weiß, auch die Terrasse, Kunst an den Wänden, einfache Gerichte: Pizza, Salate etc., entspannte Atmosphäre, sehr beliebt.

Mein Tipp: 6 **Carnicería Manolo** (Calle Las Golondrinas / Calles de Los Cisnes, Tel. 4486 2089, https://es-la.facebook.com/CarniceriaManoloUruguay), Fleischerei und Feinkostladen – hier gibt es frisch zubereitete Speisen (Fleisch, Sandwiches, Empanadas, Käse, Salate etc.) zum Mitnehmen, außerdem Wein und Bier, perfekt für den kleinen Hunger am Strand. Manolo ist eine Institution in José Ignacio, auch unter den Touristen, die hier Jahr für Jahr ihren Sommerurlaub verbringen.

9 **Lucy** (Calle Garzas / Calle Las Golondrinas, Tel. 4486 2090, www.lucy.com.uy), Restaurant, Teesalon, Geschäft – it's teatime in José Ignacio: Hier wird der (angeblich) beste Tee des Küsten-Hotspots serviert; von morgens bis in die Nacht geöffnet. Das Angebot der Küche hält für jeden Gaumen etwas bereit – vegetarisch, Fisch und Fleisch. Die Besitzerin und Chefköchin *Luz Acevedo* kümmert sich persönlich um jedes Detail und überrascht mit ausgefallenen Desserts wie etwa „Sonnenkuchen".

An-/Weiterreise

- Zu den **Busgesellschaften,** die die Stadt anfahren, gehören CODESA (fährt ab den Busbahnhöfen von Maldonado und Punta del Este nach José Ignacio) und ab Montevideo (Terminal Tres Cruces) COT und COPSA.
- Von Montevideo fährt man mit dem **Auto** über die Ruta Interbalnearia / R 9 Richtung Punta del Este, wechselt dort auf die R 10 und nimmt dann am

km 182 die Abfahrt nach José Ignacio. Von Chuy und den anderen nordöstlicher gelegenen Badeorten gelangt man ebenfalls über die R 9 zu dem Badeort; am km 160,5 wechselt man auf den Camino Eugenio Saiz Martínez, über den man 11 km später José Ignacio erreicht.

■ Man kann auch fliegen: Der nächste **Flughafen** befindet sich gut 60 km entfernt, der Aeropuerto Internacional de Laguna del Sauce (westlich von Punta del Este), dort kann man einen Remise nehmen oder ein Auto mieten.

Punta del Este / Maldonado

Wahrscheinlich stimmt es, dass kein anderer Ort in Lateinamerika so sehr vibriert wie das oft als **mondän** beschriebene Punta del Este im Sommer. Denn in den Wochen der Hochsaison kommen 200.000 bis 700.000 Touristen (die Zahlenangaben variieren stark, manchmal heißt es, die Massen seien unzählbar) und gesellen sich zu den 10.000 Einwohnern, die hier eigentlich leben. Auf viele Menschen scheint Punta, wie alle kurz sagen, eine **fast schon magische Anziehung** auszuüben: der Strand, die Restaurants und Bars, die Kasinos, aber auch die Regatten, Pferderennen, Schönheitswettbewerbe, Poker- und Golfturniere, die Filmfestivals oder der Karneval. Oftmals wird dieser Touristenmagnet (der korrekt betrachtet aus Punta del Este und Maldonado, der Hauptstadt des gleichnamigen Departamento, besteht) mit Miami oder Monaco verglichen. Vergleichbar ist in der Hochsaison vor allem die Menschenzahl pro Quadratmeter Strand, die Anzahl der Luxusyachten im Hafen des ehemaligen Fischerdorfs und die Höhe der dicht an dicht gebauten Hochhäuser (vor allem Bettenburgen) in Maldonado. Für viele Latinos ist der Kauf einer Immobilie hier eine (relativ) sichere Geldanlage bzw. Steuersparmaßnahme. So stabil wie in Uruguay ist die Wirtschaft auf dem Kontinent sonst nirgends.

Dabei hat **das ursprüngliche Punta del Este** sehr viel mehr zu bieten: kleine und ruhige Straßen mit alter Fischerdorfromantik bzw. Villen hinter Gartenzäunen, Museen und Ausstellungen, Theater und Konzerte sowie einen spektakulären Blick auf Atlantik und Río de la Plata. Punta del Este liegt auf einer ca. 3 km langen **Landzunge,** die den Trenn-PUNKT (span.: *punta*) zwischen Ozean und Mündungstrichter des Silberflusses markiert. Geht man auf beiden Seiten der Landzunge baden (Playa Brava auf der Atlantik-, Playa Mansa auf der La-Plata-Seite), stellt man schnell den Unterschied des Wassers hinsichtlich Temperatur, Salzgehalt und Färbung fest.

In den Monaten **jenseits der Hochsaison** ist Punta del Este keinesfalls so ausgestorben, wie es oft heißt. Dann geht es zwar eher beschaulich zu und ein Großteil der Restaurants bleibt geschlossen, doch das Angebot ist immer noch groß genug, um hier ein paar abwechslungsreiche Tage zu verbringen. Dann kann man sich der Kultur und Architektur der Stadt widmen, Museen besuchen, zu den Inseln vor der Küste fahren und in der Zeit von Juli bis Oktober die vorbeiziehenden Wale beobachten.

Das eigentliche Punta del Este auf der Spitze der Landzunge wurde 1516 von dem spanischen Eroberer *Juan Díaz de*

Solís als **Cabo de Santa María de la Buena Esperanza** aus der Taufe gehoben. Über knapp drei Jahrhunderte war die Siedlung aber nicht mehr als eine Ansammlung von Fischerhäusern. Als Badeort nahm das Nest erst im 19. und 20. Jahrhundert Gestalt an. Nachdem um 1860 der Leuchtturm gebaut worden war, entstanden erst langsam Sommerhäuser und ein Hotel.

Sehenswertes/Aktivitäten

Punta del Este

Bei einem Rundgang durch den historischen Teil von Punta del Este ist der Leuchtturm, der **Faro** (an der Kreuzung der Calle 2 de Febrero mit der Calle 5), mit seinen 45 m Höhe und 150 Stufen ein guter Ausgangspunkt. Der Ausblick über die Stadt und die ganze Region soll einmalig sein, allerdings wird der Leuchtturm nur einmal im Jahr der Öffentlichkeit zugänglich gemacht, am Día del Patrimonio, der im September bzw. Oktober begangen wird. Die Häuser der Altstadt durften und dürfen nicht höher als ein oder zwei Stockwerke gebaut werden, um die Wirkung des Leuchtturms nicht zu beeinträchtigen. Daher konnte sich dieser Teil von Punta del Este auch seinen ruhigen und entspannten Charakter bewahren.

In unmittelbarer Nähe zum Leuchtturm befindet sich die Wetterstation, die **Estación Meteorológica** (Calle 2 de Febrero / Calle 5), die ebenfalls in Form eines Turms gebaut wurde und in der täglich von 7 bis 18.30 Uhr die Wetterberichte und -prognosen für die Region erstellt werden.

Direkt gegenüber steht die blau-weiß gestrichene katholische **Iglesia de la Candelaria** (ebenfalls Calle 2 de Febrero / Calle 5), die Gläubige und Touristen gleichermaßen anzieht. Ihre auffällige neoromanische Fassade sowie der enorme Kronleuchter aus Kristall und die Heiligendarstellungen im Innenraum (vor allem der Namensgeberin *Virgen de la Candelaria*) sorgen dafür, dass die Kirche immer gut besucht ist.

Nur einige Blocks entfernt, schon in der Nähe des Hafens, befindet sich mit dem **Edificio de la Aduana** (zwischen den Calles El Trinquete und 2 de Febrero) ein weiteres historisches Bauwerk: Das Zollgebäude wurde 1886 erbaut und übt noch heute, neben anderen Aufgaben, seine ursprüngliche Funktion aus.

Das Becken des heutigen Hafens wurde von *Juan Díaz de Solís* am 2. Februar 1516 „entdeckt“ und von ihm nach der Virgen benannt: **Puerto Nuestra Señora de la Candelaria.** Aber erst zu Beginn des 20. Jahrhunderts wurde der Hafen angelegt, der heute als Sport- und Jachthafen genutzt wird.

Einige Straßen weiter an der Haltestelle (span.: *parada*) 4 der Playa Brava zieht die **Skulptur „La mano“** (Die Hand) des chilenischen Künstlers *Mario Irrazábal* das Interesse auf sich – heute oft nur als „Los dedos“ (Die Finger) bekannt und eines der am häufigsten fotografierten Motive des Badeorts.

Trotz der Touristenmassen sind die **Strände** von Punta del Este (Playa Mansa, Playa Brava, Playa El Emir, Playa de los Ingleses) in der Regel sehr sauber und die Stimmung entspannt. Zu den Stränden in der (weiteren) Umgebung gehören Playa Montoya, Playa Manantiales, Playa Bikini sowie Playa Chihuahua, der einzige FKK-Strand in dieser Region und einer der ganz wenigen des Landes. Alle Strände bieten eine **sehr große Auswahl an Wassersport** (von Wind- und Kitesurfen über Parasailing und Wellenreiten bis hin zu Wasserski, Jetski und Ausflügen mit dem Motorboot). Eine relativ neue Wassersportart nennt sich Stand Up Paddle (SUP): Paddeln im Stehen auf einer Art Surfbrett. Der **22 SUP Club La Barra** (Tel. 098 261 447, www.supuruguay.com) bietet eine ganze Reihe geführter SUP-Touren in der Region an, so etwa die „Playa Mansa Sunset Tour“ rund um den Hafen oder die „Arroyo Maldonado Early Morning Tour“. An den Stränden laden natürlich auch jede Menge Strandlokale zu gastronomischen Erkundungen ein.

Maldonado

Zu den Sehenswürdigkeiten von Maldonado gehört der kommunale **Skulpturenpark El Jagüel,** der angesichts seiner bunten Plastiken von Menschen und Tieren sowie verschiedener Spielmöglichkeiten für Kinder vor allem bei Familien beliebt ist. In Anbetracht seiner Größe und seines Abwechslungsreichtums sowie der vielen Bäume und Verpflegungsmöglichkeiten kann man hier

☐ „La mano“ oder „Los dedos“? Ganz gleich – auf jeden Fall ein Touristenmagnet

uru015_063 lbo

Punta del Este

Übernachtung
3 Puerto Las Palmas
4 The SmallEast
5 Atlántico
7 Aquarium
13 Príncipe
14 Remanso
15 828
16 Golden Beach
17 Punta del Este Hostel
18 Shelton
20 L'Auberge
21 Posada Boutique Sitges House

Essen und Trinken
1 El Horno de Juan
2 Heladeria Il Porto
6 Cuatro Mares
8 Dos Orrilas
9 Gure Etxe
10 El pobre Marino
11 Moby Dick
12 Lo de Tere
19 Charrúa

Wassersport
22 SUP Club La Barra

gut einen ganzen Tag verbringen. Auf Anfrage ist es möglich, Pferde auszuleihen und den Park hoch zu Ross zu durchstreifen.

■ **Skulpturenpark El Jagüel,** Av. Aparicio Saravia / Calle de los Caballos, Tel. 4248 1291; Eintritt frei.

(Nicht nur) für Kunstliebhaber ist das **Museo Ralli** sehr zu empfehlen: Hier findet sich lateinamerikanische Kunst in einem beeindruckenden alten Kolonialgebäude in einem schönen Park im pittoresken Stadtteil Beverly Hills.

■ **Museo Ralli,** Los Arrayanes s/n, Tel. 4248 3476; die Öffnungszeiten variieren, daher auf der Website (auch in engl. Sprache) nachschauen: www.museoralli.com.uy/visitas; Eintritt frei

Überaus sehenswert in Maldonado ist das **Museum Azotea de Haedo**, das ehemalige Sommerhaus von *Eduardo Víctor Haedo*, Maler und Journalist, aber vor allem 1961/62 Staatspräsident von Uruguay. Berühmte Protagonisten der Zeitgeschichte wie *Che Guevara, Pablo Neruda, Alfonsina Storni* und *Juan Domingo Perón* waren Besucher dieses Anwesens, das ab den 1950er Jahren eines der wichtigsten intellektuellen Zentren Uruguays war. Die Azotea befindet sich noch immer im Besitz der Familie *Haedo*. Ausgestellt werden hier neben der Originaleinrichtung u. a. Werke der Künstler *Barradas* und *Blanes Viale*. Auch das alte Atelier, in dem *Haedo* malte, ist für Besucher geöffnet. Im Garten stehen Skulpturen großer Bildhauer wie *José Luis Zorrilla de San Martín, Ángel Zanelli* und *Edmundo Prati*. Im Sommer ergänzen Konzerte und weitere Ausstellungen das Gebotene.

■ **Azotea de Haedo,** Barrio Cantegril, Bulevar Artigas / Mercedes, Tel. 4222 3288; Eintritt frei, geöffnet 10–16 Uhr.

Die **Catedral de San Fernando** in Maldonado entstand in einem Zeitraum von fast 100 Jahren (von 1801 bis 1895, unterbrochen durch eine Invasion im Jahr 1806). Die im klassizistischen Stil errichtete Kathedrale ist heute eines der wichtigsten Gotteshäuser Uruguays, nationales Kulturdenkmal und wird auch für Konzerte und Kulturevents genutzt.

■ **Catedral de San Fernando,** gegenüber der Plaza San Fernando in Maldonado, geöffnet für Besucher Mo bis Fr 7–12 und 16–20 Uhr.

La Barra

Der Stadtteil östlich des Arroyo Maldonado, nur 15 Minuten von Punta entfernt (R 10 in Richtung José Ignacio), ist eine alte **Künstler-Kolonie** und wird heute vor allem von **Windsurfern** geschätzt. Abends ist das Viertel eine der angesagtesten **Partyzonen** der Region und eine entspannte und rustikale Alternative zur Jetset-Atmosphäre von Punta del Este. Hier befinden sich außerdem einige der besten Restaurants, Bars und Clubs der Region, außerdem Galerien und **Antiquitätenhändler.**

Beliebt bei Erwachsenen und Kindern ist das **Museo del Mar** mit seiner beeindruckenden Bandbreite von (angeblich 5000) Exponaten von Walskeletten über alte Kanonen bis hin zu Insekten auf einer Fläche von 2500 Quadratmetern.

■ **Museo del Mar,** Romildo Risso, Mo bis So geöffnet, www.museodelmar.com.uy, Tel. 4277 1817.

Praktische Tipps

Information

Hilfe für Touristen bieten **in Punta del Este und Maldonado** mehrere Anlaufstellen:

■ **Liga de Punta del Este – Fomento y Turismo,** Calle 31 / Rambla Dr. Claudio Williman, Punta del Este, Tel. 4244 6519.

uru015_064 lbo

■ **Tourist-Info auf der Plaza Artigas,** Av. Gorlero / Calle 23, Punta del Este, Tel. 4244 6510.

■ **Tourist-Info am Hafen,** Paseo de Servicios, Punta del Este, Tel. 4244 8685 (nur in der Hochsaison geöffnet).

■ **Tourismusabteilung der Stadtverwaltung Maldonado,** Tel. 4223 0050 / 4244 6510, www.turismo.maldonado.gub.uy. Auf der Website findet sich alles (touristisch) Wissenswerte zu Playa del Este und Maldonado, auch Anbieter (wasser)sportlicher Aktivitäten.

Übernachten in Punta del Este

Das Angebot an Hostels, Hotels, Apartments, Häusern, Estancias etc. in (und um) Punta del Este ist schier unerschöpflich und sehr leicht im Internet zu finden und zu buchen, so etwa unter www.puntadeleste.com. Die hier aufgeführten Unterkünfte in Punta del Este geben nur einen kleinen Ausschnitt wieder.

17 **Punta del Este Hostel**①, ehemals 1949 Hostel (Las Focas / Calle Baupres, Tel. 4244 0719, www.puntadelestehostel.com, www.1949hostel.com), das Hostel mit sehr freundlichem Service ist voll ausgestattet, sauber und gilt als eines der besten und günstigsten Hostels in Punta del Este und hat nicht nur Mehrbettzimmer; es herrscht Partystimmung Tag und Nacht, es kann also immer mal laut werden.

7 **Aquarium**② (2 de Febrero / La Salina, Tel. 4244 0230, www.aquarium.com.uy), im Zentrum der Halbinsel des alten Punta del Este gelegen, bietet dieses Hotel einfachen, aber vollständigen Komfort: kleine Zimmer, aber gute Betten, Garten und Fitnessraum, Parkmöglichkeiten, Transfer zum Flughafen. Mit jeweils drei Blocks zur Playa Mansa und zur Playa Inglés ist aber die Lage die eigentliche Attraktion des Hauses.

13 **Príncipe**② (Los Arrecifes zwischen El Mesana und Resalsero, Tel. 4244 0351), einfaches Hotel; alles Notwendige ist vorhanden, sauber, sehr freundlicher Service, bestens gelegen.

16 **Golden Beach**② (Las Gaviotas / Av. Gorlero, Tel. 4244 1314, www.goldenbeach.com.uy), Resort & SPA, bietet sich für den Familienurlaub an, nur wenige Schritte vom Strand El Emir entfernt; Pool außen und innen (beheizt), Tennisplatz, Kinder-

☐ Punta del Este erstreckt sich auf der gleichnamigen Landzunge

spielplatz, Fitnessraum, Spielmöglichkeiten für Kinder innen, Wellness-Bereich mit Whirlpool, Sauna und Massage. Zu den Zimmern gehören meist noch Wohnzimmer und Kochnische, der Aufenthalt ist inklusive Frühstück und Buffet (serviert in der Hotelbar); die besten Zimmer befinden sich im obersten Stockwerk: alle mit Terrasse und Grill.

3 **Puerto Las Palmas**② (El Trinquete 828, Tel. 4244 0244), Hotel in einem sehr schönen alten Gebäude mit Garten, alles sehr einfach, aber in Ordnung; die jüngsten Beschwerden über mangelnde Sauberkeit können nicht bestätigt werden. Die Zimmer überblicken den Garten. Familiäre Betreuung, gerade für Punta del Este erschwingliche Preise und eine besonders gute Lage: nur ein Block von der Marina und drei von der belebten Av. Gorlero entfernt. Strandzubehör, Fahrradvermietung, Transfers und Wäscheservice gegen Aufpreis.

15 **828**② (Av. Juan Gorlero 828, Tel. 4244 5277, http://74.124.21.225/~hostel828/), das Hostel macht eher den Eindruck eines Hotels; guter Zustand, sehr sauber, liegt an einer der belebteren Straßen der Halbinsel, und auch im Hostel geht es ab und an etwas lebhafter zu. Gute Stimmung, freundlicher und aufmerksamer Service.

18 **Shelton**② (La Angostura / Av. Gorlero, Tel. 4248 2543, www.shelton-hotel.com), Hotel mitten drin im Leben von Punta del Este, nur wenige Schritte von der Hand-Skulptur („Los dedos") entfernt, könnte mal wieder renoviert werden, aber alles vorhanden, was man braucht. Sehr gutes Preis-Leistungsverhältnis.

MEIN TIPP: 5 **Atlántico**②-③ (Capitan Miranda / 2 de Febrero, Tel. 4244 0229, www.hotelatlantico-puntadeleste.com), Boutique-Hotel, das bestens im alten Teil Punta del Estes liegt, einen Block vom Faro, zwei vom Hafen entfernt. Das Hotel hält mehr, als es von außen verspricht, auch die sehr weiß gehaltene Einrichtung ist etwas irreführend: sehr warmherziger Service, die Zimmer sind zwar etwas klein, aber sehr gemütlich und zumeist mit Meerblick; sehr üppiges und umfangreiches Frühstücksbuffet, Fahrrad- und Filmverleih, am Nachmittag Tee und Kaffee gratis als kleine Aufmerksamkeit des Hauses, das Preis-Leistungsverhältnis stimmt – und der Pool im Garten (mit Bar) ist eine echte Oase im Trubel von Punta del Este.

21 **Posada Boutique Sitges House**② (Viña del Mar / Brighton, San Rafale, Bushaltestelle 12 an der Playa Brava, Tel. 4249 2775, www.sitges.com.uy), dieses Hotel heißt ausschließlich Homosexuelle willkommen („gay only"); nur sechs Zimmer und die „Grand Suite Sitges", gerade einmal 150 m vom Meer entfernt.

4 **The SmallEast**②-③ (Sotileza 718, Tel. 4244 4992 / 4244 0547 / 4244 8866, www.thesmalleast-hotel.com), bilinguales Hotel (englisch und spanisch), direkt gegenüber dem Leuchtturm und neben der Iglesia de la Candelaria gelegen, klein, aber fein, einfach, aber komplett ausgestattet, trotz der vielen Sonne draußen mit einem Solarium drinnen (nicht untypisch für Punta del Este), Verleih von Strandausrüstung (Handtücher und Sonnenschirme), sehr freundlicher Service.

14 **Remanso**②-③ (Av. Gorlero zwischen Los Arrecifes und Los Muergos, Tel. 4244 7412, www.hotel-remanso.com.uy), insgesamt eher ein Business-Hotel, aber auch für Privataufenthalte geeignet, sehr üppiges und vielfältiges Frühstücksbuffet, aufmerksamer Service, Solarium, Pool, Fitnessraum, Autostellmöglichkeiten; sehr zentral gelegen: Die Calle 20 bzw. Remanso (daher auch der Name des Hotels) ist die Fashion Road der Stadt mit vielen Modeläden bekannter Designer, bis zum Strand sind es nur zwei bzw. drei Blocks.

20 **L'Auberge**③ (Calle Carnoustie / Av. del Agua, Parada 19 Playa Brava, Barrio Parque de Golf, Tel. 4248 8888, www.laubergehotel.com), Luxushotel mit Wasserturm, Residieren wie im britischen Landhaus: Wer hier logiert, der schläft, isst und trinkt seinen Tee mit Stil. Dass es hier einen Pool, einen Fitnessraum und ein hauseigenes Restaurant mit anspruchsvoller Küche gibt, versteht sich ebenso von selbst wie der Kamin in einigen Zimmern und dass der Tee mit belgischen Waffeln im Tea Room pünktlich zur Tea Time serviert wird. Den Tee sollte

man sich übrigens nicht entgehen lassen, auch wenn man nicht im Hotel absteigt.

Essen und Trinken in Punta del Este

Bei den Restaurants und Bars in Punta del Este verhält es sich ähnlich wie mit den Unterkünften: Es gibt sie zu Hunderten, und eine Auswahl ist schwer.

10 **El pobre Marino** (Juan Díaz de Solís, Virazón, Tel. 4244 3565), „Zum armen Matrosen" würde das Restaurant wohl auf Deutsch heißen, das sich im historischen Kern des Badeorts in der Nähe des Hafens befindet, ganz maritim mit Fischernetzen dekoriert ist und sogar bezahlbare Preise hat. Die Gerichte: vor allem Pasta und Fisch.

11 **Moby Dick** (650 Rambla Gral. Artigas, Tel. 4244 1240), der Pub ist eine der traditionellsten Adressen und liegt direkt am Hafen; hier trinken (und essen) vor allem Touristen aus aller Herren Länder, die Regale mit den Alkoholika erstrecken sich über die ganze Länge einer Seitenwand des Pubs, die Barmänner bzw. -frauen kennen so ziemlich alle Cocktails und Mixgetränke unter der Sonne. Geöffnet bis Sonnenaufgang und lange danach.

12 **Lo de Tere** (Rambla Gral. Artigas zwischen Calle 19 und 21, Tel. 4244 0492, www.lodetere.com), eines der beliebtesten Restaurants; die Preise sind zwar eher gesalzen (selbst wenn man 20 bzw. 40% „Frühesser-Rabatt" nutzt und vor 21 Uhr kommt), aber dafür ist das Essen, egal ob Fisch oder Fleisch, hervorragend, ebenso der Service und die Weine.

8 **Dos Orillas** (Virazón 829, Tel. 098 443 893, dosorillaspuntadeleste@gmail.com), Restaurant und Lounge-Bar – „Zwei Ufer" heißt dieses neue Lokal, das die traditionelle uruguayische mit der mediterranen Küche Südeuropas kombiniert und bei manchen Gerichten auch mit Elementen der Molekularküche spielt. Begleitet wird dieses Angebot allabendlich von Live-Musik, die ebenfalls eine Fusion verschiedener Stile darstellt. Bislang sehr gut – und durchaus faire Preise.

2 **Heladeria Il Porto** (El Trinquete 1181, Tel. 4244 5405), die Eisdiele liegt direkt am Hafen, hat eine große Auswahl, eine Terrasse mit Blick aufs Meer und sehr moderate Preise – oft heißt es, dies sei die beste Eisdiele der Stadt.

1 **El Horno de Juan** (Los Sargos, Parada 2, Tel. 4249 2772, https://es-la.facebook.com/ElHornoDeJuan), Pizzeria: schnell, günstig, gut (wenn man viel Käse auf seiner Pizza mag), große Auswahl, große Portionen und sehr freundlicher Service.

MEIN TIPP: 9 **Gure Etxe** (Virazón y La Salina bzw. Calle 9 y 12, Tel. 4244 6858 / 4244 7235, www.gure-etxe.com.uy), baskische Küche, ein Klassiker unter den Restaurants in Punta del Este: Fisch, Meeresfrüchte und Muscheln sowie gute Weinauswahl – nicht von der Fassade des Restaurants abschrecken lassen.

6 **Cuatro Mares** (Capitán Miranda / 2 de Febrero, Tel. 4244 8916, www.cuatromares.com.uy), ganz in der Nähe des Leuchtturms hat dieses neue Restaurant eröffnet; neben Fisch und Meeresfrüchten gibt es hier auch Lamm, Tapas oder Gorgonzola mit Balsamico und Nüssen. Traditionelle Gerichte modern interpretiert, offene Küche, gute Weinauswahl.

19 **Charrúa** (Av. Costanera Claudio Williman, Pda. 3 Mansa, Tel. 4248 1440, www.restaurantcharrua.com.uy), direkt am Strand befindet sich dieses Restaurant, deswegen sitzen die meisten Gäste lieber auf der Terrasse als in der großen, stilvoll eingerichteten Lounge; die Aussicht und die Ruhe, die hier geboten werden, sollte man nicht verpassen. Die Speisekarte ist typisch für einen uruguayischen Badeort: Meeresfrüchte und Fisch, Pasta und Salat.

An-/Weiterreise

■ Für längere Wege in Punta del Este und Maldonado gibt es die **lokalen Busse und Micros,** die entlang der Strände und in den Straßen der beiden Städte verkehren. Es gibt viele Haltestellen, aber auch Heranwinken hilft.

■ Der **Busbahnhof** von Punta del Este befindet sich an der Kreuzung Bulevar Artigas / La Angostura (Tel. 4249 4042). Die hier ankommenden und abfahrenden Buslinien sind u. a. COT, COPSA, TTL und Bus de la Carrera. Im Terminal befinden sich auch eine Tourist-Info und der Autovermieter Thrifty (Tel. 4249 9461). Busbahnhof in Maldonado: Av. Roosevelt / Sarandí, Tel. 4422 2526.

■ Punta del Este liegt im Departamento Maldonado knapp 140 km östlich von Montevideo. Mit dem **Auto** gelangt man von Piriápolis über die R 10 in den Badeort, von Montevideo über die Ruta Interbalnearia und von Colonia del Sacramento weiter im Westen über die R 1 und Montevideo und dann ebenfalls über die Ruta Interbalnearia dorthin.

Vorschlafen im Hafen
für das Nachtleben in der Jetset-Metropole

uru015_065 lbo

■ Punta del Este hat auch einen Flughafen, den **Aeropuerto Internacional de Laguna del Sauce** (Tel. 4255 9777, www.puntadeleste.aero), der sich nur wenige Kilometer westlich befindet (R 93 km 113) und den die meisten Aeropuerto de Punta del Este nennen; hier sind auch einige internationale Autovermieter (Hertz, Europcar etc.) vertreten.

Isla Gorrití

Der Besuch dieser **historisch bedeutsamen Insel** ist für viele Uruguayer, Argentinier und Brasilianer fester Bestandteil ihres Urlaubs in Punta del Este. Die 21 ha große Insel ist vom Festland aus gut erkennbar. Ganz in ihrer Nähe befindet sich der Punkt, wo Atlantik und Río de la Plata ineinander übergehen. Nach ihrer „Entdeckung“ 1516 durch *Juan Díaz de Solís* wurde die Insel noch von anderen bekannten Seefahrern wie *Sebastián Gaboto* und *Diego García de Moguer* sowie Piraten für ihre Zwecke genutzt. Außerdem war sie ein wichtiger Schauplatz bei der Invasion der Region durch die britische Krone im Jahr 1806. Noch heute stehen auf Gorrití die **Überreste der Festung** und der Kanonen als stumme Zeugen der damaligen Schlachten. Der Name der Insel geht auf den spanischen Kommandanten *Francisco Gorrití* zurück, der in der ersten Hälfte des 18. Jahrhunderts das Oberkommando über Montevideo hatte und den Bau der Festungsanlagen auf der Insel veranlasste, um die Region gegen die Vorstöße der Portugiesen zu verteidigen.

Fast noch mehr als die historischen Zeugnisse zieht aber die Landschaft die Besucher an. Die Insel wurde angesichts ihrer üppigen Flora und Fauna zum **Naturschutzgebiet** erklärt, weshalb hier weder gebaut noch gezeltet werden darf. Der Inselbesuch besteht vor allem aus Wanderungen über die verschlungenen Wege, aus einem Sprung ins kalte Nass oder wassersportlicher Betätigung.

■ **Boote nach Gorrití** fahren vom Jachthafen in Punta del Este ab, u. a. von dimar tours (Tel. 094 410 899, reservas@dimartours.com.uy); die Preise variieren je nach Saison und Teilnehmerzahl.

Isla de Lobos

9 km vor Punta del Este liegt diese Insel, deren Zutritt für Menschen bislang verboten ist. Präziser müsste die 43 ha große Insel Isla de Lobos Marinos heißen, denn dann könnte man sie korrekt mit Insel der Seehunde übersetzen, so aber heißt sie Insel der Wölfe, die es dort gar nicht gibt. Das felsige Eiland ist ein **Naturschutzgebiet,** in dem bis zu 200.000 Seehunde, -löwen und -elefanten zwischen den Felsen und auf den Sandbänken leben – und mit ihnen zahlreiche Vogelarten. Jahr für Jahr werden hier rund 1000 **Seehunde** geboren, Tag für Tag fahren Boote mit Touristen hinaus, um das faszinierende Naturschauspiel zu bewundern. Nur in Alaska gibt es eine größere Seelöwen-Kolonie. Das einzige Gebäude auf der Insel ist ein 59 Meter hoher **Leuchtturm,** der im Jahr 1858 erbaut wurde.

Angeblich soll die Insel für kleine Touristengruppen zugänglich gemacht werden; Voraussetzung wäre, dass deren Anwesenheit das Ökosystem nicht beeinträchtigt. Das müssen auch die **Taucher** berücksichtigen, die hier gerne zwischen und mit den Seehunden schwimmen und tauchen.

■ Vom Jachthafen in Punta del Este fahren täglich **Boote** an die Insel ran, u. a. wiederum dimar tours (s. o.) oder Calypso Tours (Tel. 4244 6152 / 094 443 600, www.calypso.com.uy); die Preise variieren auch bei dieser Route je nach Saison und Teilnehmerzahl.

■ Die Agentur AGT (Tel. 4249 0570) hat *Paquetes de nado y buceo* **(Schwimm- und Tauchpakete)** bei der Isla de Lobos im Progamm.

Punta Ballena

Nur wenige Autominuten von Punta del Este entfernt befindet sich der Ort Punta Ballena, der sich ebenfalls in Form einer Landzunge in den Río de la Plata erstreckt und vor allem aufgrund einer Sehenswürdigkeit bekannt ist: **Casapueblo.** Dabei handelt es sich um das Haus und Atelier des Malers, Komponisten, Schriftstellers und Architekten *Carlos Páez Vilaró,* zu Lebzeiten oft als „Picasso Südamerikas" bezeichnet. Es heißt, er habe das weiße Gebäude, das seit vielen Jahren als Kunstgalerie und Museum fungiert und sich wie eine Skulptur an den Hang schmiegt, im Andenken an jenen Flugzeugabsturz 1972 entworfen, der als „Wunder der Anden" auch in Europa bekannt wurde. Einer seiner Söhne gehörte zu den Überlebenden, die 72 Tage nach dem Absturz gefunden wurden. Das Gebäude beherbergt neben dem **Museum, Atelier** und **Café** in der Hauptkuppel auch ein **Hotel** und soll mit seinen weißen und gewundenen Wänden, den zahlreichen Terrassen und unzähligen Ecken und Winkeln an einen typisch mediterranen Baustil erinnern.

Man könnte damit aber auch ein schneebedecktes Felsmassiv assoziieren. Insgesamt hat sich der Bau des Komplexes über drei Jahrzehnte hingezogen.

Museo Casapueblo, Ruta Panoramica s/n, Punta Ballena, Tel. 4257 8041, cpvilaro@adinet.com.uy, täglich ab 9 Uhr geöffnet, der Eintritt kostet ca. 8 US-$, für Kinder unter 12 Jahren ist er frei.

Punta Ballena und Umgebung

Übernachtung
1 Posada La Chihuahua
2 Posada El Refugio
3 Chihuahua Resort
4 Hotel Las Cumbres
5 Hostel Punta Ballena Bar
7 Clubhotel Casapueblo

Wassersport
6 Club Balleneros de Punta del Este

Punta Ballena ist auch bei Tauchern sehr beliebt. Vor der Küste finden sich unter Wasser **Grotten,** die sich sehr gut für diesen Sport eignen. Ein häufig genutzter Ausgangspunkt für **Tauchgänge** ist eine Mole, die sich im **6 Club Balleneros de Punta del Este** (Ruta Interbalnearia, Ausfahrt am km 129) befindet. Außer den Grotten sollen hier unter Wasser u. a. Schildkröten und Flunder zu sehen sein. Besonders für Anfänger soll sich diese Ecke gut eignen, da der Untergrund angesichts seiner einheitlich großen Felsen sehr sicher ist und die Tiefe nicht mehr als 8 m beträgt.

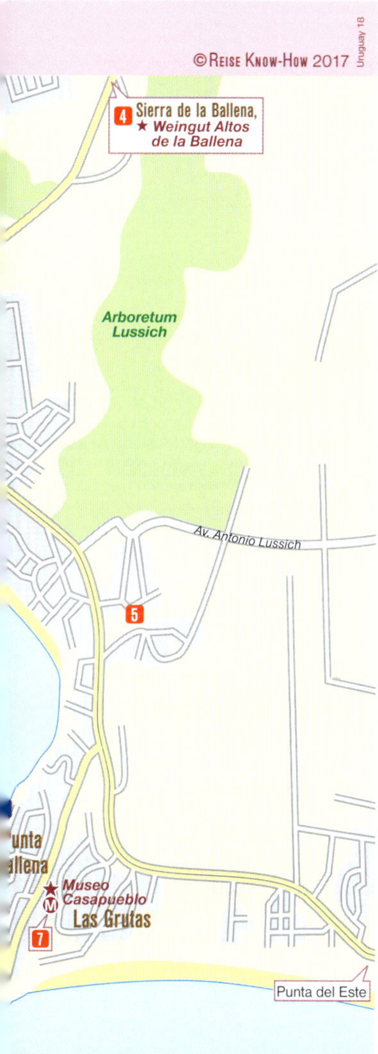

Übernachten/Essen und Trinken

7 Hotel Casapueblo②-③ (Ruta Panoramica s/n, Punta Ballena, Tel. 4257 8611, www.clubhotel-casapueblo.com), Hotel im Museo Casapueblo, mehrere Pools, SPA- und Fitness-Bereich sowie Restaurant und Bar.

Mein Tipp: 5 Hostel Punta Ballena Bar② (San Francisco / Sierra de la Ballena, Villeta de los Corchos, Tel. 4257 7665 / 094 945 155, www.hostel-puntaballena.uy), eine besondere Adresse in Punta Ballena ist dieses Hostel. Von seinem Besitzer in jahrelanger Arbeit selbst gebaut, besteht es ihm zufolge ausschließlich (!) aus Teilen, die vorher schon anderweitig verwendet worden waren – man könnte das Haus also ohne Weiteres als Recycle-Hostel bezeichnen. Dabei ist es außergewöhnlich schön geworden und mit viel Geschmack und Liebe zum Detail eingerichtet. Es ist komplett ausgestattet und sauber, und die Zutaten, die für das Essen im kleinen Restaurant verwendet werden, stammen größtenteils aus eigenem ökologischen Anbau. Immer sind vegetarische Gerichte im Angebot, abends spielen manchmal Live-Bands. Es gibt einen kleinen Beachvolleyballplatz hinter dem Hostel, und bis zum Strand sind es nur 350 m. Achtung: nur Barzahlung!

■ In Punta del Este, Punta Ballena und anderen Badeorten bemüht man sich, allen Touristen liberal und offen zu begegnen und für jeden etwas anzubieten. **Für homosexuelle Gäste** hat sich vor allem **rund um die Playa Chihuahua** westlich von Punta Ballena einiges getan, viele Hotels betonen, dass homosexuelle Singles oder Paare willkommen sind, einige wenige empfangen ausschließlich Mitglieder der LGBT-Gemeinde (LGBT = *Lesbian, Gay, Bisexual and Transgender*). Genannt seien das **3 Chihuaha Resort**② (Ruta Interbalnearia km

Punta Ballena – der Eingang zum Museo Casapueblo des Künstlers Carlos Páez Vilaró

uru015_066 lbo

115, Punta del Este, Tel. 4257 7591, www.chihuahuaresort.com), die **2 Posada El Refugio**② (Av. Principal / El Foque, Punta Ballena, Tel. 4257 7503, inforefugio@gmail.com), die **1 Posada La Chihuahua**② (La Guenoa s/n, Punta Ballena, Tel. 4257 7754 / 099 699 542, lachihuahua@gmail.com).

Sierra de la Ballena

Von Punta Ballena gelangt man über die R 12 in ca. 15 Minuten in die Sierra de la Ballena. Auch wenn die Berge eher als Hügel zu bezeichnen sind, **gehört** die Sierra **zu den abwechslungsreichsten Bergketten Uruguays** und ist einer der wenigen Orte im Land, die sich zum Klettern eignen. Die Sierra erstreckt sich zwischen der **Laguna del Sauce** und den Stränden des Río de la Plata. Von den Bergspitzen kann man bei gutem Wetter bis nach Punta del Este und zum Atlantik schauen. Das Landschaftsbild variiert: Wald, Wiesen, Weiden, Weinberge. Der Boden ist etwas steiniger und karger als im Flachland, das Klima mild und nur verhalten windig.

In der Sierra befinden sich zwei Anlaufpunkte, die man sich nicht entgehen lassen sollte. Zum einen ist das **Weingut Altos de la Ballena** zu nennen (R 12 km 16.400), das an den Hängen der Sierra seine Weinberge und seine Bodega hat. Die Weine konnten viele nationale und internationale Preise gewinnen. Dabei betont das Inhaberpaar *Paula Pivel* und *Alvaro Lorenzo* immer wieder, dass sie zu Beginn ihrer Winzertätigkeit vollkommen unerfahren waren und sich das erste Grundwissen im Internet angelesen haben. Bucht man eine **Weinprobe,** wird man zuerst durch eine der Weinlagen (Syrah) geführt und sehr kenntnisreich (und einfach verständlich) über das besondere Terroir der Sierra de la Ballena aufgeklärt. Auf einer überdachten Terrasse am Berghang mit sehr gutem Blick

uru015_067 lbo

über die Sierra bis hin zum Cerro Pan de Azúcar (Zuckerhut-Berg) und zum Río de la Plata findet dann die Degustation von fünf Weinen der Bodega statt, begleitet von Brot und Käse (der von einem Erzeuger aus der Region stammt).

■ **Altos de la Ballena,** R 12 km 16.400, Tel. 094 410 328, www.altodelaballena.com; für die Weinprobe gilt Barzahlung, die Preise variieren, es werden auch US-Dollar und brasilianische Reales akzeptiert.

Ein zweiter Anlaufpunkt ist das **4 Hotel Las Cumbres** (siehe Plan S. 204), das sich auf einem Gipfel (daher auch der Name) hoch über dem bewaldeten Teil der Sierra befindet und auch Besucher empfängt, die lediglich einen Tee trinken und den beeindruckenden Blick über die gesamte Laguna del Sauce und den Wald genießen möchten. Ganz hinten am Horizont sieht man auch von hier einen schmalen Streifen des Río de la Plata. Las Cumbres ist ein Luxushotel, das schon durch die Anfahrt über die engen Serpentinen hoch auf den Berg, dann durch das Tor, das nur auf Bitte über die Gegensprechanlage einige Meter davor geöffnet wird, und die kaum sichtbaren Kameras, die diesen Weg kontrollieren, seine Exklusivität demonstriert. Kaum angelangt, überwältigt die 360-Grad-Aussicht, die man vom Hotelgelände aus

⌃ Blick über die Rebhänge des Weinguts Altos de la Ballena

hat. Das Hotel selbst besticht durch viel Liebe zum Detail, eine sehr freundliche Atmosphäre und den Crossover-Stil seiner Einrichtung, die uruguayische Tradition mit asiatischen Elementen kombiniert. Der Nachmittagstee (auf Wunsch mit *scones* = Brötchen) wird pünktlich zur Tea Time serviert, keine Minute vorher. Man sollte ihn lange und langsam genießen – dann sieht man auch noch den Sonnenuntergang über der Sierra.

■ **Hotel Las Cumbres**③ (R 12 km 3.9, Laguna del Sauce, Tel. 4257 8689, www.cumbres.com.uy), Luxushotel & SPA.

Piriápolis

Piriápolis ist wahrscheinlich einer der wenigen Badeorte weltweit, die man schon allein aufgrund ihrer **pittoresken Uferpromenade** besuchen sollte. Aber auch unabhängig davon ist die Stadt, die der uruguayisch-argentinische Empresario **Francisco Piria** während der Belle Epoque erbauen ließ, einen Aufenthalt wert. Sehr viel kleiner und ruhiger als Punta del Este ist dieser Badeort, an dem der Zahn der Zeit ganz offensichtlich schon etwas genagt hat, der aber dadurch nichts von seinem Charme eingebüßt hat. Auch in Piriápolis sind, ähnlich wie in Paysandú, Hinweise auf die Freimaurer-Loge (Masones) zu finden. *Piria* selbst soll eine Zeit lang Mitglied gewesen sein, sich dann aber distanziert haben. Eines der „Wahrzeichen" ist das Hotel Argentino, das *Piria* erbauen ließ, ein anderes seine Villa, die hoch über der Stadt trohnt.

In Piriápolis gibt es zudem den einzigen (schon etwas in die Jahre gekommenen) **Sessellift** Uruguays; er führt **auf den Cerro San Antonio,** von dem man einen sehr schönen Blick auf das Städtchen hat.

Heute verfügt das kleine Piriápolis über eine **große Anzahl an Hotels und Restaurants,** über einen **Jachthafen** (der sich ohne Weiteres mit dem von Punta del Este messen kann) und ein **abwechslungsreiches Nachtleben.** Außerdem bietet die Stadt **Sportliebhabern** zahlreiche Möglichkeiten, sich zu verausgaben, unter anderem bei der Besteigung des nahe gelegenen Cerro Pan de Azúcar. Angler reisen an, um in der Nähe des Hafens oder außerhalb in Punta Fría, Punta Colorada und Punta Negra ihr Glück zu versuchen. Punta Fría wird auch von Tauchern geschätzt, Surfer bevorzugen die Strände Punta Negra und Punta Colorada. Am Wasser kann man fast überall Beachvolleyball spielen und natürlich schwimmen gehen.

Die Stadt selbst erstreckt sich weitgehend entlang der **Rambla de los Argentinos** und der **Av. Francisco Piria (Costanera).** Die **Strände** dehnen sich über 25 km entlang der Küste des Río de la Plata aus, vom Arroyo Solís bis Punta Negra.

Sehenswertes

Piriápolis trägt nicht nur den Nachnamen seines Gründers im Stadtnamen, sondern auch dessen architektonische Vorlieben in seinem **Stadtbild.** Zentrale Gebäude des Badeorts hat *Piria* erbauen lassen, allesamt lohnen einen Besuch, darunter zwei Hotels (s. u.).

uru015_068 lbo

Das **Castillo de Piria** an der R 37 war die Privatresidenz des Stadtgründers. *Piria* ließ sie schon wenige Jahre, nachdem er 1890 die Grundstücke vor Ort erworben hatte, errichten (1894–1897). Architekt des Gebäudes, das durch seine mittelalterliche Fassade auffällt (aber mit einer Konstruktion, die die italienischen Villen des ausgehenden 19. Jahrhunderts imitiert), war *Aquiles Monzani*. Nach *Pirias* Tod blieb das Gebäude in Familienbesitz und wurde erst 1975 verkauft. Seit 1980 gehört es dem Departamento Maldonado und beherbergt ein Geschichtsmuseum. Im Obergeschoss hat man von den florentinischen Balkonen eine gute Sicht über die Stadt und die Sierra.

⌃ Hotel Colón – erbaut auf Initiative des Stadtgründers Piria persönlich

■ **Castillo de Piria,** R 37, zwischen km 4 und 5; Tel. 4432 3268; vom Busterminal Piriápolis fährt die Buslinie Guscapar; geöffnet Mo bis Fr 10–18 Uhr, Sa und So 10–15 Uhr, Eintritt und Führungen sind kostenfrei.

Die Ruine der **Iglesia Maldita de Piria** (Pirias verdammte Kirche) liegt ebenfalls an der R 37 über der Stadt. *Piria* ließ sie von 1917 an bauen und hatte sie eigentlich als Zentrum des Ortes geplant. Die Kirche ist nach Osten (sprich zum Sonnenaufgang hin) ausgerichtet, so wie das bei fast allen der von Freimaurern errichteten Kirchen der Fall ist. Zudem sollen die Verzierungen des Gotteshauses nicht nur freimaurerische, sondern auch alchimistische Symbolismen enthalten. All das machte den Sakralbau in den Augen der Katholischen Kirche zu einem Profanbau, und sie weigerte sich, das Gebäude als Schenkung *Pirias* zu akzeptieren. So wurde die Kirche nie fertiggestellt. Heute ist sie eine Ruine und wird als Lager für Feuerholz genutzt. Ihr Zustand ist angeblich so schlecht, dass sie jederzeit einstürzen kann. Also: Vorsicht beim Betreten des Gebäudes.

Eine Sehenswürdigkeit ganz anderer Art ist der **Criadero Cerros Azules.** Die Zuchtstation für Kaimane wurde 2001 zum Erhalt, Schutz und der Wiedereingliederung der uruguayischen **Kaimanart Yacaré Overo** in ihr natürliches Habitat geschaffen. Die Station befindet sich auf der Höhe des km 91 der R 9, nur fünf Minuten von Piriápolis und 30 km von Punta del Este entfernt. Der Yacaré Overo lebt eigentlich am oberen Fluss-

Adriatica

lauf des Río Uruguay und ist vom Aussterben bedroht, da seine Haut begehrt ist. Außer Yacarés leben in der Zuchtstation Morrocoyo-Schildkröten, Fische und Spinnen. Der Criadero ist ganzjährig für Besucher geöffnet. Man kann hier jeden Sa, So und an Feiertagen von 10 Uhr bis Sonnenuntergang an einer Führung teilnehmen. Die Eintrittsgebühr dient der Finanzierung des Criadero.

Einer der höchsten Berge Maldonados und der dritthöchste des ganzen Landes ist der **Cerro Pan de Azúcar** mit immerhin 423 m. Der Zuckerhut-Berg erhebt sich im nördlichen Umland von Piriápolis, ca. 5 km von der Stadt entfernt. Besonders beliebt ist der Gipfelaufstieg bis zu dem Betonkreuz, das 1933 von *Juan Zorrilla de San Martín* gestaltet wurde und in dessen Seitenarmen sich jeweils ein Aussichtsturm befindet. Von dort hat man einen sehr guten Blick über die Wälder, die Sierra und Piriápolis.

An einem der Hänge des Berges befindet sich das **Naturreservat Cerro Pan de Azúcar,** das 1980 in einem alten Granitsteinbruch eröffnet wurde (der zur Erbauung von Piriápolis genutzt worden war). Es ist knapp 90 ha groß und dient der Erhaltung und Zucht einheimischer Tiere, vor allem der vom Aussterben bedrohten Spezies. Insgesamt leben hier mehr als 600 Arten, unter anderem Schlangen und Wildkatzen, die man auch zu Gesicht bekommt (die sich aber auch zurückziehen können, da ihre „Käfige" ihrem natürlichen Lebensraum nachempfunden sind).

Neben der Reservat-Besichtigung und dem Aufstieg zum Berggipfel kann man am Pan de Azúcar **noch viele andere Dinge unternehmen:** Spaziergänge und Wanderungen, Ausritte, ornithologische Beobachtungen etc. Am Fuß des Berges gibt es Picknickbereiche, Spielmöglichkeiten für Kinder und ein Lokal. Die Tourist-Info in Piriápolis (s. u.) erteilt weitere Auskünfte.

Praktische Tipps

Information

■ **APROTUR** (Rambla de los Argentinos s/n, Paseo La Pasiva; Tel. 4432 5055; Mo bis Fr 10–19 Uhr) informiert über mögliche Aktivitäten und Anbieter, zur Auswahl stehen Mystik- und Abenteuer-Touren, Ausritte, Wassersport und Sesselliftfahrten.

■ **Stadtverwaltung,** Tel. 4432 3374, www.piriapolis.gub.uy.

Übernachten

3 **Cabañas Mar Azul**①-② (Misiones / Av. de Circunvalación Zabala, Tel. 094 390 221 / 4432 6637), diese Bungalow-Anlage ist perfekt für den Urlaub mit der Familie oder Freunden, die Bungalows bieten Platz für 4 Personen, manche für mehr. Sehr gut ausgestattet, sehr sauber, sehr netter Service. Große Anlage, mehrere Schwimmbecken, Whirlpool, sieben Blocks bis zum Strand. Fahrrad- und Autoverleih.

◁ Jachthafen und Uferpromenade von Piriápolis

Mein Tipp: 6 **Mar y Arte**①-② (Gregorio Sanabria 1051 / Defensa, Tel. 4432 7455, www.maryarte.com.uy), Hotel, Hostel, Apartments – im Art-déco-Stil errichteter Komplex, kleiner Pool mit Liegestühlen zwischen den Häusern, von Doppel- bis Sechsbettzimmer alles vorhanden und dementsprechend unterschiedliche Preise, einfach, aber gut ausgestattet. Sehr zentral gelegen: nur wenige Blocks zum Strand und zum Busbahnhof, zu den Supermärkten, Restaurants und Bars. Sehr freundlicher Service, sehr gutes Preis-Leistungsverhältnis.

9 **Hotel Colón**② (Rambla / Piria, Tel. 4432 2508 / 4432 1344, www.hotelcolonpiriapolis.com), eines der historisch wichtigen Hotels, die auf *Pirias* Initiative und nach seinen Vorstellungen ab 1910 erbaut wurden. Auf seine Weise ein Zeuge der Glanzzeiten einer Stadt, die ihren Zenit zu überschritten haben scheint. Direkt dem Wasser gegenüber, komplett renoviert, kleiner Innen-Pool, sehr freundlicher Service. Die Betreiber und ihre Kinder geben Tipps, wo man gut angeln, Boot fahren, reiten etc. kann.

11 **Casa Bamboo**② (Talcahuano s/n / Gral. Urquizas, Tel. 4432 0305), schönes Guesthouse mit Garten, liebevoll rustikal eingerichtet, kleiner Pool, Autosstellplätze, sehr freundliche und aufmerksame Betreuung durch die Besitzer.

12 **Hotel Ricadi**②-③ (Pasaje Superior Piria, zwischen Junín und Suipacha, www.hotelricadi.com), elegant-gemütliches Hotel zwei Blocks vom Strand entfernt; gut für Familien geeignet: Pool und Whirlpool, aber auch Spielraum mit Tischtennis, Tischfußball und vielen anderen Spielen für Kinder. Bar und Speiseraum mit Blick auf den Strand, Transfer zum/vom Flughafen von Punta del Este, Computer mit Internetzugang. Einige der Zimmer haben Meerblick.

1 **Genoves**②-③ (Rambla de los Argentinos 1050 / Av. Artigas, Tel. 4432 2505 / 4432 5326, www.hotelgenoves.com.uy), voll ausgestattetes Hotel (Pools innen und außen, Fitnessraum, Sauna, Whirlpool, Massagen auf Anfrage) direkt am Meer, viele der Zimmer mit Blick auf den Strand; Bar, freies Parken. Oft gemeinsames Grillen mit den Gästen.

4 **Argentino Hotel Casino & Resort**③ (Rambla de los Argentinos / Armenia, Tel. 4432 2791, www.argentinohotel.com.uy), Resort-Hotel, 1920 von *Piria* erbaut, gilt als sein Opus magnum. Auch heute noch unschwer als das erste Haus am Platz erkennbar, mit bestem Service für seine Gäste in allen Altersklassen, die Suiten und Zimmer haben Meer-, Wald- und Bergblick. SPA, Schwimmbecken (innen und außen), therapeutische Anwendungen und ganzheitliche Betreuung der Gäste, so wie *Piria* das schon vor knapp einem Jahrhundert im Sinn hatte.

Camping

2 **Camping Piriápolis FC**② (Misiones / Niza, Tel. 4432 3275), das „FC" im Namen dieses Campingplatzes steht tatsächlich für Fußball (Fútbol) Club; einer der ältesten Zeltplätze der Stadt, klein, aber voll ausgestattet, wer nicht zelten will, kann hier auch ein Zimmer mieten; sehr zentral gelegen, nur wenige Blocks bis zum Busbahnhof und ca. 10 Min. zu Fuß bis zum Strand.

Essen und Trinken

8 **Don Quijote** (Rambla de los Argentinos / Atanasio Sierra, Tel. 4432 0347, www.donquijotepiriapolis.com), traditionelles Familienrestaurant, jetzt schon in zweiter Generation, gegründet von zwei Galiziern, die ihre heimische Küche in Uruguay vermissten. Paella ist die Spezialität des Hauses, ansonsten vor allem Fisch und Meeresfrüchte, aber auch Fleisch und andere Gerichte. Kinder bis 7 Jahre essen umsonst (pro Erwachsener ein Kind!).

15 **El Ranchonda** (Lima, etwas außerhalb in Punta Negra, Tel. 094 649 118, elranchonda@gmail.com), Slow-Food-Restaurant, Zutaten u. a. aus dem eigenen Garten, viel Gemüse und Salate, ansonsten hausgemachte Pasta, Fisch, Meeresfrüchte, Fleisch und selbst gebackenes Brot. Unbedingt die Desserts probieren! Sehr freundliche Atmosphäre und zuvor-

kommender Service, manchmal Live-Musik, montags geschlossen.

13 **Café del Mar** (Rambla de los Ingleses / Suipacha, Tel. 4432 5222), Bar-Restaurant direkt am Strand in rustikalem Hütten-/Strohdachdesign und aus gutem Grund mit einer langen Bar ausgestattet: Die Cocktails sind exzellent! Aber auf keinen Fall darüber das Essen vergessen: Tapas, Pasta, Hamburger & Co. sind ebenfalls sehr gut und nicht weniger die Desserts!

5 **Heladeria El Faro** (Rambla de los Argentinos / Manuel Freire, Tel. 4432 2588), kein Tag am Strand von Piriápolis ohne Eis bzw. ohne das Eis dieser Eisdiele! Das Gebäude sieht von außen etwas unscheinbar aus und die Reklame eher übertrieben – aber das Eis (viele Sorten) hat wirklich Qualität! Im Sommer oft sehr voll.

MEIN TIPP: 10 **La Huerta de Martino** (Av. 25 de Mayo / Gral. Rondeau, Tel. 4432 0631, www.facebook.com/lahuerta.demartino), zum Konzept dieses Bio-Restaurants gehört es, dass man dem Koch bei der Arbeit zuschauen kann; serviert werden Fisch, Meeresfrüchte, Pizza, Fleisch und Salate. Die Portionen sind in der Regel so groß, dass eine für zwei Personen reicht. Von 18 bis 1 Uhr geöffnet. Für uruguayische Verhältnisse relativ teuer – für die Region nur knapp über dem Durchschnitt.

7 **Cervecería** (Av. Piria zwischen Ayacucho und Defensa, Tel. 4432 4434), nicht vom Namen irritieren lassen: Dies ist keine Brauerei, sondern eine Pizzeria; hier gibt es neben vielen verschiedenen Biersorten vor allem Pizza aus dem Steinofen. Die Pizza wird (wie oft in Uruguay üblich) eckig und am Meter verkauft – also auf große Portionen einstellen. Da das Lokal klein ist, sitzt man meist auf dem Bürgersteig.

14 **Kraken** (Rambla de los Ingleses / Montes de Oca, Tel. 4432 6134, www.facebook.com/restaurantekraken.piriapolis), in diesem Restaurant gibt es ein etwas anderes gastronomisches Angebot als sonst in Piriápolis üblich: Sushi, Tapas und Wein. So steht es zumindest auf der Karte vor dem Restaurant, es werden aber auch traditionelle Fisch- und Meeresfrüchtegerichte angeboten. Sehr stilvoll ausgestattetes Lokal und schöner Blick aufs Wasser.

An-/Weiterreise

- Über die R 10 rund 60 km von Atlántida, 120 km von Montevideo und 35 km von Punta del Este entfernt, ist Piriápolis an der Küste des Río de la Plata von allen Seiten sowohl mit dem **Auto** als auch mit dem Bus sehr gut zu erreichen. Ca. 80 km nördlich befindet sich Minas, die Hauptstadt des Departamento Lavalleja, die mit dem Badeort über die R 60 verbunden ist.
- Die **Busse** starten in Montevideo im Terminal Tres Cruzes und machen in Piriápolis Halt am Busbahnhof (Tel. 4432 2590) in der Calle A zwischen Plaza Artigas und Misiones. Die Gesellschaften, die Piriápolis mit Montevideo und Punta del Este verbinden, sind COPSA und COT. Ab Minas fährt COOM, Guscapar bestreitet die Verbindungen zu anderen Orten im Departamento Maldonado (u. a. auch zum Castillo de Piria und zum Cerro Pan de Azúcar).

Sonstiges

16 Die **Tauchschule Octopus** in Punta Fría (Tel. 094 401 878) hat ihren Sitz an der Mole Stella Maris und bietet Kurse für Anfänger und Fortgeschrittene sowie Exkursionen an.

17 An der Punta Colorada kann man bei der **Surfschule Tres Quillas** Unterricht nehmen (Tel. 099 580 771).

Minas

Als Minas 1783 unter dem Namen Villa de la Concepción de las Minas auf Befehl der spanischen Krone gegründet wurde, standen hier gerade einmal 40 Häuser über die Berge verteilt, in denen 152 **Siedler aus Galicien und Asturien** lebten. Die Region war reich an **Minen,** in denen Kupfer, Granit und Marmor abgebaut wurden. Nach der Unabhängigkeit richtete der junge uruguayische Staat 1837 das Departamento Lavalleja ein und Minas erhielt die Stadtrechte.

Minas Geschichte ist aus zwei Gründen wichtig für die Identität des Landes: Zum einen lebten hier lange vor der Entdeckung und Kolonialisierung durch die

spanische bzw. portugiesische Krone **Ureinwohner der Guaraní- und Charrúa-Stämme.** Zum anderen wurde **Juan Antonio Lavalleja** 1784 in Minas geboren. Er gilt heute als eine der zentralen Figuren für die Unabhängigkeit Uruguays, weil er mit den „33 Orientalen" am 19. April 1825 den Río Uruguay überquerte und gegen die brasilianischen Besatzer kämpfte. Dieses Ereignis wird jährlich am 19. April gefeiert.

Heute hat die Stadt knapp 40.000 Einwohner und ist **Regierungs- bzw. Verwaltungssitz des Departamento Lavalleja.** Hauptwirtschaftszweige sind Viehzucht und Landwirtschaft sowie Bergbau und Tourismus.

Sehenswertes

Das wichtigste Gotteshaus von Minas, die **Catedral de la Inmaculada Concepción,** die Marias unbefleckter Empfängnis gewidmet ist, steht in der Avenida Varela und ist eine der schönsten Sehenswürdigkeiten der Stadt. Wobei die Kirche innen eher nüchtern gestaltet ist.

Nur fünf Blocks weiter befindet sich das **Teatro Lavalleja** (José Batlle y Ordóñez 546 / Sarandí; Tel. 4442 4254), das im Jahr 1909 eröffnet wurde. Das klassizistische rote Backsteingebäude ist täglich einige Stunden für Besucher geöffnet und beherbergt das **Museo del Humor y la Historieta** (Museum des Humors und des Cartoons), das sich in seiner ständigen Ausstellung mit der über 100-jährigen Geschichte des Humors in den Cartoons, die in Uruguay *Historietas* heißen, beschäftigt. Zudem werden in dem Theater seit 1995 jährlich Uruguays Kulturpreise übergeben.

Im **Cerro y Parque Artigas** steht eine weitere „Artigas-auf-dem-Pferd-Statue", angeblich das größte Reiterdenkmal der Welt. Wichtiger ist die gute Sicht auf Minas und die Region, die der Park bietet.

Aktivitäten in der Umgebung

Cerro de los Cuervos

Die Sierras von Minas und Punta Ballena (s. o.) gelten als die landesweit besten Orte für Kletterer. In der **Sierra de Minas** ist das speziell am Cerro de los Cuervos möglich. Man gelangt an den zum **Klettern** vorgesehenen Hang über den Zeltplatz **Camping Laguna de los Cuervos** 10 km außerhalb von Minas in der **Zona Arequita** (Camino Valeriano Magri, Lavalleja; Tel. 4440 2746). Doch nicht nur klettern oder bergsteigen kann man in diesem Gebiet, auch fischen, wandern oder im **Río Santa Lucía** baden. Der Campingplatz verfügt auch über Bungalows und ist insgesamt sehr gut ausgestattet; vom Busbahnhof in Minas fahren Busse dorthin. Bevor man am Cerro de los Cuervos auf Klettertour gehen kann, ist es erforderlich, die Organisation La Muralla in Montevideo zu kontaktieren, die die dafür notwendige Erlaubnis erteilt (Tel. 099 233 989).

Cerro Arequita

Der Cerro Arequita befindet sich 12 km nördlich von Minas; man erreicht ihn ebenfalls über den **Camino Valeriano Magri.** Der 320 m hohe Berg aus Granitfelsen vulkanischen Ursprungs ist vor allem für seine **Grotten,** insbesondere die Gruta Colón, bekannt und von autochthonen Bäumen umgeben. Sein Name stammt aus dem Guaraní und bedeutet so viel wie „Fluss der hohen Steinhöhle". An einem Berghang befindet sich die **Isla de Ombúes,** die nach dem Bosque de Ombúes bei Cabo Polonio der zweitgrößte Ombú-Wald des Landes ist. Am Fuß des Berges lädt das Ausflugslokal **Parador y Restorán Mirador** zu einer Pause ein (gutes Essen) und organisiert auch Führungen zur Grotte und zur Spitze des Berges.

Parque Salus

Rund 10 km südlich von Minas (R 8 km 109,500) wurde dieser Park schon Ende des 19. Jahrhunderts angelegt. In ihm sprudelt eine Quelle, nach einer alten Legende **Fuente del Puma** genannt, die 1892 zusammen mit 62 ha Ländereien von dem Unternehmen Salus erworben wurde. Ab 1902 begann man hier, das Quellwasser in großem Maßstab abzufüllen und den Park weiterzuentwickeln, u. a. mit der Errichtung eines Lokals und eines Hotels.

uru015_070 lbo

Praktische Tipps

Information

■ **Oficina de Turismo,** Treinta y Tres s/n, Tel. 4442 9796, www.lavalleja.gub.uy, geöffnet 8–20 Uhr.

Übernachten

6 **Minas**② (Calle 25 de Mayo, zwischen Treinta y Tres und 18 de Julio, Tel. 4442 4272 / 094 610 487, www.hotelminas.com), Hotel mit schlichten und sauberen Zimmern, die den Eindruck erwecken, als würden sie v. a. von Geschäftsreisenden genutzt. Freundlicher Service. Nicht mehr, nicht weniger.

2 **Verdun**② (W. Beltrán 715, zwischen Florencio Sánchez und Sarandí, Tel. 4442 4563, www.hotelposadaverdun.com), Hotel bzw. Posada, ebenfalls einfach und sauber, mit hauseigenem Restaurant (Holzofen).

1 **Estancia Águila Blanca**③ (R 7 km 147,500, Polanco de Lavalleja, Cerro Colorado, Tel. 098 546 827, www.estanciaaguilablanca.com.uy), die Estancia Turística liegt gut versteckt an einem Stausee in den Sierras von Minas gut 1½ Std. nördlich der Stadt – ein sehr ruhiger Ort, der die alten Zeiten tatsächlich wieder aufleben lässt. Seit 2008 für Besucher geöffnet, die hier reiten, schwimmen, ru-

‹ Minas – Regierungs- bzw. Verwaltungssitz des Departamento Lavalleja

dern, lesen – und sich vor allem gut erholen und das Landleben *a lo uruguayo* genießen können. Nur wenige Zimmer, also im Voraus buchen!

7 **Cerro Místico**③ (R 12 km 346, Tel. 4440 3441 / 098 239 633, www.cerromistico.com), das ganze Konzept dieses relativ neuen Öko-Hotels ist auf Nachhaltigkeit und den Einklang mit der Natur ausgerichtet; Ziel ist es, die Gäste von ihren Stresssymptomen zu befreien, ihre Erholung zu fördern und ihr Bewusstsein zu erweitern. Naturmaterialien wie Steine, Holzfußböden (nur mit Olivenöl behandelt) und (Baum-)Wolle prägen das Haus, das nach den Regeln des Feng Shui eingerichtet ist. Nur wenige Kilometer außerhalb von Minas gelegen. Infinity Pool mit unendlichem Blick in die Sierras und den Valle del Hilo de la Vida (Tal des Lebensfadens).

Essen und Trinken

MEIN TIPP: **3** **Ki-Joia** (Calle Domingo Pérez / Calle Treinta y Tres, an der Plaza Libertad, Tel. 4442 5884), Grillrestaurant mit etwas gewöhnungsbedürftiger Einrichtung, die hauptsächlich in Rot und Weiß gehalten ist. Hier kommt alles auf den Teller, was man grillen kann, Gemüse ebenso wie Fleisch. Freundlicher Service. Ab 21 Uhr voll – entweder vorher erscheinen oder reservieren.

4 **El Ombú** (Treinta y Tres 457 / Domingo Pérez, Tel. 4442 2176), einfache Pizzeria, aber mit guter Pizza und Pasta, außerdem wird hier Eis verkauft, für das die Leute aus der ganzen Stadt kommen – Fazit: gutes Essen, freundlicher Service, faire Preise.

8 **Café del Paseo** (Rambla Esther Moré s/n, Tel. 4442 9933), Restaurant-Café – einfaches Lokal, einfache Küche, aber einen Besuch wert: Pizza, Chivitos, Hamburger und Hot Dogs. Das alles mit Blick auf den Arroyo San Francisco.

5 **Vieja Taberna** (18 de Julio / 25 de Mayo, Tel. 4442 2104), dieses Restaurant ist der richtige Ort, wenn man in Minas gutes Fleisch essen will; neben den typischen Grillgerichten besonders interessant: die lokalen Spezialitäten auf der Speisekarte.

An-/Weiterreise

- Minas liegt ca. 120 km von Montevideo entfernt. Die Stadt ist sehr gut an das Straßennetz des Landes angebunden, und auch viele Busse verbinden sie mit Montevideo, Punta del Este und anderen Städten. Mit dem **Auto** erreicht man Minas von Montevideo aus über die R 8, die weiter nach Treinta y Tres und Melo im Nordosten führt. Von Maldonado und Rocha gelangt man über die R 12 nach Minas, die sich kurz vor der Stadt mit der R 60 verbindet.
- Vom Busbahnhof Tres Cruces in Montevideo bedienen täglich zahlreiche **Busgesellschaften** Minas; dazu gehören CYNSA Núñez, Expreso Chago, EGA, Expreso Minuano, Corporación und Rutas del Plata (Fahrtzeit knapp 2 Std.). COOM verbindet Minas mit Florida und Punta del Este. Der **Busbahnhof** von Minas befindet sich an der Calle Treinta y Tres (zwischen Sarandí und Williman). Busse der Gesellschaften COSU, Ematur und Sierratur steuern vor allem Ziele im Departamento Lavalleja an.

Sonstiges

- Ein Autoverleiher ist **Minas Rent a Car** (R 8 / R 12, Tel. 4442 0190).

Salto del Penitente

Der **Wasserfall** befindet sich ca. 25 km nördlich von Minas an der R 8 (km 134). Nach der Abfahrt von der Ruta fährt man noch viele Kilometer bergauf und bergab, bevor man am Ziel angekommen ist. Aber die Sicht auf die gesamte Sierra lohnt die Anreise! Zum Schluss muss man den Wagen stehen lassen und noch einige Meter eine Steintreppe hinabsteigen, bevor man schließlich an den 20 m hohen Wasserfall gelangt, der von einem Felsmassiv umgeben ist.

Noch etwas weiter unten kann man ein Bad in einem kleinen See nehmen – sehr erfrischend!

Wieder zurück oben am Parkplatz bietet sich die Einkehr in das **Restaurant mit Panoramablick** an. Oder man fährt fort mit der Erkundung der Gegend. Folgt man den Schildern, gelangt man zu einem **Bergsee,** in dem man schwimmen kann. Mittlerweile ist der Salto del Penitente ein beliebtes Ausflugsziel, sodass die Gegend um ihn herum etwas erschlossen wurde. Reiten, Schwimmen und Wandern sind hier ebenso möglich wie Klettern. Man kann sich an einem dicken Draht über den Wasserfall ziehen lassen oder die Klettervariante Rappeling ausprobieren. Angeboten wird das alles von den Betreibern des **Parque Salto del Penitente** (www.saltodelpenitente.com), der auch einen Campingplatz und ein Hostel umfasst. Alles ist sehr einfach (!), aber auch sehr schön und bietet sich vor allem für diejenigen an, die ein echtes Naturerlebnis mit viel Abwechslung und Bewegung suchen. Die Preise variieren, daher am besten vorher nachfragen (Tel. 4440 3096 / 099 844 386, info@saltodelpenitente.com).

ᐳ Ventorrillo de la Buena Vista – viel Holz und ein Strohdach als organische Spiegelung von Landschaft und Architektur

Villa Serrana

Das kleine Dorf mit seinen in die Hügellandschaft der Sierra de Minas gesprenkelten Häusern und den Wiesen und Weiden außenrum liegt **zwischen den Arroyos Penitente und Marmarajá** jenseits der R8. An einem der beiden Arroyos ergießt sich ein kleiner (!) Wasserfall mit dem Namen Baño de la India.

Villa Serrana wurde erst 1945 gegründet, mit dem Ziel einer perfekten Harmonie von Gebäuden und Umgebung. Im Dorf gibt es nur ein Restaurant und einige kleine Läden. Alles ist sehr einfach. Man kann bei einem ausgedehnten Spaziergang Höhlen sehen, einen See mit kleiner Staumauer, man genießt eine beeindruckende Aussicht über die Landschaft und kann das Ganze auch auf dem Rücken eines Pferd erleben und erkunden.

Erbauer des Dorfes war der Architekt **Julio Vilamajó,** der es gemeinsam mit ausländischen Landschaftsarchitekten konzipiert hatte. Hinter allem stand die Idee, eine Lebenswelt zu schaffen, die das Lebensgefühl der Menschen in der Sierra de Minas widerspiegelt. Die Häuser sollten vor allem aus regionalen Materialien bestehen. Das kann man besonders gut an dem **Ausflugsrestaurant Ventorrillo de la Buena Vista** nachvollziehen, das sich am Hang des Cerro Guazubirá befindet und einen wirklich einzigartigen Blick über das ganze Tal und die Sierra dahinter ermöglicht. Der Ventorrillo wurde 1946 gebaut und gilt als eine der wichtigsten Arbeiten *Vilamajós* in Villa Serrana. Durch seine großen Fenster sieht man auch den künstlich angelegten See mit der Staumauer. Die Gestaltung des Gebäudes mit viel

Holz und einem Strohdach ist als organische Spiegelung von Landschaft und Architektur angelegt.

Zu dem Ventorrillo gehören auch fünf **Apartments,** die dafür gemacht sind, die Zeit zu vergessen, in die Natur zu gehen und den weiten Blick über das Tal zu genießen. Die Verpflegung erfolgt über das Restaurant, das ausschließlich Produkte der Region anbietet – und die besten *Alfajores* des ganzen Landes macht.

Um nach Villa Serrana zu gelangen, fährt man die R8 bis zum km 139, nimmt die Abfahrt rechts, folgt der Straße ca. 3 km bis zum Dorfeingang und durch das Dorf hindurch und kommt dann automatisch zum Ventorrillo de la Buena Vista.

Mein Tipp: Restaurante Ventorrillo de la Buena Vista② (Tel. 4440 2109, www.ventorrillodelabuenavista.com.uy).

uru015_071 lbo

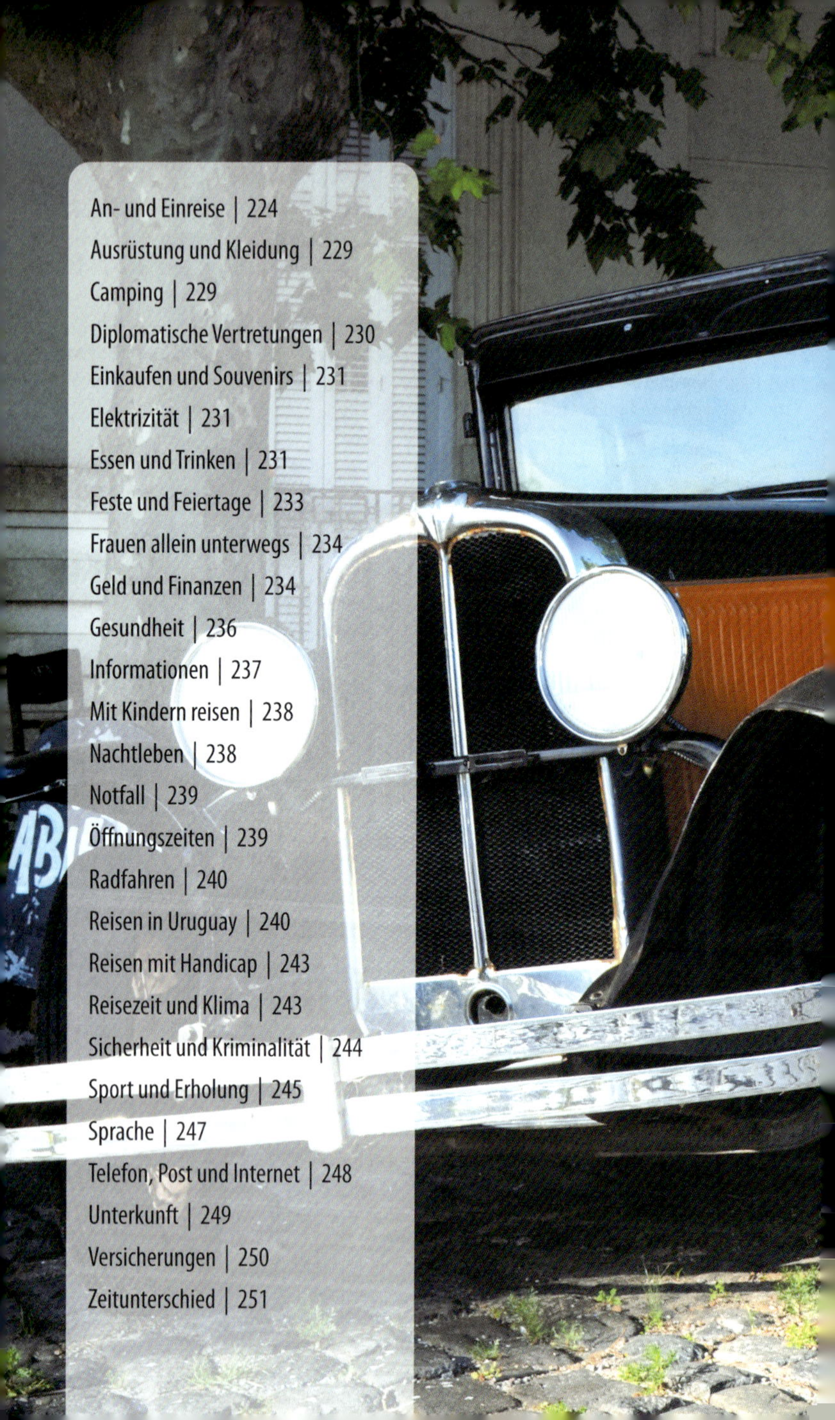

uru015_080 lbo

6 Praktische Reisetipps A–Z

Würdiger Vertreter einer zu Ende gehenden Epoche – Oldtimer in Colonia del Sacramento

An- und Einreise

Anreise mit dem Flugzeug

Der wichtigste internationale Flughafen von Uruguay ist der **Hauptstadtflughafen Aeropuerto Internacional de Carrasco.** Direktflüge gibt es aber weder von Deutschland noch aus Österreich oder der Schweiz. Mit Air Europa und Iberia via Madrid oder mit Air France via Paris bestehen aber sehr gute **Umsteigeverbindungen nach Montevideo,** und auch mit TAM über São Paulo gibt es gute Flugmöglichkeiten, ohne einen USA-Transit hinnehmen zu müssen.

Zum Aeropuerto Internacional de Carrasco bzw. der Ankunft in Montevideo siehe im Kapitel zur Stadt.

Flugpreise

Je nach Airline, Jahreszeit und Aufenthaltsdauer bekommt man ein Economy-Ticket von Deutschland, Österreich oder der Schweiz hin und zurück nach Montevideo für etwa **800 €** (inkl. aller Steuern, Gebühren und Entgelte).

Preiswertere Flüge sind mit Jugend- und Studententickets (je nach Fluggesellschaft alle jungen Leute bis 29 Jahre und Studenten bis 34 Jahre) möglich. Außerhalb der Hauptsaison gibt es einen Hin- und Rückflug von Frankfurt nach Montevideo für etwa 700 €.

Kinder unter zwei Jahren fliegen ohne Sitzplatzanspruch für 10% des Erwachsenenpreises, ansonsten werden für ältere Kinder die regulären Preise je nach Fluggesellschaft um 25–50 % ermäßigt. Ab dem zwölften Lebensjahr gilt der Erwachsenentarif oder ein besonderer Jugendtarif.

Buchung

Für Tickets der Linienfluggesellschaften findet man bei folgendem zuverlässigen Reisebüro meistens günstigere Preise als bei vielen anderen:

- **Jet-Travel,** In der Flent 7, 53773 Hennef, Tel. 02242 868606, www.jet-travel.de. Buchungsanfragen oder Onlinebuchungen auf der Website unter der Auswahl „Flüge".

Mini-„Flug-Know-how"

Check-in

Nicht vergessen: Ohne **gültigen Reisepass** kommt man nicht an Bord eines Flugzeuges! Kinder benötigen ein eigenes Ausweisdokument.

Bei den meisten internationalen Flügen muss man zwei bis drei Stunden vor Abflug am Schalter der Fluggesellschaft eingecheckt haben. Je nach Airline kann man das in der Regel ab 23 Stunden vor dem Flug **vorab zu Hause im Internet** erledigen und muss am Flughafen nur noch die ausgedruckte Boardkarte mit Barcode nach unten auf den Scanner legen und sein Gepäck am entsprechenden Schalter abgeben.

Das Gepäck

In der **Economy Class** darf man pro Person in der Regel ein Handgepäckstück bis zu 7 kg in die Kabine mitnehmen (nicht größer als 55 x 40 x 20 cm) und bei Bedarf zusätzlich ein Gepäckstück bis zu 23 kg einchecken. In der **Business Class** sind es pro Person meist zwei Handgepäckstücke (die insgesamt nicht mehr als 12 kg wiegen dürfen) und zwei Gepäckstücke á 23 kg zum Einchecken. Aufgepasst: Bei sogenannten Billigfluggesellschaften wie z. B. Ryanair gelten andere Gewichtsklassen. Man sollte sich beim Kauf des Tickets über die Bestimmungen der Airline informieren.

Beim Packen des **Handgepäcks** sollte man darauf achten, dass Getränke oder vergleichbare Substanzen (Gel, Parfüm, Shampoo, Creme, Zahnpasta, Suppe, Käse, Lotion, Rasierschaum, Aerosole etc.) nur in geringen Mengen bis zu jeweils 100 ml mit ins Flugzeug genommen werden dürfen. Diese Substanzen muss man separat in einem durchsichtigen Plastikbeutel (z. B. Gefrierbeutel) transportieren, den man beim Durchleuchten in eine der bereitstehenden Schalen auf das Fließband legt. Auch das Notebook oder Smartphone muss in eine solche Schale gelegt werden. Hat man einen Gürtel mit einer Schnalle aus Metall, muss man diesen ausziehen und ebenfalls in die Schale legen, da sonst in der Regel der Metalldetektor anschlägt und man vom Flughafenpersonal abgetastet werden muss.

Aus Sicherheitsgründen dürfen Nagelfeilen sowie Messer und Scheren aller Art, also auch Taschenmesser, nicht im Handgepäck untergebracht werden. Diese Gegenstände sollte man daheim lassen oder im aufzugebenden Gepäck verstauen, sonst werden sie bei der Sicherheitskontrolle einfach weggeworfen. Darüber hinaus gilt, dass leicht entzündliche Gase in Sprühdosen (Schuhspray, Campinggas, Feuerzeugfüllung), Benzinfeuerzeuge und Feuerwerkskörper etc. nicht im Koffer oder dem Handgepäck transportiert werden dürfen.

Vom Verschließen des Gepäcks mittels eines Vorhängeschlosses wird abgeraten, da das Gepäck vom Flughafenpersonal bei Auffälligkeiten durchsucht werden können muss.

Einreisebestimmungen

Für einen Aufenthalt bis zu 90 Tagen benötigen deutsche Staatsbürger lediglich ihren (bei der Einreise nach Uruguay) noch mindestens sechs Monate gültigen **Reisepass.** Will man länger bleiben, sollte man vorab ein Visum beantragen. Entscheidet man sich vor Ort für einen längeren Aufenthalt, kann dies im Land problemlos für weitere 90 Tage beantragt werden, oder man reist einfach für mindestens 24 Stunden in eines der angrenzenden Nachbarländer aus und dann wieder nach Uruguay ein – dies ist die gebräuchlichste Praxis unter Touristen.

Der **Kinderausweis** wird anerkannt. Dagegen sind Kindereinträge im Reisepass eines Elternteils seit 2012 nicht mehr gültig. **Minderjährige,** die allein oder nur mit einem Sorgeberechtigten reisen, brauchen eine vom zuständigen Konsulat auf Spanisch ausgestellte Ein-

Hinweis

Da sich die Einreisebedingungen kurzfristig ändern können, raten wir, sich kurz vor Abreise beim Auswärtigen Amt (www.auswaertiges-amt.de / www.bmeia.gv.at / www.eda.admin.ch) oder der jeweiligen Botschaft zu informieren.

verständniserklärung, die vom anderen oder beiden Sorgeberechtigten unterzeichnet ist.

Die **Einfuhr von Banknoten** (jedweder Währung) unterliegt keiner Begrenzung (häufig werden neben dem Peso Uruguayo auch der US-Dollar, der brasilianische Real, der argentinische Peso und manchmal sogar der Euro als Zahlungsmittel akzeptiert).

Folgende Artikel können **zollfrei eingeführt** werden: 400 Zigaretten oder 50 Zigarren bzw. 500 g Tabak, 2 l alkoholische Getränke sowie 5 kg Lebensmittel. Personen unter 18 Jahren sind zur zollfreien Einfuhr von 50% der angegebenen Mengen berechtigt.

Da viele **Tier- und Pflanzenarten** in ihrem Bestand gefährdet oder vom Aussterben bedroht sind, unterliegen aus ihnen gefertigte Souvenirs strengen Sonderbestimmungen, die im Einzelnen bei den uruguayischen Botschaften oder Konsulaten erfragt werden können.

Anreise aus Argentinien

Reisende, die ihren Uruguay-Urlaub mit einem Aufenthalt in **Buenos Aires** kombinieren möchten, könnten dorthin fliegen und dann **mit einer Fähre nach Uruguay übersetzen:** Bis Colonia del Sacramento dauert das max. 1 Std., bis Montevideo 3 Std. Die Unternehmen Buquebus (www.buquebus.com) und Colonia Express (www.coloniaexpress.com) bieten neben Fährverbindungen auch Transfers mit dem Bus nach Montevideo und Punta del Este an. Cacciola (www.cacciolaviajes.com) setzt von **Tigre** in Argentinien nach Carmelo über und hat auch Pauschalangebote, die die Weiterfahrt nach Montevideo bzw. Buenos Aires auf dem Landweg beinhalten. Die Preise aller Unternehmen variieren stark. Die Ticketbuchung im Internet ist in der Regel deutlich günstiger als der Kauf vor Ort am Hafen.

Aus-/Weiterreise nach Argentinien und Brasilien

Die Reise in eines der beiden Nachbarländer ist mit dem Pkw, Überlandbussen, dem Flugzeug oder einer Fähre sowie zu Fuß möglich. Dabei sind die **Grenzüberquerungen** generell **sehr unkompliziert** – auch für Touristen aus dem europäischen Ausland. Eine **Ausnahme** ist die **Überführung eines Mietwagens:** Aufgrund der sehr unterschiedlichen rechtlichen und versicherungstechnischen Situation sowie deutlich höherer Kriminalitätsraten untersagen die meisten Autovermieter in Uruguay generell einen Grenzübertritt nach Argentinien oder Brasilien – bei einem entsprechenden Vorhaben muss man sich also bei den Agenturen erkundigen.

Nach Argentinien

Von Montevideo kann man ab dem Busbahnhof Tres Cruces (www.trescruces.com.uy) den Bus nehmen, vom Fährhafen (Terminal Fluvio-Marítima), der sich auf dem Hafengelände der Stadt befindet, mit der Fähre (www.buquebus.com.uy) fahren oder vom Internationalen Flughafen Carrasco (www.aeropuertodecarrasco.com.uy) aus fliegen. Die Fähr-, Bus- und Flugverbindungen stehen auf den jeweiligen Websites bzw. sind telefonisch unter den dort angegebenen Nummern zu erfragen.

In **Colonia del Sacramento** (www.buquebus.com.uy, www.seacatcolonia.com) und **Carmelo** (http://cacciolaviajes.com/uy/) kann man ebenfalls die Fähre nehmen.

Von **Punta del Este** bzw. dem Aeropuerto Internacional de Laguna del Sauce nur wenige Kilometer westlich der Stadt (R 93 km 113, Tel. 4255 9777, www.puntadeleste.aero) gelangt man direkt nach Buenos Aires.

An der Westgrenze zu Argentinien entlang des Río Uruguay sind Auto und Bus weitgehend die einzigen Möglichkeiten. Von den Busbahnhöfen in **Fray Bentos** (Av. 18 de Julio, zwischen José P. Varela und Blanes, Tel. 4562 2737), **Paysandú** (Zorrilla de San Martín 630, Tel. 4722 3225) und **Salto** (Av. Batlle 2265, Tel. 4733 6200, www.saltoshopping.com.uy/terminal.php) fahren mehrmals täglich Busse nach Argentinien.

Nach Brasilien

An der Grenze zu Brasilien im Norden und Osten Uruguays gibt es mehrere Möglichkeiten, die Grenze zu überqueren: In **Artigas** kann man die Brücke nach Quarai zu Fuß, im Auto oder mit dem Bus (Av. Lecueder 472, Tel. 4772 2346, gegenüber der Plaza Andresito) kreuzen. In **Rivera** (das sich ohnehin auf beiden Seiten der Grenze befindet) kann man darüber hinaus vom Flughafen der Stadt, dem Aeropuerto Internacional de Rivera Presidente Gral. Oscar D. Gestido (Tel. 4622 4921, auch Aeropuerto Internacional Cerro Chapeau genannt) fliegen. Die Linien Aeromas und BQB verbinden Rivera mit Montevideo, Punta del Este sowie Curitiba (Brasilien).

Will man von **Chuy** am Atlantik nach Brasilien einreisen, ist dies ebenfalls zu Fuß, mit dem Auto oder dem Bus möglich. Einen Busbahnhof gibt es auf der uruguayischen Seite der Stadt nicht, Endhaltestelle für die Busse ist die Plaza General Artigas. Der Estação Rodoviária de Chuí auf der brasilianischen Seite der Stadt befindet sich in der Rua Venezuela 247 (Tel. 0055 5332 651 498).

Von **Punta del Este** (s. o.) kann man direkt nach São Paulo fliegen sowie in zahlreiche weitere brasilianische Städte wie Porto Alegre, Salvador da Bahía, Belem und Belo Horizonte (immer mit Zwischenstopp plus Flughafenwechsel in São Paulo).

Einreisebestimmungen für Argentinien und Brasilien

Für die bis zu dreimonatige Einreise nach Argentinien und Brasilien benötigen deutsche, österreichische und Schweizer Touristen **kein besonderes Visum.** Es reicht, die an der jeweiligen Grenze bzw. am Flug-/Fährhafen ausliegenden **Einreiseformulare** auszufüllen und mit dem gültigen Reisepass (mind. noch weitere sechs Monate zum Zeitpunkt der Einreise) dem Grenzbeamten auszuhändigen. Bei den Fährverbindungen von Uruguay nach Buenos Aires erfolgt das Prozedere bereits in den Häfen auf uruguayischer Seite. Für die Pass- und Sicherheitskontrolle sollte man eine bis eineinhalb Stunden einplanen, an den Wochenenden und vor bzw. an Feiertagen evtl. auch mehr.

Rückreisebestimmungen für Europa

Bei der Wiedereinreise in die EU und die Schweiz gelten verschiedene Freigrenzen, Verbote und Beschränkungen.

- Die wichtigsten **Freigrenzen** für die Einreise im Flug- und Seeverkehr sind: 200 St. Zigaretten oder 100 St. Zigarillos oder 50 St. Zigarren oder 250 g Rauchtabak (Reisende ab 17 Jahren); 1 l Spirituosen über 22 Vol.-% (ab 17 Jahren), 4 l nicht schäumende Weine, 16 l Bier und andere Waren zur persönlichen Verwendung oder als Geschenk im Wert von 430 Euro p.P. bzw. bei Reisenden bis 15 Jahre 175 Euro. Für Einreise in die Schweiz 300 SFr p.P.
- Bei Überschreitungen dieser Mengen- und Wertgrenzen müssen die Waren angemeldet und versteuert werden. Hierbei fallen **Abgaben** von 15% bzw. 17,5% des Kaufpreises (bis 700 Euro Warenwert) an. Bei Kaufpreisen über 700 Euro liegen die Abgaben zwischen 19% und 35%. Hohe Abgaben bei Zigaretten und Spirituosen!
- **Verbotene Waffen** sind u.a. Springmesser, Butterflymesser, Faustmesser, Schlagringe, Wurfsterne, Stockdegen, Stahlruten, ausländische Elektroschocker und Reizstoffsprays.
- Als **artengeschützte Produkte** gelten z.B. Korallen (auch am Strand gefundene), diverse Schnecken- und Muschelarten, Schlangen- und Krokodilleder, Elfenbein, Schildkrötenteile, Whisky mit eingelegter Kobra, verschiedene Tierfelle, Kakteen, Orchideen und bestimmte Kaviarsorten.
- Bei **Arzneimitteln** ist die Menge eines üblichen Drei-Monatseigenbedarfs erlaubt. Anabolika sind in jedem Fall verboten.
- **Markengefälschte Produkte** aller Art sind für den eigenen Gebrauch und als Geschenk in geringer Stückzahl erlaubt.
- Für **Drogen** gilt: Auch Kleinmengen sowie Hanfsamen, Kokatee und -blätter sind verboten, ggf. auch im Ausland gekaufte Medikamente.
- **Feuerwerkskörper** sind einfuhrverboten.
- Für **Fleisch, Wurst, Käse, Milchprodukte und Eier** aus Nicht-EU/EFTA-Ländern gilt ein generelles Einfuhrverbot.
- **Pflanzensanitäre Vorschriften:** Pflanzen mit Wurzeln oder Erde ohne Pflanzengesundheitszeugnis aus nicht-europäischen Ländern sind einfuhrverboten (nur aus Mittelmeeranrainerstaaten frei). Auch für bestimmte frische Früchte in größeren Mengen gelten Verbote.
- Für die Mitnahme von **Haustieren** gelten besondere Veterinärvorschriften.
- **Barmittel** über 10.000 Euro (bzw. Schweiz: 10.000 SFr) sind dem Zoll bei Aus- und Einreise schriftlich anzumelden.
- Für selbst aufgegebene **Postsendungen** gelten gesonderte Regelungen und eine Freigrenze von 45 Euro Warenwert. **Internetbestellungen** und Sendungen von Firmen über 22 Euro Warenwert sind abgabenpflichtig.
- Die Zollbestimmungen und die Steuersätze für die **Schweiz und Österreich** können von dem Gesagten etwas abweichen.

Nähere Informationen

- **Deutschland:** www.zoll.de
- **Österreich:** www.bmf.gv.at
- **Schweiz:** www.ezv.admin.ch

uru017_013 lbo

Ausrüstung und Kleidung

Da es **im Land alles zu kaufen** gibt, was man grundsätzlich braucht und auch speziell für eine Reise benötigt, ist es nicht notwendig, alles bis zum kleinsten Utensil oder Kleidungsstück schon aus Europa mitzunehmen. Man erhält die Dinge auch landesweit in Uruguay, in der Regel allerdings nur in den größeren Städten, oft auch etwas günstiger.

Die **Alltagskleidung** der Uruguayos ist sehr westlich und unterscheidet sich nicht von der europäischen Mode, ist also „casual wear" wie überall. Auch Behörden- oder Kirchenbesuche setzen keine „formelle" Kleidung voraus, aber Bikini oder Badehose sind natürlich fehl am Platz.

Eine **Landkarte** sollte auf jeden Fall ins Gepäck. In Deutschland, Österreich und der Schweiz ist die sehr gute Uruguay-Karte aus dem Reise Know-How Verlag erhältlich, in der im Maßstab 1 zu 1,2 Mio. neben Städten, Dörfern und Straßen auch alle Naturschutzgebiete, Flüsse, Seen, Berge etc. eingezeichnet sind. **Stadtpläne** und solche der Departamentos mit den jeweiligen Attraktionen (sowie Hotel- und Restaurantlisten) gibt es in allen Städten in den Informationsbüros für Touristen.

◁ Oldtimer in Colonia del Sacramento

Camping

Uruguay ist ein Paradies für Camper: Zeltplätze gibt es im ganzen Land und werden gern in Anspruch genommen. Reisende berichten unisono von einer **generell sehr familiären Atmosphäre** (ausländische Touristen werden z. B. trotz Sprachbarriere zum Grillen eingeladen). In der Regel ist die **Ausstattung sehr gut,** die (sanitären) Anlagen sind sauber. Die meisten Plätze verfügen neben kleinen Supermärkten (manchmal auch Bäckereien) über Pools, Fußball-, Volleyball- und Basketballplätze und bieten zum Teil voll ausgestattete **cabañas** (kleine Bungalows) zur Übernachtung an. Die **Übernachtungspreise** sind deutlich günstiger als in den Hostels oder Hotels: Pro Person und Nacht muss man mit 200–300 UR-$ rechnen, manche Plätze sind sogar kostenfrei; je länger der Aufenthalt, umso billiger wird es. Einige Campingplätze verfügen auch über Stellplätze für Wohnmobile. Alle Details erfährt man auf den Internetseiten der Campingplätze.

- Eine gute landesweite Übersicht vermittelt die Website **www.solocampings.com/uruguay** mit der Listung aller Plätze in Uruguay, inkl. direkter Verlinkung zu deren Websites.
- **Wild campen** ist in Uruguay verboten, wird aber anscheinend geduldet, glaubt man Camper-Foren wie www.hitchwiki.org/de/Uruguay. In jedem Fall sollte man den Ort der Übernachtung sauber verlassen: Die Strafen für Naturverschmutzung sind empfindlich hoch und Vergehen werden konsequent geahndet. Die Uruguayos haben verstanden, dass der (Öko-)Tourismus Geld ins Land bringt, aber entsprechender Voraussetzungen bedarf.

Diplomatische Vertretungen

Botschaften von Uruguay

- **Deutschland:** Budapester Str. 39, 3. Stock, 10787 **Berlin,** Tel. 030 2639016, urubrande@t-online.de; Generalkonsulat von Uruguay, Hochallee 76, 20149 **Hamburg,** Tel. 040 4106542, www.conuruale.de
- **Österreich:** Palais Esterhazy, Naglergasse 9, 3. Stock, 1010 **Wien,** Tel. 01 5356636, uruaustria@mrree.gub.uy
- **Schweiz:** Kramgasse 63, 3011 **Bern,** Tel. 031 3121400, conurusuiz@bluewin.ch

Vertretungen in Uruguay/Montevideo

Botschaft der Bundesrepublik Deutschland

- Plaza Alemania / La Cumparsita 1435, Tel. 2902 5222 und in dringenden Notfällen auch Tel. 099 204 207 (Wachpersonal) oder Tel. 099 642 859 (Bereitschaftsdienst), www.montevideo.diplo.de

Botschaft der Schweizerischen Eidgenossenschaft

- Plaza Gomensoro / Calle Ing. Federico N. Abadie 2936/40, 11. Stock Tel. 2711 5545, www.eda.admin.ch/montevideo

Honorargeneralkonsulat der Republik Österreich

- Calle Misiones 1381, Büro 102, Tel. 2915 5431, consaustria_mvd@hotmail.com

Vertretungen in Argentinien/Buenos Aires

Embajada de la República Oriental del Uruguay

- Av. Las Heras 1907, 15. Stock, Tel. 0054 (11) 4807 3040, urubaires@embajadadeluruguay.com.ar

Botschaft der Bundesrepublik Deutschland

- Villanueva 1055, Tel. 0054 (11) 4778 2500, www.buenos-aires.diplo.de

Botschaft der Republik Österreich

- French 3671, Tel. 0054 (11) 4809 5800, http://bmeia.gv.at/es/embajada/buenos-aires

Botschaft der Schweizerischen Eidgenossenschaft

- Av. Santa Fé 846, 12. Stock, Tel. 0054 (11) 4311 6491, www.eda.admin.ch/buenosaires

Vertretungen in Brasilien/Brasilia

Embaixada da República Oriental do Uruguay

- Avda. das Naçoes, Lote 14, Quadra 803 Sul, Tel. 0055 (0) 61 3322 4528, urubras@emburuguai.org.br

Botschaft der Bundesrepublik Deutschland

- Avda. das Nações, Lote 25, Quadra 807, Tel. 0055 (0) 61 3442 7000, www.brasil.diplo.de

Botschaft der Republik Österreich

- Avda. das Nações, Lote 40, Quadra 811, Tel. 0055 (0) 61 3443 3111, www.bmeia.gv.at/botschaft/brasilia.html

Botschaft der Schweizerischen Eidgenossenschaft

- Avda. das Nações, Lote 41, Quadra 801, Tel. 0055 (0) 61 443 5500, www.bra.rep.admin.ch

Einkaufen und Souvenirs

Im ganzen Land gibt es jede Menge **Geschäfte,** kleinere und größere, mit einem Sortiment, das keine Wünsche offen lässt. **Einkaufszentren** mit Läden, Cafés und Kinos nach US-amerikanischem Vorbild setzen sich in den größeren Städten immer mehr durch, viele Menschen verbringen hier sogar einen Teil ihrer Freizeit. Die Produkte haben Festpreise, Feilschen ist nur auf Flohmärkten üblich. Bezahlt wird in der einheimischen **Währung** oder in US-Dollar, im Norden auch mit brasilianischen Reales, im Süden auch mit argentinischen Pesos. Manchmal akzeptieren die Geschäfte sogar den Euro (1 € = ca. 30 UR-$). Geldkarten werden überall angenommen (nur ganz wenige Geschäfte bestehen auf Barzahlung). Zu den Öffnungszeiten vgl. das entsprechende Kapitel.

Beliebte Souvenirs sind traditionelle bzw. kunsthandwerkliche Erzeugnisse, die v. a. aus der Gaucho-Tradition kommen: Waren aus (Wild-)Leder, Woll- bzw. Alpakakleidung, Schuhe, Halbedelsteine (Schmuck) etc. Hinzu kommen (kulinarische) Mitbringsel wie Mate-Tee (obwohl das Kraut vollständig aus Brasilien importiert wird) oder z. T. hervorragende Weine.

Die **größte Auswahl** gibt es **in Montevideo** (siehe dort „Praktische Tipps/Einkaufen"), aber insgesamt ist festzuhalten, dass Kunsthandwerk auch für uruguayische Verhältnisse sehr hochpreisig ist und das Angebot in den Geschäften immer mehr abnimmt.

Elektrizität

Die Netzspannung ist die gleiche wie in Europa, Steckeradapter bzw. Spannungswandler sind nicht nötig. Die **Stromversorgung** ist weitgehend gut und **stabil** (keine Stromsperren, keine Unterversorgung). Aber: Beim Geldabheben am Automat bzw. bei Kartenzahlung kommt es immer mal wieder zu Übertragungsproblemen. Daher immer (!) ein ausreichendes Bargeld-Polster mitführen.

Essen und Trinken

Die Uruguayos sind Genießer und Familienmenschen – das gemeinsame Essen hat daher einen hohen sozialen Stellenwert und nimmt einen zentralen Platz in ihrem Leben ein. Während **Frühstück** (*desayuno;* Kaffee, Croissants, getoastete Sandwiches) und **Mittagessen** (Empanadas, Salat) eher mager ausfallen, ist das **Abendessen** *(cena)* üppig. Die Küche ist kreolischen Ursprungs *(comida criolla)* und stark von den spanischen und italienischen Einwanderern beeinflusst. Aus Italien stammen Pasta und Pizza, aus Spanien Meeresfrüchte und Fleisch. Ohnehin ist **Rindfleisch** Grundnahrungsmittel. Manche Restaurants servieren schon ab 10 Uhr Gegrilltes. Die Uruguayos sind große Freunde des **Asado,** des Grillens auf Holzkohle, zu dem verschiedene Fleischsorten gehören, auch Innereien. Ein weiteres traditionelles Gericht ist der **Chivito,** eine Art Burger mit einer Scheibe Rindfleisch

Grandiose Gewächse – Weine und Weingüter in Uruguay

Uruguay ist für die meisten Europäer nicht nur als Urlaubsland noch immer ein Insidertipp. Auch seine fantastischen Weine sind den meisten Menschen auf der anderen Seite des Atlantiks unbekannt. Tatsächlich ist die **Geschichte des Weinanbaus** am Río de la Plata (zumindest nach europäischen Maßstäben) ziemlich kurz. Die Basken hatten zwar bereits Ende des 18. Jahrhunderts die ersten Rebstöcke mit ins Land gebracht und angepflanzt, aber erst um 1870 begann der kommerzielle Anbau. So wie Australien, Südafrika, Chile und Argentinien liegt Uruguay zwischen dem 30. und 35. Breitengrad, aber sein **Klima** wird meist mit dem Bordelais verglichen, denn die frischen Winde des Río de la Plata und des Atlantiks sorgen (ähnlich wie an der Gironde) für kühle Nächte und eine gute Durchlüftung der Rebstöcke.

Die heute bevorzugt angebaute **rote Rebsorte** ist noch weit vor Merlot, Cabernet Sauvignon und Cabernet Franc sowie Syrah der **Tannat.** Rund 40% des in Uruguay erzeugten Weins wird aus ihm vinifiziert. Die Tannat-Traube (ursprünglich in Südfrankreich zu Hause) ist berühmt(-berüchtigt) für ihren sehr markanten Geschmack, und es bedarf echter Winzerkunst, diesen Kraftprotz zu zähmen.

uru015_074 lbo

Für die **Weißweine** werden viele verschiedene Rebsorten angebaut, u. a. Chardonnay, Chenin und Sauvignon Blanc, Gewürztraminer, Marsanne und Muskateller, Weißburgunder, Semillón, Viognier und Torrontés – sogar Riesling vinifizieren einige Weingüter, allerdings nur in sehr geringen Mengen.

Die rund **300 uruguayischen Bodegas** haben sich einen guten Ruf erworben und runden Ecken und Kanten ihrer Weine durch einen vorsichtigen Fassausbau bzw. durch den geschickten Verschnitt mit anderen Rebsorten ab.

In den 1990er Jahren hat man sich in Uruguay bewusst dazu entschieden, **Qualitätsweine** zu erzeugen, und die staatlichen Vorgaben (mind. 10,5 Vol.-% Alkohol, max. 0,80g/l Säuregehalt und max. 200 mg/l Schwefel) werden streng überwacht. Kein Wein soll ohne chemische Analysen und sensorische Tests eines staatlichen Labors (Laboratorio Tecnológico del Uruguay) das Land verlassen dürfen. Auf jeder Flasche befindet sich zudem eine Kontrollnummer, die vom Nationalen Institut für Weinanbau (Instituto Nacional de Vitivinicultura, INAVI) ausgegeben wird.

Vor zehn Jahren haben sich viele Weingüter zusammengetan und die **Asociación de Turismo Enológico del Uruguay** (Weintourismus-Verband Uruguay) gegründet. Seitdem können Interessierte unter freundlicher und fachkundiger Begleitung die Weinberge und -keller der Bodegas besuchen und ihre Weine verkosten.

und einer riesigen Menge Beilagen (eine Portion reicht locker für zwei). Seit einigen Jahren kommen auch **Vegetarier** auf ihre Kosten: Vegetarische Gerichte sind in vielen Restaurants selbstverständlich, es gibt auch immer mehr vegetarische Restaurants, und manche Supermärkte verkaufen Tofu und andere Sojaprodukte. Zum guten Essen gehört **Nachtisch:** Kuchen, Torte, Eis oder Milchspeisen – und fast immer in Kombination mit **Dulce de Leche,** einer Milch-Karamellcreme mit Vanillezucker.

Mate-Tee ist das Nationalgetränk Nummer Eins und wird in Thermoskannen überall mit hingenommen. Außerdem trinken die Uruguayos **Mineralwasser** (aus Flaschen, an vielen Orten kann man es aber auch unbedenklich aus der Leitung trinken), Kaffee und Wein (siehe Exkurs) bzw. Bier. Es gibt auch Spezialitäten wie *Medio y Medio* (trockener Weißwein mit Sekt) und *Clericó* (Wein gemischt mit Saft und Fruchtstücken). In einigen Orten wird auch sehr guter Tee serviert.

Die meisten **Restaurants** bieten landesübliche Gerichte an, vor allem Fleisch. Fisch und Meersfrüchte stehen natürlich in den Küstenorten auf der Karte. Viele Lokale haben sich auf italienische Küche spezialisiert, einige auf französische und einige wenige auf japanisches Essen (vor allem Sushi). Es ist üblich, ein **Trinkgeld** zu geben. Meist wird der Rechnungsbetrag etwas aufgerundet (max. 10%). Ohnehin verlangen fast alle Restaurants einen Zuschlag für Brot und Besteck, genannt **cubierto;** der muss gezahlt werden, auch wenn man das Brot nicht anrührt.

Für Touristen ist auch **Selbstversorgung** eine Option, aber nicht viel günstiger als das Essen in einfachen Restaurants, das gut und üppig angeboten wird. In den Supermärkten und Läden ist die Auswahl ähnlich wie in europäischen Geschäften. Obst und Gemüse vor dem Verzehr gründlich waschen – aber egal ob aus dem Supermarkt, an einem Straßenimbiss oder im Restaurant: Hygiene und Produktqualität sind generell einwandfrei!

Feste und Feiertage

Der wichtigste Feiertag ist der Nationalfeiertag und wird am **Unabhängigkeitstag,** dem 25. August (1825), begangen.

Weitere **Feiertage** sind: Neujahrstag (1. Jan.), Dreikönigstag (6. Jan.), Karneval, Gründonnerstag, Karfreitag, „Fiesta de la Patria Gaucha" (Osterwoche, die in Uruguay offiziell „Semana de Turismo" heißt), Landung der 33 Patrioten (19. April), Tag der Arbeit (1. Mai), Schlacht von Las Piedras (18. Mai), Geburtstag des Nationalhelden General *José Gervasio Artigas* / „Día del Nunca Más" (19. Juni), Tag der Verfassung (18. Juli), Ibero-Amerika- / Kolumbus-Tag (12. Okt.), Allerseelen („Dia de los Difuntos", 2. Nov.), Weihnachtsfeiertag (25. Dez.). Oft werden die Feiertage so geschoben, dass sie ein verlängertes Wochenende ermöglichen. Übrigens findet immer am ersten oder zweiten Oktoberwochenende im ganzen Land der **„Día del Patrimonio"** (dt: Tag des Nationalerbes) statt. Rund 2600 geschichtsträchtige Gebäude werden an diesen zwei Tagen für das Publikum zugänglich gemacht. Das gibt den Besuchern die Möglichkeit, großartige Architektur von innen zu besichtigen. Weitere Infos finden sich unter www.patrimoniouruguay.gub.uy.

Zu den lokalen **Festen** mit landesweiter Bedeutung gehören u. a. das nationale Weinfest „Festivál Nacional de la Uva" (Februar) in Carmelo, die „Fiesta del Mate y Día del Gaucho" (März) in San José de Mayo und das Bierfest „Semana de la Cerveza" (April) in Paysandú.

Frauen allein unterwegs

Für alleinreisende Frauen ist Uruguay ein **sehr angenehmes Land:** Wie bereits mehrfach erwähnt, sind die Menschen überall sehr freundlich, auskunftsfreudig und hilfsbereit, Männer tragen auf Bitte auch mal einen Koffer oder Rucksack, und die uruguayische Kultur ist insgesamt fortschrittlich und emanzipiert.

Dennoch treten uruguayische Männer wie andere Latinos auch Frauen gegenüber ebenso charmant wie direkt und ausdauernd auf, wenn sie Interesse an ihnen haben. Gerade **nach Einbruch der Dunkelheit** kann es für Frauen gefährlich(er als für Männer) sein, sich alleine zu bewegen – ganz gleich, ob in den Straßen der (Groß)Städte, am Strand oder auf dem Land. Das stellt aber mit Sicherheit keine uruguayische „Spezialität" dar. Hier empfiehlt sich immer der Anschluss an andere Reisende.

Es kommt immer wieder vor, dass Uruguayos Reisende (nicht nur Frauen) zum Essen zu sich nach Hause einladen. Oder sie bieten sogar an, bei ihnen (für eine kleine Bezahlung) zu wohnen. Diese **Einladungen** sind in der Regel ebenso herzlich wie großzügig und ohne Hintergedanken gemeint. Doch gibt es auch in diesem Fall (leider) keine Garantie, dass sie nicht doch ein Risiko bergen.

Wechselkurse (Juni 2017)

- 1 US-Dollar = 27,73 UR-$
- 1 € = 31,06 UR-$
- 1 SFr = 28,51 UR-$

Geld und Finanzen

Der **Peso Uruguayo (UR-$)** ist offizielles Zahlungsmittel in Uruguay. Aber gerade in Hotels und Restaurants, an Tankstellen oder in Geschäften kann auch mit US-Dollar, argentinischem Peso, dem brasilianischen Real oder manchmal sogar in Euro bezahlt werden. Ohnehin geben die meisten Hotels ihre Zimmerpreise in Dollar an. **Kredit- und Maestro-Karten** werden zwar meistens **akzeptiert,** aber Bankkarten mit dem **V-PAY-Logo** funktionieren in Uruguay **nicht. Geldautomaten** gibt es in jeder Stadt, manche nehmen aber keine Kreditkarten an, andere keine Debitkarten. Daher empfiehlt es sich, beide Varianten dabeizuhaben und **immer (!)** eine großzügige **Reserve Bargeld** mitzuführen. Das gilt auch für den Fall, dass die Internetverbindung der Geschäfte oder Banken zu langsam ist und deswegen die Kartenzahlung nicht funktioniert bzw. die Geldautomaten kein Geld auszahlen.

Achtung: Manche Reisende beklagen, dass ihre **Karten** von den Automaten **nicht akzeptiert** werden. Das kann an der Höhe des von ihnen eingegebenen Betrages liegen: Derzeit beläuft sich die Obergrenze bei Banred auf 300 US-$ oder 5000 UR-$, bei RedBROU auf 200 US-$ oder 5000 UR-$. Eine Möglichkeit ist, mit der Karte 300 US-$ (derzeit ca. 9000 UR-$) abzuheben und dann in einer Wechselstube zu tauschen.

Anders als in Deutschland geben die Geldautomaten zuerst das Geld aus, dann folgt die Karte. Sollte man die Geldkarte versehentlich stecken lassen, wird sie schon nach wenigen Sekunden wieder eingezogen. Vergessene internationale Debit- und Kreditkarten werden spätestens am nächsten Tag vernichtet, um Missbrauch vorzubeugen.

Ob und in welcher Höhe **Kosten für die Barabhebung** anfallen, ist abhängig von der die Karte ausstellenden Bank und von der Bank, bei der die Abhebung erfolgt. Man sollte sich vor der Reise bei seiner Hausbank informieren, mit welcher Bank sie vor Ort kooperiert.

Devisen kann man in fast jeder Stadt in den **Banken** oder **Wechselstuben** tauschen, Gebühren werden dafür erfreulicherweise keine erhoben, und die Kurse weichen nur wenig voneinander ab. Außerdem sind **Überweisungsdienste** wie MoneyGram und Western Union weit verbreitet, und während viele Banken nur von 13 bis 17 Uhr geöffnet haben bzw. andere von 12 bis 15 Uhr Mittagspause machen und an Wochenenden geschlossen sind, haben diese Dienstleister

Kiffen in Uruguay

Einen (nicht nur) für Lateinamerika **revolutionären Kurs** verfolgt Uruguay in der Drogenpolitik: Als weltweit erstes Land hat Uruguay 2013 nicht nur den Konsum von Marihuana/Haschisch **legalisiert bzw. entkriminalisiert,** sondern auch Anbau und Verkauf. Ein Regelwerk von 104 Paragrafen bestimmt die Details: Gestattet ist der Anbau von sechs weiblichen Pflanzen pro Person, sog. Marihuana-Clubs dürfen maximal 45 Mitglieder haben und insgesamt 99 Pflanzen anbauen, der persönliche Verbrauch darf maximal 40 Gramm pro Monat nicht überschreiten, der offizielle Verkauf findet in Apotheken statt. Der Preis pro Gramm wurde zunächst auf 20 bis 22 UR-$ festgelegt, umgerechnet um die 0,70 €. Minderjährigen ist der Cannabiskonsum weiterhin untersagt, und öffentliche Werbung für das Rauschmittel soll es auch nicht geben.

Vor der Gesetzesinitiative des Parlaments war ausschließlich der Konsum legal, aber weder der Eigenanbau noch der Verkauf. Und wie in fast jedem anderen Land der Erde blühte der Schwarzmarkt. Als nächstes plant die Regierung, die biochemische Beschaffenheit der Cannabispflanze weiter erforschen zu lassen und ihren medizinischen Nutzen zu fördern.

Um Missverständnissen vorzubeugen, abschließend noch der Hinweis, dass die Kiffer-Gesetze ausschließlich für uruguayische Staatsbürger gelten – eine „drogentouristische" Infrastruktur wie etwa in den Niederlanden mit seinen Coffeeshops (oder Ähnliches) ist weder vorhanden noch geplant. Zur (strafrechtlichen) Handhabung von Cannabiskonsum bei ausländischen Touristen liegen keine Informationen vor.

in der Regel sieben Tage die Woche (und viele von ihnen durchgängig) geöffnet.

Nicht nur der allgemeine Lebensstandard mutet (auf den ersten Blick) europäisch an, auch das **Preisniveau** ist **nur geringfügig niedriger als in Europa.** Lebensmittel (vor allem Fleisch) und Kleidung (besonders die Textilien aus Wolle und Alpaca) sind günstiger. Ansonsten kann man davon ausgehen, an einem Urlaubstag in Uruguay ähnlich viel Geld auszugeben wie in Europa. Zuletzt betrug die Inflationsrate rund 10%, es ist also von weiteren Preissteigerungen auszugehen.

■ Siehe auch **„Notfall"** zu den Themen Geldnot und Sperren von Geldkarten.

Gesundheit

■ Siehe auch **„Reise-Gesundheitsinformationen"** im Anhang und unter **www.crm.de.**
■ **Notrufnummer des Rettungsdienstes in Uruguay: 911.**

Vor der Reise empfiehlt das Auswärtige Amt, **Standardimpfungen** wie gegen Tetanus, Diphtherie und Keuchhusten, ggf. auch gegen Mumps, Masern, Röteln, Pneumokokken und Influenza zu überprüfen und ggf. zu vervollständigen. Als Reiseimpfungen werden Hepatitis A, bei Langzeitaufenthalt auch Hepatitis B, sowie nur im Einzelfall bei besonderer Exposition Tollwut und Typhus empfohlen. Eine Gelbfieberimpfung ist bei Reisen nach bzw. Reisen aus Uruguay in ein Drittland nicht erforderlich.

Uruguay gilt als **frei von Malaria.** Es hat aber in den vergangenen Jahren vereinzelt Meldungen über **Dengue-Fieber** gegeben.

Mit ins Gepäck gehört auf jeden Fall eine **Reiseapotheke,** die essenzielle Medikamente und Präparate enthält: so etwa ein Antibiotikum, eine Salbe/Gel bei Insektenstichen, Insektenschutzmittel, Medikamente gegen Erkältung, Übelkeit und Durchfall, zudem Schmerzmittel, Sonnencreme, Pflaster, elastische Binden, Mullbinden und Kompressen sowie eine Wundsalbe. Aber all das gibt es auch im Land! Viele Medikamente, die in Europa verschreibungspflichtig sind, können rezeptfrei erworben werden. Wichtig ist natürlich die Mitnahme spezifischer Medikamente und Hilfsmittel, auf die der Reisende grundsätzlich angewiesen ist.

Medizinische Versorgung

Die Gesundheitsfürsorge ist in Uruguay besser als in den meisten anderen Ländern Lateinamerikas, aber: Die Präsenz von Ärzten, Apotheken und Krankenhäusern nimmt von Montevideo zum Landesinneren hin stark ab. **Öffentliche Krankenhäuser** sind kostenfrei, Ärzte und Pflegepersonal gut ausgebildet (und schlecht bezahlt), aber die Ausstattung ist häufig veraltet und die Wartezeiten sind lang. **Private Kliniken** haben einen sehr guten Standard (auch im internationalen Vergleich) und stellen ihre Dienste in Rechnung. Nicht nur deswegen empfiehlt sich der Abschluss einer Auslandskrankenversicherung (mit Reiserückholversicherung; siehe entsprechendes Kapitel). Die deutschen Auslandsvertretungen stellen Listen der ihnen bekannten deutsch- und englischsprachigen **Ärzte** zur Verfügung, aber diese sind unverbindlich und ohne Gewähr. Bis zur Begleichung durch die Versicherung muss der Patient für alle Kosten selbst aufkommen.

Hygiene

In punkto Reinlichkeit und hygienischen Standards ist Uruguay **durchaus mit europäischen Ländern vergleichbar.** Die staatlichen Hygienevorgaben sind in jeder Hinsicht sehr streng und werden ebenso streng kontrolliert. Toiletten in den Ho(s)tels, Restaurants, Bars und auch auf Campingplätzen sind angenehm sauber, oft sogar mit Bidets ausgestattet – natürlich gibt es auch hier Ausnahmen. In wenigen Fällen trifft man auf Stehklos (wie sie sonst eher in Asien oder Afrika üblich sind). Es kann also nicht schaden, ein Päckchen Desinfektions- bzw. feuchte Hygienetücher mitzunehmen.

Lebensmittel **in Restaurants und Imbissen** sind in der Regel qualitativ einwandfrei und werden vor der Zubereitung gründlich gewaschen. Magen-/Darmprobleme sind daher wegen mangelnder Hygiene eher nicht zu befürchten. Doch auch hier kann es gerade im Hochsommer aufgrund der anhaltenden Wärme und evtl. Unterbrechungen in der Kühlkette zu Ausnahmen kommen.

Informationen

Angesichts der Tatsache, dass sich Uruguay neben den Touristen der Nachbarländer erst seit verhältnismäßig wenigen Jahren auf Besucher aus anderen Ländern einstellt, finden sich in den euopäischen Ländern (bislang) **keine Tourismusvertretungen.** Informationen kann man aber bei den uruguayischen Botschaften bzw. in den Konsulaten (siehe „Diplomatische Vertretungen") einholen. Außerdem präsentiert sich das Land regelmäßig auf der Internationalen Tourismusmesse ITB in Berlin.

Im Internet gibt es einige Tourismus-Portale zu Uruguay, die jedoch alle auf Spanisch, nur wenige auf Englisch und fast keine auf Deutsch abgefasst sind.

- **www.turismo.gub.uy** (auch engl.)
Eine der Websites des Tourismusministeriums.
- **www.uruguaynatural.com** (auch engl.)
Ebenfalls eine Seite des Tourismusministeriums mit Vorschlägen, um das Land kennenzulernen.
- **www.viajeauruguay.com**
Sehr gutes Tourismusportal mit vielen detaillierten Beschreibungen, Einführungen zu den einzelnen Destinationen und Suchmaske für Hotelsuche – leider nur auf Spanisch.
- **www.museos.gub.uy**
Museen in Uruguay.
- **www.cultura.montevideo.gub.uy**
und **www.cultura.mec.gub.uy**
Kultur(zentren) in Uruguay.
- **www.konsulaturuguay.de**
Website des uruguayischen Honorarkonsulats in Frankfurt am Main.
- **www.conuruale.de**
Website des uruguayischen Honorarkonsulats in Hamburg.

Viele (deutsche) **Reiseveranstalter** bzw. Touranbieter für Lateinamerika haben sich zu einer Arbeitsgemeinschaft zusammengeschlossen; Infos online unter **www.lateinamerika.org.**

In Uruguay befindet sich das **Tourismusministerium** *(Ministerio de Turismo y Deporte)* in Montevideo (Ecke Rambla 25 de Agosto de 1825 und Yacaré s/n, www.turismo.gub.uy).

Info-Stellen für Touristen *(Oficina de Turismo, Información Turística)* finden sich in jeder (größeren) Stadt und sind in diesem Reiseführer an Ort und Stelle genannt.

Zu touristischen Informationszwecken können in Uruguay auch **Zeitungen** (siehe „Land und Leute/Medien") konsultiert werden.

Mit Kindern unterwegs

Die Uruguayos sind absolute Familienmenschen und dementsprechend **kinderfreundlich.** Bei Warteschlangen in öffentlichen Gebäuden, Banken etc. haben Mütter und Väter mit Kleinkindern immer Vortritt. Urlaubsangebote, die auf Familien bzw. Kinder zugeschnitten sind, gibt es in großer Zahl. Viele Hotels haben eine **Kinderbetreuung** mit entsprechendem Programm, manchmal als *Club de niños* (Kinderclub) bezeichnet. In den Thermalbädern gibt es neben Kinderbecken mit Rutschen diverse (Abenteuer-)Spielplätze. *Estancias Turísticas* bzw. *Hoteles de Campo* haben neben den üblichen Reitangeboten ebenfalls ein entsprechendes **Kinderprogramm:** Es reicht von Kanufahren über das Melken von Kühen bis hin zu Kochkursen. Insgesamt steht die Versorgung für Kinder (Nahrung, Kleidung, Windeln, Ärzte etc.) dem europäischen Angebot in nichts nach und ist etwas günstiger.

Nachtleben

Das Nachtleben in den Städten und an der Küste bietet Spannung und Entspannung zugleich. Es ist **vielfältig, beginnt spät** und endet meist nicht vor Sonnenaufgang. Neben den zahlreichen Bars, Pubs, Clubs und Diskotheken können Theater- und Ballettaufführungen oder Konzerte besucht werden. Und nicht zu vergessen: Tango, egal ob als Vorführung oder als Milonga in den Tangoclubs, bei der man selbst tanzen kann. **Boliche** bezeichnet übrigens alle Lokalitäten des Nachtlebens, in denen man auch tanzen kann – das muss nicht notwendigerweise ein Club oder eine Diskothek sein.

Geht man abends bzw. nachts aus, darf die **Kleidung** ruhig etwas lässiger bzw. schicker ausfallen. Es muss nicht hochmodern, teuer oder formell sein, sondern einfach nett anzusehen und gerne auch bequem. Ein Tipp für Männer: Hosen lang, nicht kurz! Das gilt aber nur für die Städte oder die Orte im Landesinneren. An der Küste sind Shorts nicht unüblich. Ein Tipp für Frauen: Kleider oder Röcke sind immer gerne gesehen. Die Uruguayas mögen es gerne sexy, aber sie zeigen nicht zu viel Haut. Hotpants oder zu kurze Miniröcke gelten nicht unbedingt als schick.

Notfall

Landesweite Notrufnummern

- **Polizeipräsidium:** 1909 und 908-9101
- **Polizei:** 999 und 109, **Funkstreife:** 109
- **Touristenpolizei** (saisonal): Notruf 911; Montevideo, Colonia 1021, Tel. 0800 8226; Punta del Este, 2 de Febrero / Mareantes, Tel. 4244 1991
- **Rettungsdienst:** 911
- **Feuerwehr:** 104
- **Krankenwagen:** 105 und 400-11-11
- **Ärztlicher Notfalldienst (SEMM):** 159, 711-1111
- **Einheit Cardio Atemwege (UCAR):** 480-9090
- **Mediziner Notruf (CPS):** 901-12-23, 901-1333
- **Drogen-Infotelefon:** 402-8639
- **Vergiftungen:** 487-4000
- **ASEPO (Hilfe für HIV-Infizierte):** 401-4701
- **AIDS-Linie:** 402-1010
- **Unterstützung für weibliche Gewaltopfer:** 401-4177
- **SOS für Frauen:** 401-36-25
- **Seenot-Rettungsdienst (MRCC):** 1701

Ratsam ist es, die Notrufnummer der eigenen **Auslandskrankenversicherung** parat zu haben; sie ist oft rund um die Uhr und das ganze Jahr über erreichbar. Als Ansprechpartner im Notfall stehen dann Ärzte bzw. speziell geschulte Telefonhelfer sowie ein weltweites Netzwerk aus Krankenhäusern, Rücktransportunternehmen und Korrespondenten bereit.

Sperren von Geldkarten

Bei Verlust oder Diebstahl der Kredit- oder Debitkarte sollte man diese umgehend sperren lassen. Für deutsche Debit- und Kreditkarten gibt es die **einheitliche Sperrnummer 0049 116 116** und im Ausland zusätzlich 0049 30 4050 4050. Der TCS (Schweiz) betreibt einen Kartensperrservice; Infos unter Tel. 0844 888 111. Ansonsten gelten für österreichische und schweizerische Karten:

- **Maestro/Bankomat,** (A-)Tel. 0043 1 204 8800; (CH-)Tel. 0041 44 2712230, UBS: 0041 800 888 601, Credit Suisse: 0041 800 800488.
- Für **MasterCard, VISA, American Express** und **Diners Club** sollten Österreicher und Schweizer sich vor der Reise die Rufnummer der die Kreditkarte ausstellenden Bank notiert haben.

Wer dringend eine größere Geldsumme benötigt, kann sich zum Beispiel **über Western Union oder MoneyGram Geld schicken lassen.** Je nach Höhe der Summe muss der Absender eine bestimmte Gebühr zahlen.

Öffnungszeiten

Die meisten **Geschäfte** und Supermärkte öffnen von 9 bis 12 bzw. 13 Uhr, schließen dann drei (!) Stunden und öffnen wieder von 15 / 16 bis 20 / 21 Uhr. Viele Supermärkte sind auch sonntags geöffnet. **Einkaufszentren** (sie nennen sich *Shopping*) sind meist durchgängig von 10 bis 21 bzw. 22 Uhr geöffnet, am Wochenende evtl. bis 23 Uhr. **Museen** öffnen unter der Woche häufig erst nachmittags (14–20 Uhr), am Wochenende von 11 bis 17 / 18 Uhr; Montag (und Dienstag) ist meist Ruhetag. Achtung: **Banken** öffnen montags bis freitags nur

dann auf 5 bis 15 Grad, manchmal sogar bis unter den Gefrierpunkt.

Man sollte Uruguay nie ohne Regenkleidung bereisen, da sich die ca. 100 **Regentage** meist gleichmäßig über das ganze Jahr verteilen. Ganz wichtig: Uruguays flache Oberfläche begünstigt den **Pampero,** einen (stürmischen) Südwestwind, der für den schnellen Wechsel von Sonne und Regen sorgt.

Die **Hauptsaison** konzentriert sich auf die Zeit **von Mitte Dezember bis Ende Januar,** dann sind auch die meisten Touristen im Land, hauptsächlich Brasilianer und Argentinier. Warm ist es von Oktober bis Ende März. Man bedenke, dass die Hauptsaison deutlich teurer ist, die Zimmerpreise steigen dann (vor allem in den Strandorten) mindestens um das Dreifache. Da Uruguay so viel auf so kleinem Raum zu bieten hat, lohnt sich das Land ohnehin zu jeder Jahreszeit als Reiseziel – wenn es denn nicht unbedingt ein Badeurlaub sein muss. Aber selbst im Winter kann man Kitesurfen oder Wellenreiten. Die kleinen Kolonialorte und Fischerdörfer, Estancias und Weingüter und natürlich Montevideo mit all seinen Möglichkeiten lohnen immer einen Besuch. Die Jetset-Destination Punta del Este versinkt zwar in den Monaten von (spätestens) April bis einschließlich Oktober regelmäßig in einen tiefen Dornröschenschlaf, ist aber auch dann einen Aufenthalt wert. Einer der (touristischen) Höhepunkte ist auf jeden Fall der Karneval, der im ganzen Land gefeiert wird. In manchen Städten dauert er bis zu einem Monat, in Montevideo sogar 45 Tage.

Will man Uruguay in seiner ganzen Vielfalt genießen, ohne zu viel Geld auszugeben und ohne Schwierigkeiten bei der Zimmersuche zu haben, sind die Frühjahrs- und Sommermonate vor und nach der Hauptsaison **optimal,** also **November, die zweite Februarhälfte und März.** Im Meer und in den Seen bzw. Lagunen kann man ab etwa (Mitte) November baden.

Klimatabelle

- www.beste-reisezeit.org

Sicherheit und Kriminalität

Uruguay gehört zu den mit Abstand sichersten Ländern Lateinamerikas. Gerade an den Küsten und im Landesinneren ist die Kriminalität verschwindend gering. Die allgemeine Sicherheitslage ist vergleichbar mit der in Deutschland, Österreich oder der Schweiz. Aber: Laut Polizeistatistik des uruguayischen Innenministeriums hat gerade die **Kriminalität in Montevideo** in den vergangenen Jahren zugenommen. Dabei liege der Schwerpunkt auf Raub- und Diebstahlsdelikten (zunehmend mit Waffengewalt), kritisch seien vor allem die Altstadt (Ciudad Vieja) und das Zentrum, insbesondere abends nach Geschäftsschluss. Aber auch in den Ausgehvierteln Punta Carretas und Pocitos komme es vermehrt zu Überfällen. Generell solle man sich zu Fuß möglichst in Gruppen bewegen und Handtaschen, Fotoapparat und Schmuck möglichst nicht oder zumindest nicht sichtbar tragen. Auch im Umfeld der Hostels rät der Bericht zu besonderer Vorsicht. Sowohl in Montevideo als auch in Punta del Este wird saisonal eine Touristenpolizei eingesetzt (siehe „Notfall“).

Prostitution ist in Uruguay legal. Sie findet in Bordellen, Stundenhotels und auf Straßenstrichen statt. Männer und Frauen ab 18 können als Prostituierte arbeiten, wenn sie sich vorher registrieren lassen und danach regelmäßige Gesundheitschecks absolvieren. Wie alle anderen Arbeitnehmer auch sind Prostituierte in Uruguay sozialversichert. Bei den SexarbeiterInnen auf den Straßenstrichen kann man davon ausgehen, dass sie sich keinen Gesundheitskontrollen unterziehen. Anders als Prostitution sind Zuhälterei und die sexuelle Ausbeutung von Erwachsenen, Jugendlichen und Kindern illegal. In den vergangenen Jahren hat es einen verstärkten Zuzug von Prostituierten aus den karibischen Ländern gegeben, da sie kein Visum benötigen und Freier in Uruguay deutlich mehr bezahlen müssen als in ihren Heimatländern.

Um die **Drogenkartelle** und die mit ihnen verbundene Kriminalität zu bekämpfen, sind Anbau und Verkauf von Marihuana legalisiert worden (siehe entsprechenden Exkurs).

Aktuelle **Reisehinweise** neben Hinweisen zur allgemeinen Sicherheitslage erteilen die **Auswärtigen Ämter:**

- **Deutschland:** www.auswaertiges-amt.de, Tel. 030 18172000
- **Österreich:** www.bmeia.gv.at, Tel. 01 901154411
- **Schweiz:** www.eda.admin.ch, Tel. 0800 247365

Sport und Erholung

Ein großer Teil des Lebens spielt sich im öffentlichen Raum bzw. in der freien Natur ab: in den Parks, am Strand, auf dem Land, im Wasser. **Sport hat einen hohen Stellenwert.** Die Menschen angeln, spielen Basketball, Fußball oder Volleyball, fahren Rad oder Kanu, golfen, joggen, surfen, klettern, reiten, rudern, schwimmen, tauchen, wandern, machen Rafting oder Yoga und gehen ins Fitnessstudio. **Fußball** (aktiv und passiv) ist definitiv der Nationalsport der zweifachen Weltmeister-Nation, um nicht zu sagen: eine Religion (siehe entsprechenden Exkurs in „Land und Leute“).

Überall im Land gibt es zahllose Möglichkeiten der sportlichen Betätigung. Sportausrüstung kann man in der Regel ausleihen. Allerdings findet man **nur selten** eine **Infrastruktur** mit Läden, Ständen, Verleihern etc. Organisation und/oder Vermittlung finden meist in den Ho(s)tels und auf den Campingplätzen statt. Sie bieten zum Teil auch selbst Aktivitäten an. Vor allem aber verfügen sie über eine Reihe von Dienstleistern (meist Familienmitglieder, Verwandte und Freunde), die den Touristen „auf Bestellung“ mit Pferden, Fahrrädern, Surfbrettern etc. versorgen. Die Besitzer und Angestellten der Unterkünfte betonen auch oft, dass von Touristen gewünschte Aktivitäten, die sich nicht in ihrem regulären Angebot befinden, jederzeit zusätzlich organisiert werden können. Viele Uruguayos bieten Wassersport(unterricht) auch oft spontan an den Stränden an. Sie sind aber nur in den wenigsten Fällen und dann auch nur in der Hochsaison verlässlich Tag für Tag anwesend. Die Preise unterscheiden sich kaum.

Außerdem lohnt für eine Übersicht der lokalen und regionalen Angebote ein Besuch bei den **Tourist-Infos;** sie halten oft Adresslisten bereit und geben auch Empfehlungen, manchmal machen sie auch direkt Termine aus. Zudem versorgen sie Touristen mit Karten und aktuellen saisonalen Empfehlungen.

Außerdem hat **Golf** Einzug in das Leben vieler Uruguayos gehalten, das Land gilt bereits als „Geheimtipp" unter Golfern (s. u.). Und wer es sich leisten kann, geht zum **Pferderennen:** Das Hipódromo de Maroñas (Montevideo, José María Guerra 3540, Tel. 2511 7777, www.maronas.com.uy/hipodromos; Samstag- und Sonntagnachmittag) und Las Piedras (Montevideo, Av. Artigas, Parque Artigas, Tel. 2366 0904, www.hipodromolaspiedras.com.uy; donnerstags und am Wochenende) sind die zwei größten Rennbahnen.

Mitten ins Glück: Golfen in Uruguay

Auch wenn Fußball Volkssport Nummer Eins ist, scheint Golf wie gemacht für das weite, flache Land mit seinen üppig grünen Wiesen. Uruguay beherbergt **einige der bekanntesten Golfplätze Südamerikas,** zum Teil umgeben von Flüssen, dem Meer oder Hügeln. Im Land finden sich derzeit über zehn exklusive Golfplätze in perfektem Zustand (z. B. in Montevideo, Punta del Este, Colonia del Sacramento und Carmelo), die von namhaften Architekten entworfen wurden. Die Golfer-Vereinigung des Landes, die **Asociación Uruguaya de Golf,** wurde 1950 gegründet und ist für die Organisation der nationalen und internationalen Turniere im Land verantwortlich, die in verschiedenen Kategorien veranstaltet werden.

Hiking, Trekking oder Senderismo? Wandern in Uruguay

Paseos, caminatas, trekking oder *senderismo:* Es gibt viele Begriffe für das Wort Wandern – auch in Uruguay. Vielleicht weil es im Land so **viele Möglichkeiten** gibt: Wandern in Weinbergen, -feldern oder -gärten, über Dünen oder am Strand entlang, über die Grenze nach Brasilien (und wieder zurück), durch Schluchten, entlang der Flüsse, Bäche, Lagunen, Stauseen und Ströme, in den Nationalparks oder über Felder, Wiesen und Weiden. Egal ob zu Fuß, mit dem Rad, dem Kanu oder auf dem Rücken eines Pferdes.

Eine gute erste **Übersicht** über die Vielfalt der Möglichkeiten bietet die **Wikiloc-Website** http://es.wikiloc.com/rutas/senderismo/uruguay, auf der User die von ihnen selbst erwanderten Strecken eintragen und zum Teil auch beschreiben. Die Website ist zwar auf Spanisch abgefasst, aber dennoch leicht zu verstehen, und sie hat den Vorteil, dass sie auch die zu bewältigenden Höhenmeter direkt mit anzeigt.

Um die besten Wanderrouten kennenzulernen, ist es am einfachsten, die

Touristeninformationen vor Ort aufzusuchen und sich Strecken (entsprechend der persönlichen Kondition, der jeweiligen Saison etc.) empfehlen zu lassen. Auf diese Weise erhält man neben Karten in der Regel auch gute Tipps, was man bei der Wanderung mit sich führen sollte und ob bzw. welche speziellen Herausforderungen die Strecken bereithalten.

Sprache

Die Uruguayos lieben ihr Land und ihre Sprache, das Río-de-la-Plata-Spanisch (**Castellano Ríoplatense**) mit seinem italienischen Singsang. Es ist noch nicht lange her, dass die Menschen begonnen haben, sich anderen Sprachen wie **Englisch** zu öffnen bzw. sie auch sprechen oder zumindest verstehen. Mittlerweile aber kann man sich als Tourist fast überall mit Englisch verständigen – oder eben mit Hand und Fuß. Dort wo die Sprache noch eine Barriere ist, überwindet die außergewöhnliche Freundlichkeit und Hilfsbereitschaft der Menschen Grenzen. Uruguay-Reisende aus allen Generationen berichten, dass sie ganz ohne Spanisch- und Englischkenntnisse das Land entspannt bereist haben.

An den Grenzen zu Brasilien sprechen viele Menschen neben dem Castellano Ríoplatense auch **Portuñol,** eine Mischung aus Spanisch und Portugiesisch. Ohnehin kommt man mit Portugiesischkenntnissen sehr weit, da es aufgrund seiner Ähnlichkeit zum Spanischen jeder versteht – und die Uruguayos durch die Millionen brasilianischen Touristen die Sprache oft hören.

Für Reisende ohne jegliche Spanischkenntnisse ist die **Mini-Sprachhilfe** im Anhang dieses Buches mit wichtigen spanischen Begriffen eine Basis für eine erste Verständigung.

Bedingt einsatzbereit …

uru015_077 lbo

Buchtipp: Wer sich ausführlich, praxisnah und didaktisch verständlich mit dem Castellano Ríoplatense beschäftigen möchte, sei auf den Sprachführer **„Spanisch für Uruguay – Wort für Wort"** (Reihe Kauderwelsch, Reise Know-How Verlag, Bielefeld) verwiesen. Er enthält auch Ausspracheregeln und wichtige Redewendungen.

Telefon, Post und Internet

Telefon

Uruguays **Landesvorwahl** ist **00598,** von Uruguay nach Deutschland ist 0049 vorzuwählen, nach Österreich 0043 und in die Schweiz 0041.

Alle **Telefonnummern** von Festnetzanschlüssen in Uruguay sind grundsätzlich achtstellig und beginnen überall mit einer 4 – nur in der Hauptstadt Montevideo ist die Anfangsziffer eine 2. Die Vorwahlen der (großen) Städte sind nicht einheitlich, sondern unterscheiden zusätzlich noch die jeweiligen Stadtgebiete; alleine Montevideo hat angesichts seiner Größe fünf verschiedene Vorwahlen (die aber jeweils in der achtstelligen Rufnummer integriert sind). Ruft man aus dem Ausland eine Festnetznummer in Uruguay an, muss man vor der achtstelligen Nummer die 00598 wählen, die Anschlussnummer selbst ändert sich nicht. Die Nummern der Mobiltelefone beginnen inzwischen grundsätzlich mit einer 0 und sind insgesamt neunstellig, nachdem noch bis vor wenigen Jahren einige der Anbieter eine 9 an die erste Stelle gesetzt hatten. Die ersten drei Ziffern sind die der jeweiligen Mobilfunkgesellschaft gefolgt von der Nummer des Anschlussinhabers. Ruft man aus dem Ausland in Uruguay an, muss man zuerst die 00598 wählen und die erste 0 der Mobilnummer weglassen.

Mobiltelefon

Die Möglichkeit, in Postämtern, Telefonzellen oder Locutorios (Telefonläden) telefonieren (bzw. faxen) zu können, geht drastisch zurück. Aufgrund der **hohen Handy- bzw. Smartphone-Dichte im Land** und den vielen kostenlos nutzbaren WiFi-Anschlüssen (= WLAN) ist man gut beraten, auch aus Kostengründen, das eigene Mobiltelefon auf seiner Reise zu nutzen. Falls das Mobiltelefon SIM-lock-frei ist, d. h. keine Sperrung anderer Provider vorhanden ist, kann man sich problemlos eine **Prepaid-SIM-Karte** eines uruguayischen Mobilfunkanbieters besorgen und so zum landesweit üblichen Tarif telefonieren bzw. das Internet nutzen. Der staatliche Anbieter ANTEL ist in den meisten Städten gleich mit mehreren Geschäfte vertreten, die Adressen erfährt man in den Touristen-Informationen.

Roamingverträge für die Nutzung von Handys haben E-Plus, O2, Telekom und Vodafone mit Anbietern in Uruguay. Wegen hoher Gebühren sollte man auf der Website seines Anbieters nachschauen, welcher Roamingpartner günstig ist und diesen per manueller Netzauswahl voreinstellen. Nicht zu vergessen sind die Kosten der Rufweiterleitung ins Ausland, die der Empfänger bezahlt (also Mailbox evtl. abstellen). Der Empfang von SMS ist in der Regel kostenfrei.

Besonders gewarnt seien Nutzer von **Smartphones,** denn die Nutzung des Datapacks im Ausland ist mit horrenden Kosten verbunden. Empfehlenswert und preiswert ist das Nutzen von Skype zum Telefonieren, z. B. in Internetcafés mit DSL, oder auch die Internetverbindung per Handy über eine kostenlose WiFi-Verbindung im Hotel oder Café.

Post

Egal ob Postkarte, Brief oder Paket – **Luftpost** ist im Allgemeinen fünf Tage nach Europa unterwegs. Postlagernde Sendungen sollte man sich an das Hauptpostamt in Montevideo schicken lassen, dort werden sie bis zu einem Monat aufbewahrt.

Das **Porto** nach Europa beträgt 50 UR-$ für einen einfachen Brief (bis 20 g), für bis zu 100 g sind 120 UR-$ zu bezahlen und 900 UR-$ für ein bis zu 2 kg schweres Päckchen. Einschreiben beginnen bei 300 UR-$.

Internet

In den Städten und Touristenorten bzw. dort in fast allen Restaurants, Hotels und Bars und selbst auf Campingplätzen gibt es **kostenloses WLAN** (WiFi genannt), was zur Folge hat, dass die Zahl der Internetcafés (Cibercafé, Cybercafé) zurückgegangen ist. In manchen Hotels, Hostels, Posadas und Estancias steht an einem zentralen Ort ein Computer mit Internetzugang für die Gäste.

Unterkunft

In den letzten Jahren hat der Tourismus im Land stark zugenommen und mit ihm die Anzahl der Unterkünfte – **in allen Kategorien:** Von einfachen, kleinen Hostels und Hotels über Estancias, Posadas und Boutique-Hotels bis hin zu Häusern der absoluten Luxusklasse steht den Besuchern ein breites Spektrum zur Verfügung. In der Regel sind alle mit eigener Website im Internet vertreten. Eine **Buchung im Voraus** ist grundsätzlich empfehlenswert, ganz gleich ob per Telefon, Mail, über eine der zahlreichen Hotelsuchmaschinen im Internet oder über einen Reiseanbieter bzw. -veranstalter, die natürlich auch bei der Planung und Durchführung einer Rundreise behilflich sind. Natürlich kann man sich eine Unterkunft auch direkt vor Ort suchen. Das ist aber in der Hochsaison von Mitte Dezember bis Ende Januar absolut nicht zu empfehlen, da womöglich alles ausgebucht oder zumindest sehr viel teurer ist. In der Nebensaison und für den Rest des Jahres kann es wiederum passieren, dass ein Hotel geschlossen ist, weil nicht genügend Nachfrage besteht. Daher immer vorher kontaktieren, selbst wenn man nicht verbindlich bucht.

Estancia-Urlaub

Turismo Rural, sprich „Urlaub auf dem Land", ist eines der attraktivsten und zugleich für Uruguay typischsten Angebote für Touristen. Auf den Estancias kann man die kreolischen Wurzeln dieser jungen Nation am besten entdecken und die

Schönheit des Campo und seiner weitgehend unberührten Natur genießen.

In der **Sociedad Uruguaya de Turismo Rural** (SUTUR; dt.: Uruguayische Gesellschaft für ländlichen Tourismus) haben sich Estancias, Posadas, Restaurants und Casas de Campo sowie Bodegas zusammengeschlossen, um landesweit Angebote und Aktivitäten bereitzuhalten, die auf ländlichen und nachhaltigen Tourismus ausgerichtet sind.

■ Auf **www.turismoruraluy.com** kann man sich informieren; dort finden sich eine Karte mit regionaler Gliederung und viele Internetadressen.

Kategorisierung und Preise der Unterkünfte

Die Preise für Unterkünfte variieren in Uruguay saisonabhängig sehr stark. Zum Teil steigen sie in der Hochsaison auf das Dreifache der Nebensaison und werden je nach Nachfrage sogar noch innerhalb einer Saison nach oben oder unten angepasst. Ohnehin werden sie angesichts der Inflationsrate von rund 10% jährlich angehoben. Es wäre irreführend, einen konkreten Übernachtungspreis anzugeben. Daher werden die Unterkünfte in diesem Reiseführer in drei Kategorien eingeteilt (Preise **pro Nacht und Person**):

① **Standard:** bis 20 €; gilt meist für Campingplätze und Hostels (oft Mehrbettzimmer in der Regel ohne eigene Toilette oder Dusche)
② **Medium:** 30–100 €
③ **Superior:** alles über 100 €

Versicherungen

Grundsätzlich: Für alle abgeschlossenen Versicherungen sollte man die **Notfallnummern notieren** und mit der Policenummer gut aufheben! Bei Eintreten eines Notfalles sollte die Versicherungsgesellschaft sofort telefonisch verständigt werden!

Der **Abschluss einer Jahresversicherung** ist in der Regel kostengünstiger als mehrere Einzelversicherungen. Günstiger ist auch die Versicherung als Familie statt als Einzelpersonen; hier sollte man nur die Definition von „Familie" genau prüfen.

Auslandskrankenversicherung

Die Kosten für eine ärztliche Behandlung in Uruguay werden von den gesetzlichen Krankenkassen in Deutschland und Österreich nicht übernommen, daher ist der Abschluss einer privaten Auslandskrankenversicherung **unverzichtbar.** Schweizer sollten bei ihrer Krankenversicherungsgesellschaft nachfragen, ob die vollständige Auslandsdeckung auch für Uruguay gilt.

Man sollte eine private Auslandskrankenversicherung abschließen, die **Folgendes leistet:** Vergütung der Arzt- und Krankenhauskosten ohne Summenbeschränkung, Deckung bei Krankheit und Unfall, Vergütung von Krankentransporten, Rettungungskosten und Rückführungen ohne Einschränkungen, Abdeckung der gesamten Aufenthaltsdauer mit automatischer Verlängerung über die festgelegte Zeit hinaus, wenn die Rückreise nicht möglich ist (durch Krankheit oder Unfall); eventuell auch Abdeckung der Reise- und Unterkunftskosten von Familienangehörigen, wenn diese zur Betreuung anreisen.

Jahresverträge bieten sich insbesondere an, wenn man häufig spontan ins Ausland fährt. Hier sollte man jedoch darauf achten, dass der Versicherungsschutz meist nur für eine bestimmte Anzahl von Tagen pro Reise gilt.

Zur **Erstattung der Kosten** benötigt man ausführliche Quittungen (mit Datum, Namen, Bericht über Art und Umfang der Behandlung, Kosten der Behandlung und Medikamente).

Andere Versicherungen

Ob der Abschluss einer Reiserücktritts-, Reisegepäck-, Reisehaftpflicht- oder Reiseunfallversicherung lohnt, ist **individuell abzuklären.** Diese Versicherungen enthalten viele Ausschlussklauseln, sodass sie nicht immer Sinn machen.

Die **Reiserücktrittsversicherung** für 35–80 € lohnt sich nur für teure Reisen und für den Fall, dass man vor der Abreise einen schweren Unfall hat, erkrankt oder schwanger wird, gekündigt wird oder nach Arbeitslosigkeit einen neuen Arbeitsplatz bekommt, die Wohnung abgebrannt ist u. Ä. Ausgeschlossen sind hingegen Krieg, Unruhen, Streik etc.

Auch die **Reisegepäckversicherung** lohnt sich selten, da z. B. bei Flugreisen verlorenes Gepäck oft nur nach Kilopreis und auch sonst nur der Zeitwert nach Vorlage der Rechnung ersetzt wird. Wurde eine Wertsache nicht im Safe aufbewahrt, gibt es bei Diebstahl auch keinen Ersatz. Kameraausrüstung und Laptop dürfen beim Flug nicht als Gepäck aufgegeben worden sein. Gepäck im unbeaufsichtigt abgestellten Fahrzeug ist ebenfalls nicht versichert. Die Liste ist endlos. Überdies deckt häufig die **Hausratsversicherung** Einbruch, Raub und Beschädigung von Eigentum auch im Ausland. Für den Fall, dass etwas passiert ist, muss der Versicherung als Schadensnachweis ein Polizeiprotokoll vorgelegt werden.

Eine **Privathaftpflichtversicherung** hat man in der Regel schon. Hat man eine **Unfallversicherung,** sollte man prüfen, ob diese im Falle plötzlicher Arbeitsunfähigkeit aufgrund eines Unfalls im Urlaub zahlt.

Durch manche **Kreditkarten** oder **Automobilclubmitgliedschaft** ist man für bestimmte Fälle schon versichert. Die Versicherung über die Kreditkarte gilt jedoch meist nur für den Karteninhaber.

Zeitunterschied

Der Zeitunterschied zur Mitteleuropäischen Zeit (MEZ) beträgt **minus 4 Std.,** während der europäischen Sommerzeit (MESZ) sind es minus 5 Std. Die Umstellung von Sommer- auf Winterzeit wurde in Uruguay abgeschafft.

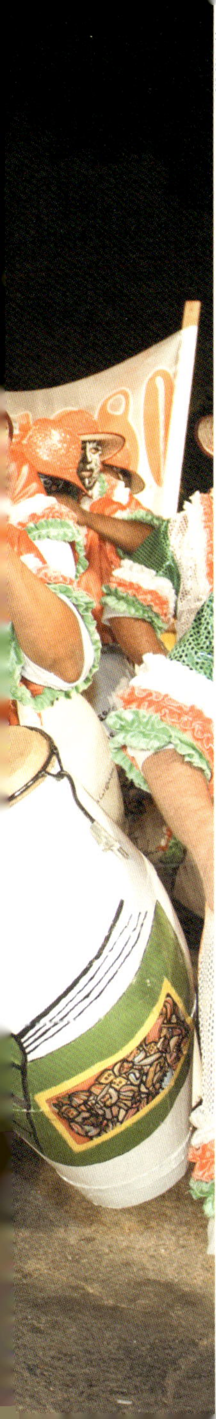

uru015_081 mtd-lc

7 Land und Leute

< Karneval in Montevideo

Geografie

Im Norden und Nordosten des Landes verläuft die 985 km lange **Grenze zu Brasilien,** im Westen misst die **Grenze zu Argentinien** 579 km. Die uruguayische Küste entlang des Atlantiks und des Río de la Plata ist 660 km lang.

Landschaftlich stellt Uruguay die **Verlängerung der argentinischen Pampa** dar. Savannen und flache Hügelketten leuchten fast das ganze Jahr über in einem saftigen Grün. Diese extrem fruchtbaren Böden prägen das landwirtschaftliche Bild des Landes.

Die **Strände** und Ufer entlang der Flüsse und am Atlantik bleiben bis auf wenige Wochen im Jahr vom Massentourismus weitgehend unberührt. Im Süden und Südwesten liegen ausgedehnte **Sumpfgebiete,** die im Winter häufig überschwemmt werden. Im Norden prägt eine hügelige Landschaft die Topografie Uruguays. Der **Cerro Catedral** (Kathedralenhügel, auch bekannt als Cerro Cordillera) in der Provinz Maldonado ist der höchste Punkt des Landes und erhebt sich 514 m über den Meeresspiegel. Es gibt nur noch sehr wenige Wälder (5–6% der Landesfläche). Entlang der Flussläufe stehen die wichtigsten Baumbestände (Akazien, Kiefern, Eukalyptus, Palmen, Weiden und Carobbäume). In der Nähe der Küsten und in einigen Tälern des Landesinneren dominieren Palmen, Eukalyptus und Kiefern. Im Südosten nahe der Stadt Castillos befindet sich der weltweit einzigartige Ombúe-Wald mit seinen über 500 Jahre alten Bäumen.

Das Land verfügt über großen Wasserreichtum: Der **Río Uruguay** hat dem Land nicht nur seinen Namen gegeben, sondern ist mit 1790 km auch sein längs-

uru015_083 lbo

ter Fluss. Er entspringt in Südbrasilien und bildet zusammen mit dem **Río de la Plata** (Silberfluss) die uruguayische Westgrenze. Der **Río Negro** durchquert das Land auf 750 km Länge von Nordost nach Südwest und ist in der Landesmitte zur Gewinnung elektrischer Energie zu dem See Rincón del Bonete aufgestaut (1140 km^2). Abgesehen von diesem Stausee und vielen weiteren (kleineren) Flüssen liegen mehrere (Strand-)Lagunen in Uruguay, etwa die **Laguna Merín** an der nordöstlichen Grenze zu Brasilien, mit deren Hilfe Uruguay einen Teil seines Trinkwasserbedarfs abdeckt. Aber nicht nur oberirdisch verfügt Uruguay über großen Wasserreichtum: Unter dem Boden des Landes (sowie in Nordargentinien, Paraguay und Südbrasilien) dehnt sich der **Acuífero Guaraní** aus: Dieser immens große Grundwassersee führt 37.000 Kubikkilometer Wasser und ist damit eines der größten Süßwasserreservoirs der Welt.

Flora und Fauna

Ganz so wie der Landesname verheißt, gibt es in Uruguay eine große Anzahl bunter, singender **Vögel** (mehrere Hundert verschiedene Arten). Zu den typischsten Vertretern zählen der Rosttöpfer, der Schwefeltyrann (ein Sperlingsvogel), Kolibris, der südamerikanische Vogel Strauß Ñandú, Wellensittiche in sehr großer Zahl, Flamingos, Fischreiher, Eu-

‹ Salto del Penitente

Wasserreichtum – Urlaub zwischen Atlantik, Flüssen, Seen und Lagunen

Wasserliebhaber sind in Uruguay absolut in ihrem Element. Auf 660 km Länge beziffert sich allein die Küste entlang des Atlantischen Ozeans und des Río de la Plata. Außerdem gibt es im Land viele Seen, zwei gigantische Stauseen, (Strand-)Lagunen, Wasserfälle und unzählige Flüsse. Fast überall kann man diesen Wasserreichtum **für seinen Urlaub nutzen:** um entspannt zu schwimmen (z. B. an einem der Wasserfälle), zum Schnorcheln, (Kite-)surfen oder Tauchen, vielleicht aber auch, um einfach nur entspannt am Strand zu liegen, um in den großen Seen und Lagunen Motorboot, Wasser- oder Jetski zu fahren, oder um mit seinem Kanu durch einen der vielen Flüsse zu paddeln bzw. rudern und die Vogelvielfalt zu bewundern – und natürlich zum Fischen!

uru015_085 lbo

len, Kardinale, Störche, Geier, Schwäne (auch die seltenen schwarzhalsigen), Rebhühner sowie diverse andere Tauben- und Wildentenarten.

Zu den **am Boden und im Wasser lebenden Tieren** gehören Rotwild, Wildschweine, Wildkatzen, Pumas, Tapire, Gürteltiere, Füchse, Eidechsen, Schildkröten, Ameisenbären, diverse Schlangenarten (einige davon giftig, also Vorsicht, wo man hintritt), Fischotter (bis zu 2,20 m lange Exemplare und vom Aussterben bedroht). Außerdem lebt auf der Isla de Lobos vor Punta del Este die zweitgrößte Seehund- und Seelöwen-Kolonie weltweit (nach der in Alaska). Wale und Delfine finden sich in den Küstengewässern im Süden und Südosten. Haie wurden bislang nur auf hoher See gesichtet, nicht in Küstennähe, Alligatoren gibt es lediglich am oberen Flusslauf des Río Uruguay.

Charakteristisch für die **Landschaft** Uruguays sind hohe Präriegräser, zu den häufigsten **Baumarten** zählen Urunday, Lapacho, Carob und Quebracho, Jacaranda, Weiden und Akazien sowie Zypressen, Maulbeer-, Ombúe- und Magnolienbäume, Eichen und Zedern. Zu den weit verbreiteten **Blütenpflanzen** gehören Rosmarin, Mimosen, Immergrün und Kapokbäume. Palmen stehen vor allem im Norden, im Südosten und in den Tälern der zentralen Regionen. An den Küsten wurden viele Eukalytusbäume und Kiefern gepflanzt, um ein weiteres Vordringen des Sandes landeinwärts zu verhindern.

Maritime Mysterien – Wale, Delfine, Robben und andere Meeressäuger

Uruguay ist wahrscheinlich das Land mit der weltweit höchsten Dichte an Meeressäugetieren. Vor der Küste tummeln sich nicht nur zahlreiche Wale und Delfine, auf der **Isla de Lobos** (Robbeninsel) vor Punta del Este ist auch eine riesige Seehunde- und Seelöwen-Kolonie zu Hause. Die Touristenmetropole ist auch eine der besten Adressen, um zwischen August und September vom Strand aus die Glattwale zu bestaunen, die auf ihrem Weg zur Halbinsel Valdés in Argentinien rund 100 m vor der Küste vorbeiziehen. Andere gute Orte, um Wale zu beobachten, sind **José Ignacio** und **Cabo Polonio.** Einschließlich der Glattwale tummeln sich bis zu 26 Wal- und Delfinarten, u. a. die sogenannten La-Plata-Delfine und sogar Orcas, vor den Küsten Uruguays. Gerade in **Punta del Diablo** berichten Touristen immer wieder begeistert, dass Delfine sie beim Schwimmen oder Surfen begleitet haben.

Mittlerweile hat Uruguay den **touristischen Wert** der Meeressäuger erkannt und ein Gesetz zum Schutz von Walen und Delfinen in seinen Küstengewässern verabschiedet. Demzufolge sind deren Jagd, Besitz und Transport sowohl für inländische als auch ausländische Schiffe offiziell verboten. So soll ein Anwachsen der Populationen dieser Tiere erreicht werden.

Umwelt- und Naturschutz

Uruguay gehört zu den Unterzeichnern des Kyoto-Protokolls. Die soziale und politische Stabilität sowie das hohe Bildungsniveau im Land tragen zu einem **hohen Umweltbewusstsein** und der Verfolgung einer **nachhaltigen Klima- und Umweltpolitik** bei.

Extensive Landwirtschaft mit ökologisch schonender Rinder- und Schafzucht prägt das Binnenland. Der industrielle Sektor ist sehr überschaubar und konzentriert sich auf Montevideo und wenige Orte im Landesinneren. In der Landwirtschaft wird seit jeher weitgehend auf Pflanzenschutzmittel verzichtet; moderne Technik kommt nur in begrenztem Umfang zum Einsatz.

Der **CO_2-Ausstoß** des Landes beträgt 28 Mio. Tonnen pro Jahr. In absehbarer Zeit sollen 90% der Stromversorgung aus den erneuerbaren Ressourcen Wasser (63%), Wind (15%) und Biomasse (13%) gedeckt und elektrische Busse eingesetzt werden. Zur Deckung des wachsenden Energiebedarfs soll aber auch die konventionelle Energieproduktion, v. a. Kombikraftwerke, ausgebaut werden.

In der **Kritik** stehen besonders die durch die Viehzucht entstehenden Methanemissionen, vereinzelte Verunreinigungen von Flüssen, offene Mülldeponien, die Bodenerosion sowie die Ausbreitung agroindustrieller Monokulturen (Soja, Holz, Reis). Die umstrittene (und von argentinischer Seite massiv kritisierte) Zellulosefabrik am Río Uruguay nahe Fray Bentos hat nach einer von Argentinien herbeigeführten Entscheidung des Internationalen Gerichtshofs in Den Haag 2010 ihre Produktion fortsetzen können, da der Justiz zufolge eine negative Beeinflussung des Flusses oder der Umwelt im Allgemeinen durch die Fabrik nicht nachgewiesen werden konnte.

Geschichte

Kolonialzeit und Kampf um Unabhängigkeit

Schon 7000 v. Chr. war das Gebiet des heutigen Uruguay bevölkert. Die **Ureinwohner** lebten als nomadisierende Jäger und Sammler, später auch von der Fischerei und der Landwirtschaft. Jahrtausende später sahen sie sich einem mächtigen Feind gegenüber, den Kolonisatoren aus Europa. Ab 1515 konnten sie sich ein Jahrhundert lang den ersten Besiedlungsversuchen spanischer und auch portugiesischer Eroberer widersetzen. Erst 1624 gelang es **Spaniern,** die erste ständige Siedlung am Río Negro zu gründen. Kurze Zeit später errichteten die **Portugiesen** die militärische Festung Nova Colonia do Sacramento (das heutige Colonia del Sacramento) am Mündungstrichter des Río de la Plata. Abgesehen von Colonia siedelten die Portugiesen im Norden der Region, die Spanier im Süden.

In den folgenden Jahrzehnten vertrieben die Eroberer die indigene Bevölkerung bzw. rotteten sie zum größten Teil aus. 1724 errichteten die Spanier dann die Festung **Montevideo** an einer Stelle, an der sich seit 1624 bereits eine Franziskaner-Mission befunden hatte. Diese Bastion wurde später zur Stadt ausgebaut und mit der Unabhängigkeit Uruguays zur Hauptstadt ernannt. Angesichts ihrer zentralen strategischen Lage war die gesamte Region bis in die zweite Hälfte des 18. Jahrhunderts heftig umkämpft. Erst 1777 verzichteten die Portugiesen zugunsten Spaniens auf ihre Ansprüche, und das Land wurde in das neu geschaffene **Vizekönigreich Río de la Plata** eingegliedert. Als sich die lateinamerikanischen Vizekönigreiche 30 Jahre später vom spanischen Mutterland lösten und den Kampf um die Unabhängigkeit aufnahmen, schloss sich das nun **Banda Oriental** genannte Gebiet 1810 dem General und heutigen Nationalhelden **José Gervasio Artigas** an. Gemeinsam mit der Landbevölkerung (Estancieros, Viehhirten, Landarbeiter, die verbliebenen Indígenas) startete er eine breite Aufstandsbewegung, mit der er im Mai 1811 die spanischen Soldaten in der Schlacht bei Las Piedras besiegte. Aber erst im Februar 1815 hatte er so weit die Oberhand über die Banda Oriental gewonnen, dass er das Gebiet mit mehreren argentinischen Provinzen vereinigen und die **Liga Federal** (Föderative Liga) schaffen konnte. Anschließend enteignete er die Großgrundbesitzer und teilte deren Land unter der armen Bevölkerung auf. Zudem initiierte er die Abschaffung der Sklaverei, die rechtliche Gleichstellung von Frauen und Männern sowie die Alphabetisierung der gesamten Bevölkerung. Auf ausländische Waren, die mit heimischen Produkten konkurrierten, ließ er hohe Zölle erheben. Diese und andere Maßnahmen waren so revolutionär, dass sie bei den Nachbarn große Unsicherheit auslösten. Schon im Jahr 1816 marschierten wieder portugiesisch-brasilianische Soldaten ein, besetzten 1817 Montevideo und kämpften dieses Mal gemeinsam mit Truppen aus Buenos Aires bis 1820 gegen *Artigas* Soldaten. Nach seiner endgültigen **Niederlage** ging der General nach Paraguay ins Exil, wo er die letzten 30 Jahre bis zu seinem Tod verbrachte.

Die Banda Oriental wurde für einige Jahre brasilianische Provinz, bis Anhängern der Unabhängigkeitsbewegung (bekannt als **Treinta y Tres Orientales,** die „33 Orientalen") unter Führung der Generäle *Juan Antonio Lavalleja* und *José Fructuoso Rivera* im April 1825 ein Aufstand gelang und sie im Anschluss eine provisorische Regierung in Florida (100 km nördlich von Montevideo) etablieren konnten. Am **25. August 1825** war es endlich so weit und die **unabhängige República Oriental del Uruguay** (Republik östlich des Uruguay) wurde ausgerufen – dieser Tag ist heute Nationalfeiertag. Dennoch kämpften argentinische, brasilianische und uruguayische Truppen weitere drei Jahre um die Region. Erst auf massive britische Einflussnahme hin unterzeichneten die Nachbarländer 1828 den **Frieden von Río de Janeiro,** der auch die Unabhängigkeit Uruguays bestätigte. Am 18. Juli desselben Jahres, heute ebenfalls nationaler Feiertag, wurde die erste **Verfassung** der Republik verabschiedet.

[>] Fiesta de la Patria Gaucha in Tacuarembó – eine Feier uruguayischer Geschichte und Traditionen

Von der Unabhängigkeit bis zum Zweiten Weltkrieg

Nach der Unabhängigkeit kämpften zwei Gruppen um die Macht im Land: Die sozialliberalen **Colorados** (die „Bunten"; so benannt wegen ihrer Mützenbänder) unter **José Fructuoso Rivera** waren Verfechter eines freien Handels und forderten die wirtschaftliche Öffnung des Landes. Der **Partido Blanco** (kurz: Blancos, „Partei der Weißen"; später in Partido Nacional, Nationalpartei, umbenannt) unter **Manuel Oribe** vertrat die Interessen der konservativen Großgrundbesitzer und wollte entsprechend den für das Land so wichtigen Agrarsektor schützen. Die Konservativen fanden Unterstützung in Buenos Aires, Brasilien schlug sich auf die Seite der Colorados. 1843 kam es zwischen beiden Gruppierungen zum **Großen Krieg,** einer neun Jahre andauernden **Belagerung Montevideos.** Am Ende konnten sich die Colorados u. a. dank einer erneuten Intervention Englands (sowie Frankreichs) durchsetzen und stellten ab 1865 fast 100 Jahre lang Uruguays Regierungen.

Nach dem Ende dieses Krieges begann die rund ein Jahrhundert anhaltende **Einwanderungswelle aus Europa** (vor allem Spanier und Italiener, aber auch Polen, Franzosen und Engländer sowie Menschen aus den deutschsprachigen Ländern) und die Bevölkerungszahl stieg massiv an. Von 1864 bis 1870 kam es erneut zu einer (internationalen) militärischen Auseinandersetzung, aber diesmal kämpfte das Land an der Seite Argentiniens und Brasiliens gegen Paraguay. Doch der sogenannte **Tripel-Alli-**

uru015_090 mtd-ep

anz-Krieg tat der neuen innenpolitischen Stabilität und dem rasanten Wirtschaftsaufschwung keinen Abbruch.

Anfang des 20. Jahrhunderts war Uruguay eines der reichsten Länder Südamerikas. Von 1903 an führte der Staats- und Regierungschef **José Batlle y Ordóñez** (1903–1907 und 1911–1915) **zahlreiche Wirtschafts- und Sozialreformen** durch: Dazu gehörten der Ausbau der Infrastruktur, die Einführung des Acht-Stunden-Arbeitstages, Mindestlöhne, eine Renten- und Arbeitslosenversicherung, die gesetzliche Regelung von Frauenarbeit, ein kostenloses Schulsystem (inkl. Schulpflicht) sowie Versammlungs- und Pressefreiheit. De facto schuf er einen **Sozialstaat** und die erste soziale Demokratie Lateinamerikas. Neben einem äußerst prosperierenden

Genozid in einer jungen Nation – die Auslöschung der Urbevölkerung

Seit 1999 begehen die Uruguayos jedes Jahr am 11. April den **„Día del Indio"** (Tag des Indio), an dem sie der Ureinwohner ihres Landes – vor allem der Charrúa – gedenken. Bezeichnenderweise ist der 11. April der Tag, an dem im Jahr 1831 mit dem **„Gemetzel vom Salsipuedes"** ihre systematische Auslöschung begann. Dem Massaker sollten noch weitere folgen, alle mit dem Ziel, die autochthone Bevölkerung auszurotten, um ihr nicht die ihr eigentlich zustehenden Ländereien (zurück)geben zu müssen.

Der Salsipuedes, ein Seitenfluss des Río Negro, war der Ort, an den **Präsident Fructuoso Rivera** die Indígenas unter dem Vorwand hatte rufen lassen, dort Friedensgespräche mit ihnen führen zu wollen. Denn obwohl die **Charrúa** 1828 als Soldaten in *Riveras* Ejercito del Norte (Nordarmee) wesentlichen Anteil an den siegreichen Unabhängigkeitskämpfen hatten, erhielten sie nicht die Rechte und Ländereien, die ihnen nach **Artigas' Reformmodell einer multikulturellen Gesellschaft** (in der Indígenas, Europäer und Schwarze ihren Platz haben sollten) zugestanden hätten. Stattdessen betrachtete die Elite der jungen Nation die **Indígenas als „infieles y perversos"** (Untreue und Perverse), sprach ihnen ihr Existenzrecht ab und beauftragte den ersten gewählten Präsidenten Uruguays, *Fructuoso Rivera y Toscana,* dessen Neffe *Bernabé Rivera* sowie *Julián Laguna* mit ihrer Vernichtung.

Daher lockte *Rivera* die Mitglieder des Charrúa-Stammes, der ohnehin nur rund 1000 Menschen zählte, an den Salsipuedes in eine **tödliche Falle.** Als die Soldaten unter dem Kommando seines Neffen *Bernabé* das Feuer eröffneten, waren die Indígenas vollkommen überrascht. Die meisten wurden erschossen, nur wenige konnten entkommen – um dann in weiteren Gemetzeln ermordet zu werden. Die ganz wenigen überlebenden Charrúa wurden versklavt und vier von ihnen nach Europa gebracht und dort Tieren gleich öffentlich ausgestellt.

Nur 20 bis 30 Charrúa überlebten diesen Genozid in Freiheit und kämpften später im Bürgerkrieg auf der Seite der Blancos gegen die Colorados unter *Rivera.*

Bankensektor verhalf diese soziale Komponente dem Land zu seinem bis heute anhaltenden Ruf als die „Schweiz Südamerikas". *Battles* Politik stärkte gezielt den Agrarsektor (da er die Haupteinnahmequelle des Landes bedeutete), die Binnennachfrage und den Ausbau der heimischen Industrie. 1917 folgte die Trennung von Kirche und Staat, im Jahr 1930 war Uruguay Gastgeber der ersten Fußball-WM und wurde sogar der erste Weltmeister, 1932 folgte das Frauenwahlrecht.

Doch auch in Uruguay entfaltete die **Weltwirtschaftskrise** 1929 ihre zerstörerische Wirkung: Die Wirtschaft des exportorientierten Landes brach zusammen, 1933 wurden Parlament und Nationalrat aufgelöst und ein autoritärer Führungsstil des Präsidenten löste die bis dahin vorherrschenden demokratischen Gepflogenheiten ab. Erst die starke Nachfrage nach Wolle und Fleisch infolge des **Zweiten Weltkriegs** verhalf der uruguayischen Wirtschaft noch einmal zu einem Aufschwung. Im Krieg blieb das Land lange Zeit offiziell neutral und unterhielt Beziehungen zu den Achsenmächten und zu den Alliierten. Erst im Januar 1942 brach die Regierung die diplomatischen Beziehungen zu Deutschland ab und erklärte *Hitler* zuletzt (im Februar 1945) noch den Krieg.

Zwischen Protest und Diktatur

Nach dem Zweiten Weltkrieg setzte sich die wirtschaftliche Hochphase zunächst fort, doch spätestens mit dem Ende des Koreakrieges Mitte der 1950er Jahre und dem weltweiten Preisverfall für Agrarprodukte kollabierte die Wirtschaft Ende des Jahrzehnts erneut. Reformversuche blieben erfolglos, und vor dem Hintergrund der Kubanischen Revolution und weltweiter Studentenbewegungen nahm der **Linksextremismus** in der Arbeiterschaft und unter den Studenten zu. Die einzige Antwort, die der Regierung auf zunehmende Proteste und Unruhen einfiel, waren **Notverordnungen.** Die kommunistische **Guerillabewegung Tupamaros** formierte sich zum Sturz der Regierung (siehe entsprechenden Exkurs). Staatliche Repression, Streiks, Demonstrationen und Ausschreitungen, Verhaftungen, Folter, Wahlmanipulationen und die Verhängung des Ausnahmezustands prägten die folgenden Jahre.

Am 27. Juni 1973 löste **Präsident Juan María Bordaberry** mit Hilfe des Militärs das Parlament auf, und die Exekutivgewalt ging auf einen vom **Militär** kontrollierten Staatsrat über, der bis 1985 **diktatorisch** herrschte. Die Verfassung und bürgerliche Rechte waren außer Kraft gesetzt, politische Betätigung untersagt, Politiker wurden observiert, Zeitungen verboten und Medien generell zensiert. Das Regime versuchte mit **neoliberalen Maßnahmen** die Wirtschaftslage zu verbessern – ohne Erfolg. Hunderttausende Uruguayos verließen in nur wenigen Jahren das Land. Erst Ende der 1970er Jahre begann sich die Wirtschaft langsam zu erholen.

1980 verhinderten die Uruguayos in einem Volksentscheid, dass sich die Militärs per Verfassungsänderung weitere Machtbefugnisse zugestehen konnten. Trotz anhaltender Repressalien des Regimes kam es wieder zu **Unruhen** – und die waren nicht mehr zu unterdrücken,

Ex-Revolutionäre machen Realpolitik

Nachdem *José Mújica* aus dem Amt des Staatspräsidenten ausgeschieden war, beschrieb ein uruguayischer Analyst seine politische Entwicklung als die eines **Ideologen,** der sich zu einem klugen **Pragmatiker** gewandelt habe. *Mújica* sei von einem radikalen Aktivisten zu einem auf Ausgleich bedachten Politiker geworden. Seine Stärke sei, einen Dialog zwischen unterschiedlichen Kräften zu lenken und dadurch auch mit seinen ärgsten Gegnern umgehen zu können. Interessanterweise scheint diese Beschreibung symptomatisch für viele Regierungs- und Parteimitglieder des Mitte-Links-Bündnisses Frente Amplio (Breite Front), die früher zur **Stadtguerilla Tupamaros** gehört und sich 1989 in der Partei Movimiento de Participación Popular (MPP; dt.: Bewegung der Öffentlichen Beteiligung) zusammengeschlossen hatten.

Die Tupamaros entstanden 1963 unter der vollständigen Bezeichnung Movimiento de Liberación Nacional – Tupamaros (MLN-T; dt.: Nationale Befreiungsbewegung – Tupamaros) und waren eine **kommunistische Guerilla.** Der Name geht auf den letzten peruanischen Inkaherrscher und Rebellenführer *Túpac Amaru* aus dem 18. Jahrhundert zurück. Nachdem Mitte der 1950er Jahre als Folge einer Wirtschaftskrise die Reallöhne eingebrochen waren und sich die Verteilungskonflikte in Uruguay verschärften, entwickelte sich beeinflusst von der Kubanischen Revolution und weltweiten Studentenbewegungen ein immer stärker werdender Linksextremismus in der **Arbeiterklasse** und unter den **Studenten.** Dies führte zu einer **Radikalisierung** eines Teils der Mittelschicht und der Arbeiterschaft. Angesichts der zunehmenden staatlichen Repression radikalisierte sich das Auftreten der Tupamaros Anfang der 1970er Jahre, die sich in den Jahren zuvor noch von bewaffneten Aktionen und Gewalt distanziert hatten. Zunächst erfuhren die Guerilleros Zuspruch in der Bevölkerung (angesichts von Aktionen wie der Plünderung von Supermärkten oder Überfällen auf Banken und der anschließenden Verteilung der Lebensmittel bzw. des Geldes unter den Bedürftigsten). Doch die Unterstützung ließ nach, als die Guerilleros vor dem Hintergrund politischer Inhaftierungen durch die Regierung, der Anwendung von Folter bei Verhören und der gewaltsamen Niederschlagung von öffentlichen Protesten auch vor Entführung und Ermordung nicht zurückschreckten.

Mit dem **Militärputsch** 1973 wurden sowohl die mobilisierten Studenten als auch die Guerillagruppen vom Staat rigoros bekämpft. Bis 1985 hielt sich die **Diktatur** an der Macht; Aufstände wurden immer brutaler niedergeschlagen, politische Gegner selbst im Ausland entführt, gefoltert und umgebracht. Das Militär rechtfertigte sein brutales Vorgehen mit der Existenz der Tupamaros. Doch deren Führungsriege war bereits 1972 (erneut) festgenommen und die Tupamaros damit noch vor der Machtergreifung durch die Militärs zerschlagen worden. Viele von ihnen, darunter der spätere Staatspräsident *José Mújica* oder der Gründer der Guerilla, *Raul Sen-*

dic, saßen viele Jahre in Gefängnissen, Verliesen und Erdlöchern, meist in Isolation, quasi lebendig begraben und auf vielerlei Art psychisch und physisch gefoltert. Sie waren gewissermaßen Geiseln des Militärregimes, um die in Freiheit verbliebenen Tupamaros und den Rest der Bevölkerung einzuschüchtern und von oppositionellen Aktionen abzuhalten. Die Gefangenen wurden ständig verlegt, ohne dass sie selbst oder ihre Familien und Anwälte wussten, wo sie sich befanden.

Nach dem Ende der Diktatur 1985 kamen die überlebenden Tupamaros im Rahmen des Amnestiegesetzes für politische Häftlinge (Ley de Pacificación Nacional oder Ley de Amnistía) am 14. März 1985 frei. Die (einstigen) Guerilleros beschlossen, sich an den demokratischen Wahlen zu beteiligen und gründeten eben jene MPP, die heute die stärkste Fraktion des Frente Amplio ist. Die politische und wirtschaftlich liberale Ausrichtung der Regierungspolitik wird zwar seit vielen Jahren unter den alten Tupamaro-Mitgliedern und -anhängern sowie ihren Wählern kontrovers diskutiert und hat zu großen Zerwürfnissen geführt. Aber die große Stabilität des Landes und mehr als ein Jahrzehnt der Regierungsführung (sowohl auf nationaler als auch auf regionaler und lokaler Ebene) zeigen, dass es den ehemaligen Revolutionären mit ihrer auf Nachhaltigkeit ausgerichteten Realpolitik gelungen ist, den größten Teil der Bevölkerung hinter sich zu bringen.

sodass 1982 erstmals wieder politische Parteien zugelassen wurden. Als die Proteste weiter zunahmen, bereiteten die Militärs 1984 die Machtübergabe an eine Zivilregierung vor. Im November desselben Jahres fanden erstmals **wieder freie Wahlen** statt, aus denen die Colorado-Partei als Sieger hervorging.

Aufbruch, Niedergang und erneuter Aufbruch

Bei der Wiedereinführung der Demokratie konnte das Land an seine demokratischen Erfahrungen aus den Jahrzehnten vor der Diktatur anknüpfen. Trotz einer Hinterlassenschaft des Regimes von mehr als 5 Mrd. US-$ Auslandsschulden und einer Inflation von über 70% gelang der neuen Regierung innerhalb weniger Jahre (mittels Förderung des Außenhandels und Reformen zur wirtschaftlichen Stabilisierung) der **Aufschwung.** Schon 1991 gründete Uruguay mit Argentinien, Brasilien und Paraguay den **MERCOSUR** (Mercado Común del Cono Sur), den „Gemeinsamen Markt des Südens", und 1993 führte es den **Peso Uruguayo als neue Währung** ein. In den darauffolgenden Jahren nahm eine Koalition der Colorado-Partei und des Partido Nacional **Wirtschafts- und Sozialreformen** vor, modernisierte Staatsbetriebe, erhöhte die Mineralölsteuer und führte eine Rentenreform durch. Bei den Parlamentswahlen 1999 wurde erstmals ein Mitte-Links-Bündnis, Encuentro Progresista / Frente Amplio (EP-FA) genannt, zur stärksten Partei gewählt; auch ehemalige Tupamaros gehörten dem Bündnis an.

Aber dessen Präsidentschaftskandidat, *Tabaré Vázquez,* konnte sich bei den Stichwahlen um das Amt des Staats- und Regierungschefs nicht gegen **Jorge Batlle,** den Vertreter der Colorado-Partei, durchsetzen. Dessen Amtszeit war geprägt von riesigen Herausforderungen: Ausbruch der Maul- und Klauenseuche (sie traf die auf den Rindfleischexport fokussierte Wirtschaft besonders hart), Brasilien-Krise und wirtschaftlicher Zusammenbruch Argentiniens. Die dramatische Lage der Nachbarn mündete 2002 dann auch in Uruguay in eine tiefgreifende Wirtschafts- und Finanzkrise: Der Peso verlor innerhalb weniger Wochen die Hälfte seines Werts, die Arbeitslosigkeit nahm rasant zu, erneut verließen unzählige Menschen das Land.

180 Jahre nach der Ausrufung der Unabhängigkeit und 170 Jahre mit der Vorherrschaft der beiden traditionellen Parteien kam es 2004 dann zu einem **historischen Wechsel an der Regierungsspitze:** Das **Mitte-Links-Bündnis Frente Amplio** (Breite Front) gewann erneut die Parlamentswahlen, und dieses Mal siegte **Tabaré Vázquez** auch bei den Präsidentschaftswahlen und wurde Staats- und Regierungschef. Direkt nach ihrem Antritt 2005 verabschiedete die neue Regierung ein **Hilfsprogramm,** um die ärmsten Bürger zu unterstützen, sowie Wirtschafts- und Sozialreformen zur Stabilisierung des Landes. Seither befindet sich Uruguay in einer andauernden Erholungsphase mit kontinuierlichen wirtschaftlichen Wachstumsraten.

Zusammen mit elf anderen Staaten gründete das Land 2008 **UNASUR,** die Union südamerikanischer Nationen, nach dem Vorbild der Europäischen Union. Bei den Parlamentswahlen 2009 und 2014 erlangte der Frente Amplio erneut die absolute Mehrheit der Sitze in Senat und Abgeordnetenhaus. Und nachdem der ehemalige Tupamaro **José Mújica,** von den Uruguayos nur „el Pepe“ genannt, von 2010 bis 2015 Präsident war, siegte *Tabaré Vázquez* bei den Wahlen Ende 2014 gegen den Präsidentschaftskandidaten des Partido Nacional, *Luis Lacalle Pou,* und übernahm im März 2015 erneut das Präsidentenamt.

Aktuelle Politik

Spätestens seit der Wirtschaftskrise 2002 ist die Politik der uruguayischen Regierungen in ihren Grundzügen vor allem auf einen anhaltenden und **nachhaltigen wirtschaftlichen Aufschwung, innenpolitische Versöhnung und soziale Gerechtigkeit** ausgerichtet. So gelang es der Mitte-Links-Regierung, zuerst unter *Tabaré Vázquez,* dann von 2010 bis 2015 unter *José Mujíca,* den Anteil der unter der Armutsgrenze lebenden Bevölkerung von 34% im Jahr 2006 auf gut 10% im Jahr 2016 zu senken. Heute ist Uruguay (trotz einer Inflation von rund 10% und hoher Lebenshaltungskosten) mit einem vergleichsweise guten Wirtschaftswachstum und einer relativ niedrigen Arbeitslosenrate von 7,9% immer noch eines der stabilsten und wohlhabendsten Länder Lateinamerikas.

Weitere Schwerpunkte der Regierungspolitik sind die Verfolgung einer auf Nachhaltigkeit ausgerichteten Umwelt-, Klima- und Tourismuspolitik (die Energieerzeugung aus regenerativen Quellen ist immens gestiegen), der Anschluss der Haushalte an Glasfasernetze und die Stärkung der Landwirtschaft. Mit seinem agroökonomischen Potenzial ist das Land mit seinen knapp 3½ Millionen Einwohnern trotz eines weitgehenden Chemikalien- und Technologieverzichts in der Lage, 28 Millionen Menschen zu ernähren.

Besonders bemerkenswert ist, dass die Uruguayos im Oktober 2004 im Rahmen einer Volksabstimmung das **Recht auf Wasser** in ihrer Verfassung verankert haben. Damit ist der Zugang zu Trinkwasser und zu sanitären Einrichtungen zu einem grundlegenden Menschenrecht geworden und muss vom Staat als öffentliche Dienstleistung gewährleistet werden. So ist Uruguay das erste Land der Welt, in dem das Recht auf Wasser Verfassungsrang hat.

Weltweit machte Uruguay aber vor allem während der Regierungszeit des ehemaligen Tupamaro **José „Pepe" Mújica** mit **Reformen und Neuerungen** von sich reden, die ohne seine präsidiale Zustimmung nicht möglich gewesen wären: Dazu gehören die Legalisierung des Cannabis-Anbaus und -Verkaufs, der Abtreibung und der Homo-Ehe. So führte Uruguay als zweites Land in Lateinamerika (nach Argentinien) die Ehe für gleichgeschlechtliche Paare ein. Mit großer Mehrheit verabschiedeten die Abgeordneten dieses Gesetz, nachdem schon einige Jahre zuvor die Lebenspartnerschaft sowie die Adoption von Kindern durch homosexuelle Paare genehmigt und Homosexuelle für die Streitkräfte zugelassen worden waren. In punkto Cannabis bzw. Marihuana wurde ein Gesetz erarbeitet, das jedes Detail der staatlichen Haschischrevolution bestimmt. Eine weitere Revolution in der Landespolitik der vergangenen Jahre war die Legalisierung der Abtreibung. Dem Gesetz zufolge dürfen Frauen innerhalb der ersten zwölf Wochen die Schwangerschaft straffrei abbrechen, wenn sie sich zuvor von mindestens drei Fachleuten über Alternativen beraten lassen, eine Vergewaltigung vorliegt, Gefahr für das Leben der Mutter gegeben ist oder eine schwere Behinderung des Kindes zu befürchten ist. Damit ist Uruguay neben Kuba nur eines von zwei Ländern in Lateinamerika, in dem eine Abtreibung legal ist. Mit Blick auf diese zum Teil im Land sehr umstrittenen Neuerungen erklärte *Mújica*, die Regierung legalisiere lediglich, was ohnehin schon immer praktiziert wurde bzw. existiert habe. Als einen der letzten international populär gewordenen Akte in seiner Amtszeit nahm Uruguay (gegen die Mehrheitsmeinung in der Bevölkerung) sechs Insassen des US-amerikanischen Kriegsgefangenenlagers Guantánamo auf.

Staat und Verwaltung

Uruguays Staatsform ist die einer **präsidentiellen Demokratie.** Grundlage der staatlichen Ordnung und des politischen und sozialen Zusammenlebens ist die (mehrfach geänderte) **Verfassung** aus dem Jahr 1967. Das Land wird zentralistisch verwaltet und regiert und gliedert sich in **19 Provinzen (Departamentos).** Ihnen steht jeweils ein Intendente Municipal vor, der von den Departamento-Parlamenten (Juntas Departamentales)

Der Krawattenverweigerer

Es scheint ein fester Bestandteil der Geschichte des jungen Landes Uruguay zu sein, dass alle 100 Jahre ein **„Pepe"** seine Geschicke bestimmt. *Pepe* ist die Verniedlichung des Vornamens *José*. Im Jahr 1810 übernahm der Unabhängigkeitskämpfer und Staatsgründer *José Gervasio Artigas* das Ruder, 1910 folgte der noch heute hoch verehrte Reformpräsident und Mitbegründer der breiten Mittelschicht, *José Battle y Ordóñez*, und 2010 trat **José Alberto Mújica Cordano,** von allen nur kurz „el Pepe" genannt, im Alter von 75 Jahren die Präsidentschaft an. Blumenzüchter, Ex-Guerrillero, politischer Gefangener – und Krawattenverweigerer. Selbst bei höchsten offiziellen Anlässen wie seiner Vereidigung als Staats- und Regierungschef oder bei Staatsempfängen in den USA oder Deutschland verzichtete *el Pepe* auf die Krawatte. Doch diese Eigenheit ist bei Weitem nicht die einzige, die den Ex-Präsidenten auf der ganzen Welt so populär machte, dass im Laufe seiner Amtszeit bis 2015 nicht nur er ins internationale Rampenlicht rückte, sondern mit ihm auch sein „paisíto" – das kleine Land Uruguay.

uru015_086 rou

Oft wurde darüber geschrieben, dass *Mújica* als Präsident auf seinen offiziellen Amtssitz, den Regierungspalast, verzichtete und weiter auf seiner *chacra,* also einem kleinen Bauernhof, wohnte, weiter seinen blauen VW-Käfer fuhr, den größten Teil seines Gehalts (die Angaben schwanken zwischen 85 und 97%) für karitative Zwecke spendete und sich deswegen Geld bei seiner Ehefrau, der Oberhaus-Senatorin *Lucía Topolansky,* leihen musste. Die oftmals benutzte Bezeichnung **„ärmster Präsident der Welt"** war also nicht einmal übertrieben.

Schon vor seiner Präsidentschaft galt der ehemalige Guerrillero als eine der charismatischsten politischen Persönlichkeiten Lateinamerikas. Seine persönliche Bescheidenheit und sein konsequent legeres Auftreten jenseits aller politischen Protokollzwänge machten ihn im Ausland und daheim – auch bei der Opposition und ihren Anhängern – **glaubhaft.** Einige der wichtigsten Projekte seiner Präsidentschaft, etwa die Bildungsreform, scheiterten zwar. Doch andere Vorhaben führte er gemeinsam mit seiner Partei, dem Mitte-Links-Bündnis Frente Amplio (Breite Front), zum Erfolg und erregte damit weltweites Aufsehen: Dazu gehörten in weiten Teilen des Volkes unpopuläre und zugleich **spektakuläre Gesetzesänderungen** wie die (schrittweise) Legalisierung der Abtreibung und des Marihuana-Anbaus und -handels. Mit der staatlich kontrollierten Anpflanzung bzw. Abgabe wolle er den illegalen Drogenhandel unprofitabel machen, erklärte er damals – und wurde für diesen revolutionären Ansatz im Kontext des US-amerikanisch forcierten (und erfolglosen) „War on drugs" sogar für den Friedensnobelpreis nominiert. Außerdem segnete *Mújica* die Einführung der gleichgeschlechtlichen Ehe ab und die Aufnahme ehemaliger Insassen des US-Folterlagers Guantánamo.

Vor dem Hintergrund all dieser aufsehenerregenden Aktionen gerät oft in Vergessenheit, dass *Mújica*, einst **Mitbegründer und Führungsmitglied der Tupamaro-Stadtguerilla, 14 Jahre in Gefangenschaft** war und von den Militärs nicht nur gefoltert, sondern oft in Erdlöchern eingekerkert wurde, um möglichst in den Wahnsinn getrieben zu werden. Er habe irgendwann die Ameisen singen hören können, bemerkte *el Pepe* später. Um so bemerkenswerter ist es, dass er seinen Kerkermeistern, Folterern und sogar den Militärs und Politikern verziehen hat. „Hass macht blind", sagte er in einer seiner ersten Reden nach seiner Freilassung.

Nun ist *el Pepe* nicht mehr Präsident. Eine direkte Wiederwahl bei den Wahlen Ende 2014 war verfassungsrechtlich unmöglich, und die mögliche Wiederwahl im Jahr 2019 schloss er aus, ebenso ein Wirken als Intendente (Oberbürgermeister) von Montevideo.

Was bleibt? Auch wenn *Mújica* während seiner Präsidentschaft längst nicht alles umsetzen konnte, was er zuvor angekündigt hatte, hat er für sein Land Bleibendes erreicht – und ganz in der Tradition der beiden *Pepes* vor ihm eine neue, fast revolutionäre Form der politischen Kultur gelebt. Die Verweigerung der Krawatte war dabei nur ein Detail.

gewählt wird. Im Jahr 2009 wurden 89 **Municipios** als weitere Verwaltungsebene, ungefähr mit den deutschen Landkreisen vergleichbar, geschaffen.

Der **Präsident** ist Staats- und Regierungschef zugleich. Er ernennt und entlässt die Minister, kann Gesetzen zustimmen oder sie per Veto verhindern (das wiederum mit einer Dreifünftel-Mehrheit des Parlaments überstimmt werden kann), und er besitzt das Recht, das Parlament unter bestimmten Bedingungen aufzulösen.

In gleichzeitig durchgeführten **Wahlen** werden Präsident und die beiden Kammern des Parlaments für fünf Jahre gewählt. Der Staats- und Regierungschef kann insgesamt für zwei Amtszeiten gewählt werden, die aber nicht unmittelbar aneinander anschließen dürfen. Der Senat hat 30, das Abgeordnetenhaus 99 Mitglieder. Neben der **Regierungspartei Frente Amplio** spielen die derzeitigen **Oppositionsparteien Partido Nacional (Blancos), Partido Colorado** und **Partido Independiente** eine wichtige politische Rolle.

Uruguay gehört wichtigen **internationalen Organisationen** und Gremien an. Das Land ist Gründungsmitglied der lateinamerikanischen Freihandelszone MERCOSUR (Mercado Común del Cono Sur) und des UNASUR (Union südamerikanischer Nationen). Darüber hinaus ist Uruguay u. a. Mitglied der Vereinten Nationen (UNO), des Internationalen Währungsfonds (IWF) und der Weltbank.

Bevölkerung

Die rund **3,3 Mio. Uruguayos** setzen sich aus drei Bevölkerungsgruppen zusammen: 88% sind Weiße, 8% Mestizen („Mischlinge" aus Verbindungen weißer Einwanderer mit der indigenen Urbevölkerung) und 4% Schwarze (Nachkommen afrikanischer Sklaven). Die **Indígenas** selbst (hauptsächlich Charrúa und Guaraní) fielen bis Mitte des 19. Jahrhunderts erst den spanischen und portugiesischen Eroberern und dann den europäischen Einwanderern bzw. der uruguayischen Elite zum Opfer. Die **Einwanderer** kamen vor allem aus Spanien und Italien, ferner aus Polen, Frankreich, England und den deutschsprachigen Ländern.

Mit Beginn der Naziherrschaft in Deutschland nahm Uruguay viele deutschsprachige Juden auf. Derzeit leben im Land etwa 10.000 **Deutsche,** 50% haben die doppelte Staatsbürgerschaft. Hinzu kommen etwa 40.000 Deutschstämmige (Nachfahren deutscher Einwanderer).

Hatte das Land zu Beginn der 1960er Jahre erst 2,5 Millionen Einwohner, waren es 2015 gut 3,3 Millionen. Dennoch beträgt das **Bevölkerungswachstum** derzeit lediglich um die 0,4% und ist damit eines der niedrigsten der Welt.

Etwa 92% der Uruguayos leben **in den Städten,** 40% in der Hauptstadt Montevideo. Dort sowie in der restlichen Südhälfte des Landes sind insgesamt 75% der Bevölkerung heimisch. Das Landesinnere ist nur sehr dünn besiedelt und über weite Strecken quasi menschenleer.

In sozioökonomischer Hinsicht stellt die **Mittelschicht** den größten Anteil an der Gesamtbevölkerung. Der zu Beginn des 20. Jahrhunderts über die Jahrzehnte etablierte Wohlfahrtsstaat führte dazu, dass es bis Anfang der 1950er Jahre einen relativ ausgeglichenen Lebensstandard gab. Danach öffnete sich die Schere zwischen Arm und Reich wieder bzw. weiter. Dennoch zählt das Land heute zu den Staaten mit dem größten Mittelschicht-Anteil an der Bevölkerung, und man geht davon aus, dass es die Millenniums-Entwicklungsziele der Vereinten Nationen erreicht hat (u. a. Bekämpfung von extremer Armut und Hunger, Primärschulbildung für alle, Gleichstellung der Geschlechter und Senkung der Kindersterblichkeit).

Religionen

Uruguay ist ein **laizistisches Land.** Nachdem es schon 1885 die Pflicht zur standesamtlichen Trauung und 1907 das Recht auf Ehescheidung eingeführt hatte, nahm es 1917 die Trennung zwischen Kirche und Staat in die Verfassung auf. Auch die **Religionsfreiheit** ist konstitutionell festgeschrieben. Im Gegensatz zu anderen lateinamerikanischen Ländern hat die katholische Kirche als Institution kaum mehr Einfluss in der Gesellschaft. Zudem zementierte der Staat seine Absicht, alles Religiöse zu „privatisieren", durch die **Umbenennung christlicher Feste:** Weihnachten heißt „Tag der Familie" *(Dia de la Familia)* und Ostern „Reisewoche" *(Semana de Turismo).*

Die Daten zur **Konfessionszugehörigkeit** der Uruguayos unterscheiden sich z. T. deutlich, daher sind die folgenden Angaben als Richtwerte zu verstehen: 37 bis 47% der Menschen sind römisch-katholisch, 20 bis 22% sind konfessionslose Gläubige, 10 bis 15% Atheisten bzw. Agnostiker, 5 bis 11% nichtkatholische Christen (Lutheraner, Protestanten etc.), 1 bis 2% sind Muslime, 0,5 bis 1% gehören der Umbanda-Religion (oder anderen afro-brasilianischen Glaubensrichtungen) an und 0,3 bis 1,5% sind Juden. Andere Weltreligionen wie Hinduismus oder Buddhismus sind nur marginal vertreten. Zu erwähnen sind noch kleinere Gruppen, wie die Zeugen Jehovas oder Mennoniten, sowie aus den USA bzw. Brasilien stammende christliche Splitterreligionen.

Nicht zu vergessen ist die **okkulte Seite Uruguays:** Ähnlich wie in Brasilien gibt es auch hier zahlreiche Menschen, die tagsüber einem „normalen" Beruf nachgehen, aber nach Feierabend und am Wochenende als Voodoo-Priester, Geistheiler, Hellseher, Hand- oder Kaffeesatzleser, Deuter von Muschelorakeln oder Engelskundler arbeiten und eine große (aber nicht erfasste) Zahl von Anhängern haben.

Traditionen und Bräuche

Uruguays Kultur ist durch die **europäischen Eroberer und Einwanderer** geprägt. Vor allem die Spanier, die das Land kolonisiert haben, und die vielen Italiener, die in der zweiten Hälfte des 19. und in der ersten Hälfte des 20. Jahrhunderts einwanderten, haben ihre christlich geprägten Traditionen mitgebracht. Das Brauchtum der autochthonen Bevölkerung hat sich nicht durchsetzen bzw. erhalten können, da die Ureinwohner über die Jahrhunderte bekämpft und benachteiligt wurden und spätestens in der zweiten Hälfte des 18. Jahrhunderts entweder tot oder in der Mehrheitsbevölkerung durch Assimilationsprozesse aufgegangen waren.

Über die Jahrhunderte haben sich natürlich ganz eigene Traditionen und Bräuche entwickelt: Dazu gehören u. a. die **Criollas** genannten Reiterspiele der Gauchos – und natürlich der **Tango,** der am Río de la Plata entstanden ist (ob in Uruguay oder Argentinien, ist dabei vollkommen unerheblich) und weiterhin im ganzen Land getanzt wird. Außerdem spielt ähnlich wie in Brasilien der **Karneval** eine sehr große Rolle und wird etwa in Montevideo bis zu einem Monat lang mit farbenprächtigen und lauten Straßenumzügen gefeiert. Ein weiterer wesentlicher Bestandteil der uruguayischen Volkskultur und der Identität der Menschen ist der **Fußball,** der durch alle Generationen und Schichten hindurch eine gewaltige Bedeutung hat (siehe Exkurs auf der nächsten Seite).

Zwei Religionen – Fußball und Politik

Die Begeisterung und der **Fanatismus,** die in anderen (südamerikanischen) Ländern noch immer für die Religion aufgebracht werden, haben in Uruguay vor allem zwei andere Kultobjekte gefunden: Fußball und Politik.

Gerade der **Fußball** löst als Breiten- und als Spitzensport eine Euphorie, Hingabe und Identifikation aus, die selbst uralte Fußballnationen wie England, Deutschland oder Italien blass dastehen lassen. Egal ob auf Straßen und Plätzen, im Park, am Strand oder selbst an den Bushaltestellen: Fußball wird überall gespielt, und die Fußballergebnisse vom Wochenende bestimmen noch Tage danach die Unterhaltungen. Wer fündig wird, kauft sich sogar die Thermosflasche für seinen Mate-Tee in den Farben seines Vereins. Die beiden Weltmeisterschaftssiege 1930 und 1950 (vor allem der Triumph über Brasilien, den großen Nachbarn und Rivalen im Norden), die beiden Olympiatitel und natürlich die zahllosen Siege bei der Copa América machen einen wichtigen Teil des Selbstbewusstseins der Uruguayos aus und werden im weltweit ersten Fußball-Museum in Montevideo entsprechend gewürdigt.

„Equipo Celeste" (Himmelblaue Mannschaft) heißt die Nationalmannschaft in Anlehnung an die Farbe der Trikots, die sich wiederum an der Farbe der Staatsflagge orientiert. Und „Nací Celeste" (Ich wurde himmelblau geboren) von der Rockgruppe *No Te Va Gustar* lautet die Fußballhymne der Uruguayos, die auch gerne als inoffizielle Nationalhymne bezeichnet wird. Wenn die Himmelblauen bei internationalen

uru015_087 lbo

Wettkämpfen spielen, freuen sich schon vorher die Fernsehverkäufer (und die Banken, die extra Kredite für den Erwerb eines neuen und größeren Geräts anbieten), denn: **Das ganze Land schaut zu.** Wer nicht zu Hause vor dem Bildschirm sitzt, steht mit Fahne, Schal und Tröte ausgerüstet auf den Plätzen der Städte und schwenkt die Nationalflagge. Nach den Siegen ihrer Himmelblauen füllt ein Meer aus Fahnen die Avenida 18 de Julio in Montevideo. Selbst auf den Stufen des Monuments für den Nationalhelden *Artigas* werden Fahnen geschwenkt.

Ein ähnliches Bild bekommt man in Uruguay bei **Wahlen** zu sehen. Dann strömen ebenfalls Tausende von Menschen auf die Straßen und schwenken die Fahnen ihrer Partei und die Nationalflagge. Wobei Politik nicht nur ein Grund für Begeisterungsstürme ist. Die **Parteien** und ihre Gruppierungen sind traditionell **tief in der Gesellschaft verankert,** die Identifikation mit ihnen war sehr lange Zeit außergewöhnlich hoch. Nach der Unabhängigkeit Uruguays bekämpften sich die Anhänger der beiden traditionellen Parteien „Blancos" und „Colorados" über viele Jahrzehnte sprichwörtlich bis aufs Messer. Die „falsche" Parteizugehörigkeit war oft Grund genug, jemanden umzubringen oder aber zumindest abgrundtief zu hassen. Noch heute entflammen selbst unter Freunden und Verwandten heftigste Konflikte, wenn es um Politik geht. Daher kam es einem Quantensprung gleich, als sich die Uruguayos von diesen beiden Parteien abwandten und die neue Regierungspartei Frente Amplio wählten. Der Schriftsteller *Eduardo Galeano* hat das geradezu religiöse Verhältnis der Uruguayos zu Politik und Fußball sehr treffend auf den Punkt gebracht, als er sagte, ein Mann könne zwar seine Frauen wechseln, aber weder seine Partei noch den Lieblingsverein.

Bildung und Soziales

Der Alltag in Uruguay erinnert in vielerlei Hinsicht an das Leben in einem europäischen Land. Die Mittelschicht nimmt (wieder) einen großen Anteil der Gesamtbevölkerung ein, wenn auch auf niedrigerem Niveau als in Europa. Es gibt kaum wirklich gravierende soziale Probleme, „nur" noch etwas mehr als ein Zehntel der Bevölkerung lebt unter der Armutsgrenze, der durchschnittliche Monatsverdienst beträgt 1200 €. Die **Gleichstellung der Geschlechter** ist weit vorangeschritten, auch wenn Frauen auf dem Arbeitsmarkt im Vergleich zu ihren männlichen Kollegen noch immer deutlich benachteiligt und für die gleiche Arbeit schlechter bezahlt werden.

Die **Infrastruktur** ist insgesamt gut (wenn auch einige Land- bzw. Schnellstraßen asphaltiert werden müssen), ebenso die medizinische Versorgung: Montevideo gilt sogar als die Stadt mit der größten Ärzte- und Apothekendichte der Welt. Selbst schwere Operationen wie Eingriffe am Herzen oder Organtransplantationen werden hier gut und routinemäßig durchgeführt. Das **öffentliche Gesundheitswesen** *(Salud Pública)* ist kostenlos, allerdings leiden die staatlichen Kliniken unter Geldmangel und sind schlecht ausgestattet, das medizinische Personal verdient zu wenig. Wer es sich leisten kann, schließt eine private Kranken- bzw. Notfallversicherung ab, „Mutualista" genannt, die im Monat umgerechnet an die 50 € kostet. Es gibt eine Praxisgebühr, die rund 5 € beträgt, ge-

Uruguay traditionell – der Campo, die Gauchos und der Mate

Bitte nicht von der „Pampa" sprechen, wenn man über das uruguayische Landesinnere redet: Die **Pampa** ist in Argentinien, in Uruguay heißt das entsprechende Gebiet – auch wenn es streng genommen geografisch eine Verlängerung der argentinischen Pampa darstellt – entweder **Interior oder Campo.** Über so viele Jahrzehnte gab es Krieg und Streit zwischen den beiden Ländern, dass es in Uruguay traditionell schon fast zum guten Ton gehört, empfindlich auf einen so ur-argentinischen Begriff zu reagieren. Außerdem ist der Campo ein ganz zentraler Bestandteil der uruguayischen Identität, hat er doch über Jahrhunderte mit seinen Rindern, Schafen und landwirtschaftlichen Erzeugnissen den Menschen das Überleben gesichert.

uru015_088 lbo

Und im Campo ist der **Gaucho,** die Personifizierung des edlen Menschen, zu Hause: etwas derbe Burschen zwar, an das einfache Leben in der freien Natur gewöhnt, aber anständig, bescheiden, fleißig, arbeits- und genügsam. So werden sie zumindest gerne beschrieben.

Und: Ihren Gauchos haben die Uruguayos das Nationalgetränk Nummer Eins zu verdanken. Denn sie waren es, die von den Ureinwohnern (vor allem den Guaranís) den Brauch übernahmen, **Mate** zu trinken. Dieser etwas **bitter schmeckende Tee** wird zwar auch in den anderen Ländern der Region (vor allem in Argentinien) getrunken, aber nirgends ist er so allgegenwärtig wie in Uruguay. Selbst beim Spaziergang oder auf dem Weg zur Arbeit, zu Freunden oder zum Arzt, im Fußballstadion, am Strand oder im Bus – überall tragen die Uruguayos ihre Mate-Ausrüstung unter dem Arm geklemmt: den ausgehöhlten Kern der Frucht des Matebaums als Trinkgefäß (*calabasa* oder auch *matera*), das metallene Saugrohr *(bombilla)* und die Thermoskanne mit heißem Wasser. Oft scherzen die Uruguayos, sie hätten ob ihrer Mate-„Sucht" einen speziellen Muskel entwickelt, mit dem sie die Thermosflasche unter dem Arm eingeklemmt halten … Vor allem aber haben sie von den Indígenas auch das Ritual übernommen, die gefüllte *calabasa* unter den Anwesenden kreisen zu lassen und ihren Mate jederzeit und überall zu teilen.

Mate trinken in der Quebrada de los Cuervos

nauso viel wie die Rezeptgebühr pro Medikament in der Apotheke. Was diesen Betrag übersteigt, zahlt die Mutualista.

Über lange Zeit galten **Bildungssystem und -niveau** der Uruguayos als vorbildlich – und noch immer schneiden sie im internationalen Vergleich gut ab. Die Analphabetenquote gehört mit gut 2% zu den niedrigsten der Welt: Die Zahl der Erwachsenen, die 2013 weder lesen noch schreiben konnten, betrug etwas mehr als 42.000. Insgesamt aber hat das Bildungsniveau abgenommen und das Bildungswesen des Landes ist reformbedürftig. Das größte Problem stellt der hohe Anteil an Schulabbrechern in den weiterführenden Schulen dar. Unter der Präsidentschaft von *José Mújica* hat es zwar einen Reformversuch gegeben, er blieb aber ohne Erfolg. Die staatlichen Ausgaben im Bildungssektor sind auf 3 bis 4% des Bruttoinlandsproduktes gesunken.

Doch es gibt auch Positives, um nicht zu sagen Bahnbrechendes, zu berichten: Seit 2007 wurde der **Plan CEIBAL** (ein Laptop pro Kind) erfolgreich umgesetzt. Im Rahmen dieser **Bildungsinitiative** konnten 400.000 Schulkinder und 20.000 Lehrkräfte mit einem Notebook ausgestattet und die Mehrheit der Schulen an das Internet angeschlossen werden. Ziel des Programms ist es, die Schulausbildung zu verbessern sowie die „digitale Kluft“ zwischen Arm und Reich bzw. zwischen Industrie- und Entwicklungsländern zu schließen.

Die **Schulpflicht** umfasst die ersten acht Schuljahre vom sechsten bis zum 14. Lebensjahr, die Vorschulpflicht beginnt mit dem vierten Lebensjahr. Der Unterricht ist in allen staatlichen Einrichtungen vom Kindergarten bis zur Universität **kostenlos.** Das Schulsystem ist aufgeteilt in sechs Jahre Primaria (Grundstufe) und sechs Jahre Secundaria (Oberstufe), die Einschulungsquote beträgt 95%. Die meisten Schulen sind Ganztagsschulen, in denen die Kinder auch zu Mittag essen. Nach dem erfolgreichen Abschluss der zwölften Klasse haben die Schüler das Abitur (Bachillerato). Das ist keine allgemeine, sondern eine fachgebundene Hochschulreife, die ihre Inhaber für entsprechende Studiengänge prädestiniert. Englisch ist an den staatlichen Schulen die einzige Fremdsprache, auch im Sekundarbereich. Um Französisch, Italienisch, Portugiesisch oder Deutsch zu lernen, muss eine (kostenpflichtige) Sprachschule besucht werden. In Montevideo gibt es zudem die Deutsche Schule (Colegio y Licéo Alemán Montevideo), die neben dem uruguayischen Abitur auch einen dem deutschen Abitur gleichwertigen Schulabschluss anbietet. Die Abschlüsse der **Hochschulen** werden international anerkannt. Die Universidad de la República (kurz UdelaR), die einzige staatliche Universität des Landes, befindet sich in Montevideo. Sie hat rund 80.000 Studenten, die hier gebührenfrei studieren. Außerdem werden zahlreiche Stipendien für Studenten aus dem In- und Ausland vergeben. Neben der UdelaR finden sich vier staatlich anerkannte Privatuniversitäten in Montevideo. Die größte von ihnen ist die Universidad ORT Uruguay und hat ein Austauschprogramm mit der Universität Paderborn.

Medien

Die Medienlandschaft wird von internationalen Beobachtern als stark, vielfältig und unabhängig eingestuft. Sie umfasst neben den überregionalen Tages- bzw. Wochenzeitungen und Zeitschriften einen staatlichen sowie viele private **Fernseh- und Radiosender.** Von den insgesamt rund 160 Rundfunksendern befinden sich ca. 70 in der Hauptstadtregion. Zu den etwa 25 Fernsehstationen gehören ein staatlicher sowie drei überregionale private Sender. Der Rest sind kleine, vorwiegend lokal bzw. regional operierende Sender sowie Kanäle aus aller Welt, darunter auch die Deutsche Welle. Satellitenfernsehen gibt es seit 2001. Insgesamt erscheinen 36 **Tageszeitungen** mit einer Gesamtauflage von knapp einer Million Exemplaren.

Überregionale Zeitungen

- **El País** (www.elpais.com.uy)
- **La República** (www.diariolarepublica.com)
- **El Observador** (www.observa.com.uy)
- **Ú Noticias** (www.unoticias.com.uy)
- **La Diaria** (www.ladiaria.com.uy)
- **Brecha** (www.brecha.com.uy)
- **Búsqueda** (www.busqueda.com.uy)
- **Dossier** (www.revistadossier.com.uy; Kultur-Zeitschrift)

Es sei darauf hingewiesen, dass die genannten Zeitungen natürlich auch **für touristische Zwecke** sehr wertvoll sein können, enthalten sie doch viele Tipps, Hinweise, Termine und Adressen zu Kinos, Theatern, Museen, Konzerten und sonstigen Events und Veranstaltungen.

San Gregorio de Polanco – Störe in der Firma Estuario del Plata zur Produktion von Kaviar

uru017_014 lbo

Wirtschaft

Die uruguayische und die deutsche Wirtschaft teilen seit einigen Jahren ein Problem, das man angesichts des dramatischen wirtschaftlichen Einbruchs Uruguays zu Beginn dieses Jahrhunderts als Luxusproblem bezeichnen kann: Fachkräftemangel. Denn **Uruguay gehört zu den am schnellsten wachsenden Volkswirtschaften Lateinamerikas:** 3 bis 4% waren es in den Jahren 2012 bis 2014, knapp 1% 2015 und 2016, und das trotz der drastischen Einbrüche in den großen lateinamerikanischen Volkswirtschaften. Für 2017 prognostizierte der Internationale Währungsfonds ein Plus von 1,1%. Selbst als die Finanzkrise 2008/09 die großen Industrienationen in die Rezession stürzte, legte die Konjunktur des kleinen Landes noch um 2% zu. Die **Arbeitslosenquote** war zeitweise auf 5,5% geschrumpft, stieg bis Ende 2015 aber wieder auf 7,9% an. Für die kommenden Jahre wird erneut eine leichte, aber keine entscheidende Erholung des Arbeitsmarktes erwartet. Auch die Zahl der Armen ging in den letzten Jahren ganz erheblich zurück. Das **Bruttoinlandsprodukt** (BIP) pro Kopf stieg bis 2012 auf knapp 15.000 US-$ an, 2016 waren es etwa 16.000 US-$. Neben dem Fachkräftemangel machen nur die **hohe Inflationsrate** (zuletzt 10%) und die relative Stärke des Uruguayischen Peso Sorgen.

Die Uruguayos konnten ihr Land nach dem großen **Zusammenbruch 2002** schnell wieder auf Wachstumskurs bringen. Damals bestimmten Arbeitslosigkeit, Bankencrashs, Rezession und öffentliche Unruhen den Alltag. Ausgerechnet die „Schweiz Südamerikas" war in nur einem Jahr zu einem Krisenstaat geworden: Die Staatsschulden machten 90% des Bruttoinlandsproduktes aus. Doch im Gegensatz zu Argentinien entschied sich Uruguay nicht für einen Schuldenschnitt, sondern handelte schon 2003 eine fünfjährige Streckung der Rückzahlungsfristen mit seinen Gläubigern aus. Unterstützung für diesen Kurs kam nach der erfolgreichen Umschuldung auch vom Internationalen Währungsfonds (IWF) in Form von Hilfskrediten.

Ab 2005 führten zentrale **Staats- und Wirtschaftsreformen** des Mitte-Links-Bündnisses Frente Amplio unter dem neuen Präsidenten *Tabaré Vázquez* zu einem anhaltenden Aufschwung. Seine Regierung reformierte das Steuersystem grundlegend und richtete eine neue Steuerbehörde ein. Zudem gelang es, mittels einer neuen Einkommens- und Kapitalertragssteuer vorsichtig die Abgaben der reichsten Uruguayos zu erhöhen, die vorher kaum Steuern gezahlt hatten. Arbeitsmarktreformen verhalfen zugleich dazu, dass sich heute insgesamt drei Viertel der Menschen in einer Festanstellung befinden, nachdem vor gut zehn Jahren noch 40% von ihnen im informellen Sektor arbeiten mussten. Außerdem zeichnen die Investitionsförderungen der Regierung für den Aufschwung verantwortlich: Investitionen in fast allen Bereichen erhalten in den ersten Jahren Steuererleichterungen bzw. -befreiungen. Das hat zu einem wahren Investitionsboom (auch durch ausländische Firmen) geführt. Investoren schätzen neben der liberalen Finanz- und Steuerpolitik die niedrige Korruption und die hohe öffentliche Sicherheit.

Homestory – Hausbesuch in der uruguayischen Mittelschicht

Kurz die richtige Klingel suchen, einmal draufdrücken, und schon geht die Tür auf. „Hola, cómo estás? Bienvenido, entrá!", begrüßt mich *Victoria*. Sie ist die Frau von *Marcos*, der mich spontan eingeladen hat, als er von einem gemeinsamen Freund erfuhr, dass ich einige Zeit sein Land bereisen würde. Ich freue mich über die herzliche Begrüßung und folge gerne der Aufforderung einzutreten. *Victoria* und *Marcos* leben in Mercedes in einer kleinen Straße zwischen der Plaza Independencia und dem Río Negro. Hier stehen vor allem Ein- und Zweifamilienhäuser, die meisten haben zwei Stockwerke, manche eines. Es ist die typische Wohngegend der uruguayischen Mittelschicht in dieser Stadt. Aber **was heißt das genau – Mittelschicht?**

Als „Schweiz Südamerikas" wurde das Land schon vor knapp 100 Jahren bezeichnet, wegen seines Wohlstandes und seiner breiten Mittelschicht. Trotz mehrerer fundamentaler Krisen hat Uruguay immer noch eine sehr große Mittelklasse – nicht nur für lateinamerikanische Verhältnisse: Gut **60% der Bevölkerung** zählen dazu. Die Oberschicht umfasst knapp 6% der Menschen, als arm gelten gut 8%. Etwas mehr als 26% der Bevölkerung sind zwar oberhalb der Armutsgrenze anzusiedeln, aber haben bei Weitem noch nicht die finanzielle Stabilität, die Voraussetzung ist, um zur Mittelschicht gerechnet zu werden.

Nun kommt auch *Marcos* und begrüßt mich. Die beiden führen mich in ihr Esszimmer. Auf dem Tisch steht neben einer Schüssel Salat eine große Platte mit frisch gegrilltem Fleisch und Würsten. Eine Essenseinladung ohne das obligatorische **Asado** ist wahrscheinlich undenkbar in Uruguay, zumal Fleisch und Gemüse zu den Produkten gehören, die im Vergleich zu deutschen Preisen immer noch sehr günstig sind. Das Fleisch haben sie gerade noch auf dem Grill zubereitet, der in einer Ecke ihrer Terrasse in Stein eingefasst ist. Auch das ist Standard eines uruguayischen (Mittelschicht-)Zuhauses: keine Terrasse bzw. kein Garten ohne *parrilla*.

Bevor wir uns an den Tisch setzen, zeigt mir *Marcos* die **Wohnung,** zuerst das Kinderzimmer. Die zwei Söhne der beiden leben nicht mehr hier, einer studiert in Montevideo, der andere arbeitet wie sein Vater bei einer Bank, und zwar in Melo, einer Stadt im Nordosten des Landes. Deswegen benutzen *Victoria* und *Marcos* das Zimmer mit dem Doppelstockbett als Büro und Gästezimmer. „Zu zwei einzelnen Zimmern für die beiden hat es nie gereicht. Aber sie haben es überstanden", sagt *Marcos* mit einem fast entschuldigenden Grinsen. „Wir hatten immer alles, was wir brauchten", entgegnet ihm *Victoria*. „Wir hatten zwar auch nie mehr als das, aber uns hat nie wirklich etwas ernsthaft gefehlt." Den Eindruck habe ich nach dem Rundgang durch die Wohnung auch: Neben dem Zimmer ihrer Kinder und ihrem eigenen Schlafzimmer gibt es in der Wohnung Ess- und Wohnzimmer (kein Flachbildfernseher, aber ein Fernseher und ein großes Bücher- und Plattenregal, das fast eine ganze Wand bedeckt), eine geräumige Küche mit modernen Elektrogeräten, eine Vorratskammer und ein Bad – natürlich mit Bidet. Das gehört im ganzen Land zur Grundausstattung eines Badezimmers, genauso wie der schon angesprochene Grill auf der Terrasse. Der Stil der Einrichtung erinnert mich sehr an Wohnungen, die ich aus Spanien kenne: Fliesenböden, Möbel, die man irgendwo zwischen konservativ und klassisch einordnen kann, und viele folkloristische Dekoobjekte, z. B. Miniaturpferde in Edelmetalloptik.

Victoria öffnet zum Essen eine Flasche uruguayischen Rotwein, einen Tannat, das ist die am meisten angebaute Rebsorte im Land. Wir reden viel über die Gemeinsamkeiten und Unterschiede unserer Länder. „Unsere Mittelschicht war früher noch viel breiter. Erst als Mitte der 1950er Jahre die Weltmarktpreise für unsere Hauptexportprodukte Fleisch und Wolle in den Keller fielen, begann hier der **Abstieg**", erklärt *Marcos*. „Dazu kamen die vielen Streiks und Demonstrationen in den Sechzigern, dann der Militärputsch Anfang der Siebziger und die Diktatur bis 1985", fügt *Victoria* hinzu. „Das alles hat unsere Wirtschaft extrem geschwächt. Und dann kam noch die große Krise unseres Bankensektors vor gut zwölf Jahren – das war der zweite große Kollaps." Während all dieser Zeit seien die meisten jungen Leute ins Ausland abgewandert. Erst in den letzten zehn Jahren sei es mit der Wirtschaft stetig bergauf gegangen und viele von ihnen seien wieder zurückgekommen.

„Es ist wirklich komisch. Wenn ich als kleines Kind mein Essen nicht aufessen wollte, hat meine Mutter immer gesagt, ich solle an die armen Kinder in Spanien denken, die während der Franco-Zeit oft **hungern** mussten", erinnert sich *Victoria*, während sie sich das zweite Mal Fleisch auf den Teller füllt. „Und dann kamen Jahrzehnte, in denen es hier Menschen gab, die gehungert haben." Sicherlich sei es nie so schlimm gewesen wie in anderen lateinamerikanischen Ländern, aber so gut wie es den Europäern insgesamt gegangen sei, hätten es die Menschen in Uruguay nicht gehabt.

Auch jetzt sind Lebensstandard und Kaufkraft der Menschen im Land niedriger als in den meisten europäischen Ländern. Aber das Land befindet sich auf einem steten **Wachstumspfad.** Nimmt man die gut 8% der Menschen, die das bittere Los haben, unter der Armutsgrenze zu leben, sind das immerhin schon wieder rund 3% weniger als noch vor vier Jahren, ganz zu schweigen von den 36%, die es bis 2006 waren. Der monatliche **Durchschnittsverdienst** im Land steigt ständig, allein zwischen 2011 und 2013 nahm er von 11.860 US-$ auf 16.435 US-$ pro Jahr zu. Zugleich hat Uruguay den geringsten Einkommensunterschied in Lateinamerika: Die reichsten 20% der Bevölkerung verdienen achtmal so viel wie die ärmsten 20%. (In den USA verdienen die reichsten 20% der Bevölkerung sechzehn Mal so viel wie die ärmsten 20%.)

„Wir können uns zum ersten Mal ein Auto leisten", sagt *Marcos* zufrieden, während seine Frau sofort mit den Augen rollt. „Ja, das liebe Auto", stöhnt sie. „Wofür brauchen wir das? Eine Europareise wäre mir viel lieber gewesen. Jetzt zahlen wir fleißig unseren Kredit dafür ab, und der kleine Asiate steht die meiste Zeit vor der Tür." Damit spricht sie **zwei Dinge** an, die fast **symptomatisch** für die Uruguayos sind: die Sehnsucht, Europa (und damit die Heimat ihrer Vorfahren) kennenzulernen, und die „cuotas", also Kreditraten. Mit dem neuen Wohlstand erfüllen sich viele Menschen lang gehegte Konsumwünsche – aber in der Regel müssen sie einen Kredit aufnehmen, damit die Träume auch in Erfüllung gehen. Zu den Objekten der Begierde gehört alles vom Smartphone über Wohnungseinrichtungen bis hin zu einem neuen Auto. Aus diesem Grund fahren heute auch sehr viel weniger der aufwendig und liebevoll gepflegten Oldtimer durch die Straßen als noch vor zehn Jahren.

Zum Nachtisch serviert *Victoria* Vanilleeis mit *Dulce de Leche,* eine Milch-Karamellcreme, die in fast keiner uruguayischen Süßspeise fehlt, und *Marcos* gießt drei große Gläser **Whisky** ein. Als ich ihm dabei zuschaue, wie er die Gläser füllt, tritt mir Schweiß auf die Stirn. „Gut, dass ich zum Hostel nicht weit gehen muss", denke ich, während mir mein Gastgeber lachend zuprostet. „Chin Chin, amigo", sagt er. „Wir haben hier vielleicht nicht das höchste Durchschnittseinkommen der Welt, aber dafür den höchsten Pro-Kopf-Verbrauch an Whisky." Im Durchschnitt trinken die Uruguayos Studien zufolge tatsächlich 2,4 Liter pro Person und Jahr. Diesen Spitzenplatz teilen sie sich im Wechsel mit den Franzosen. Aber das Land kennt auch sehr strenge Alkoholgrenzen bzw. -kontrollen: Nur 0,3 Promille sind am Autosteuer erlaubt, bei Verstößen drohen (ebenso wie bei Geschwindigkeitsüberschreitungen) hohe Geldstrafen, die je nach Einkommenshöhe mehrere Monatsgehälter betragen können.

Als ich mich gegen Mitternacht mit weichen Knien und einem seligen Lächeln verabschiede und zu meinem Hostel gehe, sind die Straßen menschenleer. In meiner Hosentasche habe ich einen Zettel, auf den mir *Victoria* und *Marcos* die Adressen einiger Freunde, die quer über das ganze Land verteilt leben, aufgeschrieben haben, um auch sie zu besuchen. Außerdem haben sie mich eingeladen, jederzeit wieder vorbeizuschauen. Und sie haben mir mehrmals versichert, dass ich **keine Angst** haben muss, nachts überfallen zu werden. „Vielleicht in einigen Stadtteilen Montevideos", sagen sie. „Aber im Rest des Landes nicht – selbst während der schlimmsten Krisen ist hier so etwas nur ganz selten passiert."

uru015_089 lbo

Vor allem seine Agrarexporte nach China und in andere asiatische Länder halfen dem Land, die Wirtschafts- und Finanzkrise zu überwinden. Der **Landwirtschafts- und Rohstoffsektor** steht zwar nur noch für knapp 10% der Wirtschaftsleistung (und nur noch 5% der Uruguayos arbeiten in der Landwirtschaft), aber Rindfleisch trägt mit fast einem Viertel zum Exportvolumen bei. Außerdem werden Soja, Reis und Getreide, Zuckerrohr, Mais und Kartoffeln, Baumwolle, Erdnüsse, Gemüse und Obst in die ganze Welt verkauft. Auch Fisch exportiert das Land.

Neben dem Agrarsektor fördert Uruguay vor allem seinen **Dienstleistungssektor:** Häfen, Zollfreigebiete und Technologieparks lassen das Land zu einem wachsenden Dienstleistungs- und Logistikzentrum werden. Der Dienstleistungsbereich trägt mittlerweile ca. 75% zum BIP bei. Steuerprivilegien haben dazu geführt, dass etwa US-Banken Montevideos Zollfreigebiete nutzen, um von dort ihre spanischsprachigen Kunden in den USA zu bedienen. Zugleich gewinnt der **Tourismus** (mit jährlich mehr als zwei Millionen Urlaubern) an Bedeutung und ist zweitwichtigster Devisenlieferant geworden, noch vor dem Export von Fleischerzeugnissen.

In der relativ unbedeutenden **Industrie** sind die führenden Branchen die Nahrungsmittelverarbeitung, die Zuckerherstellung und die Leder- und Textilproduktion. Bodenschätze werden in Uruguay kaum abgebaut.

Im **öffentlichen Sektor** arbeiten 25% der Beschäftigten. Die wichtigsten Versorger bzw. Anbieter für Strom, Wasser, Mineralöl und Telekommunikation befinden sich nach wie vor in Staatseigentum, da die Bevölkerung ihre Privatisierung im Jahr 2003 per Referendum abgelehnt hat.

Hohe Zuwächse bei **Löhnen und Gehältern** (auch zum Ausgleich der starken Inflation) haben in den vergangenen Jahren Uruguays Wettbewerbsfähigkeit etwas geschwächt. 2013 und 2014 fielen die Steigerungen moderater aus. Derzeit legen die Gewerkschaften den Schwerpunkt auf spürbare Zuwächse der Einkommen am unteren Rand.

Insgesamt darf sich Uruguay freuen, denn internationale Wirtschaftsexperten schätzen die Lage des Landes derart **positiv** ein, dass sie Uruguay sogar eine **Zukunft** vergleichbar mit der Entwicklung von Singapur oder Hongkong prognostizieren.

Tourismus

Tourismus spielt in Uruguay seit der ersten Hälfte des 20. Jahrhunderts eine wichtige Rolle. Damals trafen sich vor allem Reiche und Adlige in dem kleinen Land am Río de la Plata. Dann kamen immer mehr Menschen, zunächst aus den Ländern der Region (besonders aus Argentinien, aber auch aus Brasilien und Chile), später auch aus anderen Teilen der Welt (Europäer, Asiaten und Nordamerikaner). Im Jahr 2010 überschritt die Zahl der Touristen erstmals die Zwei-Millionen-Grenze, 2016 waren es sogar mehr als 3 Millionen; damit kamen fast so viele Menschen ins Land wie es selbst Einwohner hat. So **gehört** der Tourismus mittlerweile **zu den wichtigsten Wirtschaftssektoren:** Gemäß der staatlichen Export- und Investitionsförderungsagentur belaufen sich die volkswirtschaftlichen Effekte des Sektors mittlerweile auf bis zu 7% des BIP. 200.000 Uruguayos sind im touristischen Bereich beschäftigt.

Während Brasilien, Chile oder Argentinien Länder der Superlative sind, ist **Uruguays große Stärke das Unspektakuläre.** Die Natur ist durchaus abwechslungsreich, das Freizeitangebot vielfältig und die Kultur interessant, aber eine der größten touristischen Qualitäten des Landes ist seine Entspanntheit und die seiner Menschen, die beim Besucher schnell ein Gefühl der Entschleunigung aufkommen lassen. Nicht zu vergessen die unendliche Weite des Landes (inneren), die dieses Gefühl noch verstärkt. Dazu kommen die außergewöhnliche Liebenswürdigkeit und Hilfsbereitschaft der Uruguayos. Sie mögen keine Hektik und zelebrieren das gemütliche, genussvolle Miteinander. Vor allem der gemeinsame Asado mit der Familie oder Freunden hat einen sehr hohen gesellschaftlichen Stellenwert. „Wir arbeiten, um zu leben, nicht umgekehrt", heißt es oft. Aus gutem Grund kommen Jahr für Jahr die Latinos aus den Nachbarländern, um in der uruguayischen **Ruhe, Sicherheit und Gelassenheit** abzuschalten und sich zu erholen. Gerade Familien schwärmen davon, dass ihre Kinder hier sorglos spielen können.

Uruguay hat einen weiteren großen Vorteil: Nur halb so groß wie Deutschland und viel kleiner als seine Nachbarn, muss man **keine großen Strecken zurücklegen,** um morgens auf einem Pferd durch das Landesinnere zu reiten, an einem Wasserfall zu baden oder seltene Vögel zu beobachten und nachmittags in den Atlantik zu springen oder in einer der Bodegas an einer Weinverkostung teilzunehmen, um dann abends ins Theater, Konzert oder eine Bar zu gehen.

Einzigartig auch die **Architektur** aus den 1930er und -40er Jahren sowie die **Oldtimer,** die es noch immer zu sehen gibt. So fühlt sich eine Reise nach Uruguay ein bisschen wie eine Zeitreise an.

Außerdem ist das Land sauber und seine **Natur** weitgehend intakt. Flora und Fauna sind vielfältig, Ökotourismus steht immer höher im Kurs. Die Uruguayos haben verstanden, dass ihre Natur auch ihr touristisches Kapital ist – nicht umsonst heißt eine der staatlichen Tourismus-Kampagnen „Uruguay Natural".

Auch **Estancias und Bodegas** haben ihren touristischen Wert entdeckt. Während zuerst viele der prächtigen und geschichtsträchtigen Landgüter begannen, ihre Pforten für (Reit-)Gäste zu öffnen (und viele neue Hotels auf dem Land eigens im Estancia-Stil gebaut wurden), floriert seit einigen Jahren auch der Weintourismus. Die Weingüter befinden sich in den Departamentos Montevideo, Canelones und Maldonado im Süden sowie Salto und Rivera im Norden. Besucher können die Weinberge und -keller besichtigen sowie bei Verkostungen die Gewächse der Bodegas genießen. Einige haben auch Restaurants oder kleine Läden mit weiteren Produkten wie Olivenöl oder Marmelade. Aber bislang bieten nur wenige Bodegas Übernachtungsmöglichkeiten an.

Der i-Tupfer im touristischen Angebot ist das reichhaltige **Kulturleben,** sind **Traditionen, Brauchtümer** und die **geschichtlichen Spuren** im Land. Die finden sich vor allem in den Städten und in erster Linie natürlich in Montevideo.

Die Stadt bekleidete nicht ohne Grund eine Zeitlang Platz 4 der beliebtesten Reiseziele einer weltweit genutzten Internet-Tourismusplattform. In zahlreichen Museen, Festungen, Ausstellungen und Theatern sowie bei Festen, Reitveranstaltungen, Konzerten oder beim Karneval und natürlich beim Tango und im Fußballstadion kann man das Leben dieses kleinen, abwechslungsreichen Landes noch einmal auf ganz besondere Weise kennenlernen.

Kunst und Kultur

Uruguay ist eine ausgesprochene Kulturnation. Kunst und Kultur haben schon immer einen **sehr hohen Stellenwert in der Gesellschaft** gehabt. Die Vielzahl der Museen (die zum größten Teil keinen Eintritt kosten) und der Theater (deren Eintrittspreise im internationalen Vergleich eher gering sind) im ganzen Land zeugen davon. Es gibt Jahr für Jahr zahlreiche nationale und internationale Musik- und Filmfestivals, und egal ob in Musik oder Literatur, im Tanz, Film oder in der Architektur – überall kann das kleine Uruguay großartige Werke vorweisen. Künstlerinnen und Künstler der unterschiedlichsten Sparten machen auch immer wieder international auf sich aufmerksam. Vor allem drei uruguayische Kulturschaffende haben weltweit das Interesse auf sich gezogen: der Musiker **Jorge Drexler,** der mit seinem Titellied „Al otro lado del río" für den Hollywood-Film „Die Reise des jungen Che" 2005 den Oscar gewann, der Bassbariton **Erwin Schrott,** der einer Arbeiterfamilie mit deutschen Vorfahren entstammt und regelmäßiger Gast an allen großen Opernhäusern der Welt ist, sowie **Eduardo Galeano,** Journalist und Schriftsteller, der 1971 mit seinem Buch „Die offenen Adern Lateinamerikas" über den Einfluss alter und neuer Kolonialmächte in Lateinamerika für großes Aufsehen sorgte und seitdem ein umstrittener, aber zugleich hoch angesehener Autor ist. Nicht ganz so bekannt, aber in der internationalen Musikwelt ein Begriff ist der Violinist **Jorge Risi.** Er lebte zur Zeit der Diktatur mit seiner Familie über Jahre in Deutschland und anderen Ländern im Exil und arbeitete u. a. als Konzertmeister des Kölner Kammerorchesters, der Südwestfälischen Philharmonie und des Orquesta Sinfonica de Roma.

Eines der bahnbrechenden Werke der uruguayischen **Literatur** ist der Essay „Ariel" des Philosophen *José Enrique Rodó,* der darin schon im Jahr 1900 auf lyrische Weise die fundamentalen Unterschiede zwischen Latein- und Angloamerika formulierte. Zu den zeitgenössischen Schriftstellern zählen neben *Galeano* vor allem *Juan Carlos Onetti,* der 1939 mit seinem Erstlingswerk „El Pozo" (Der Schacht) den ersten modernen Roman Südamerikas schrieb, und *Mario Benedetti,* der als Dichter, Essayist und Novellist berühmt wurde. *Benedetti* veröffentlichte mehr als 80 Bücher, die insgesamt in über 25 Sprachen übersetzt wurden. Besonders erfolgreich war sein 1960 erschienener Roman „La tregua" (Die Gnadenfrist), der in 15 Sprachen übersetzt und in 25 Ländern veröffentlicht wurde.

Auch das **Theater** hat einen überaus hohen Stellenwert in Uruguay. Einer der bekanntesten Dramatiker ist *Mauricio Rosencof.* Er bringt mit seinen Stücken vor allem soziale und politische Themen auf die Bühne, in denen er auch seine Erfahrungen als Tupamaro-Guerillero und Gefangener des Militärregimes verarbeitet, etwa in „Memorias del calabozo“ (dt. Titel: „Wie Efeu an der Mauer – Erinnerungen aus den Kerkern der Diktatur“).

Kinematografisch hat das Land in den vergangenen Jahren nicht so viel von sich reden gemacht. Die bekanntesten uruguayischen **Filme** waren zuletzt „Whisky“ (mittlerweile zum Kultfilm avancierte romantische Komödie, eine uruguayisch-argentinisch-deutsche Koproduktion) und „El baño del Papa“, ein Spielfilm in Anlehnung an den Besuch von Papst *Johannes Paul II.* in der nordosturuguayischen Stadt Melo und eine Meditation über den Traum der Menschen dort von einem besseren Leben.

Die berühmtesten **Maler** des kleinen Landes sind *Juan Manuel Blanes,* der in seinen realistischen Werken u. a. historisch bedeutende Momente sowie das Leben der Gauchos thematisierte. Er zeichnet auch für eines der berühmtesten Gemälde des Nationalhelden *José Artigas* verantwortlich. *Joaquín Torres García* ist als Begründer des Kunststils Universalismo Constructivo zu nennen.

Einen der ältesten und wichtigsten Musikstile des Landes, den „Tanz mit Trommeln“ **Candombe,** haben die Uruguayos den aus Afrika verschleppten schwarzen Sklaven zu verdanken. Er ist für die uruguayische Identität, was der Samba für Brasilien ist, und gehört zur Liste des immateriellen UNESCO-Weltkulturerbes.

Der wichtigste kulturelle Exportschlager Uruguays ist aber der **Tango.** Es konnte zwar bis heute nicht wirklich geklärt werden, ob er nun in Uruguay oder in Argentinien entstand (beide Länder beanspruchen ihn als Nationalerbe), aber immerhin wurde „La Cumparsita“, einer der meistgehörten und am weitesten verbreiteten Tangos, von dem Uruguayo *Gerardo Matos Rodriguéz* komponiert. Auch einer der berühmtesten Tango-Sänger und -komponisten, *Carlos Gardel,* stammt (höchstwahrscheinlich) aus Uruguay (aus der Nähe der nordöstlich gelegenen Stadt Tacuarembó).

Freizeitkultur

Erholung bzw. die Gestaltung der Freizeit findet in Uruguay in der Regel **in Gesellschaft** statt. Meist treffen sich die Uruguayos mit Familie oder Freunden zum Essen. Das kann zu Hause sein, im Park, am Strand oder im Restaurant. Traditionellerweise wird gegrillt und dazu Wein, Bier oder Whisky getrunken. Seit einigen Jahren gehört auch der Besuch eines Einkaufszentrums (inkl. Essen) verstärkt zum Freizeitprogramm.

Architektur

Eines der am häufigsten fotografierten Gebäude im Land ist **Casapueblo,** das Atelier und Museum des international bekannten uruguayischen Künstlers *Carlos Páez Vilaró* in Punta Ballena. An dem extravaganten Gebäude wurde 36 Jahre lang gebaut. Doch es ist bei Weitem nicht das einzige Bauwerk in Uruguay, das sich zu besuchen lohnt. Schon bei der Ankunft mit dem Flugzeug überrascht der Hauptstadtflughafen **Aeropuerto Internacional de Carrasco** als ein architektonisches Meisterwerk. Das revolutionäre futuristische Design des eleganten, transparenten Gebäudes stammt von dem uruguayischen Architekten *Rafael Viñoly* und hat zahlreiche internationale Preise gewonnen. Besonders die Dreifachkrümmung der Decke, die sich über das Gebäude spannt und an seinen Enden auf dem Boden zu schweben scheint, gibt dem Flughafen fast schon den Anschein eines Raumschiffes.

In starkem Kontrast zu so viel Moderne stehen die meisten anderen Gebäude in Uruguay (selbst in der Hauptstadt gibt es nicht viele zeitgenössische Bauten). Die **Stilrichtungen variieren stark** in einem Land, das viele Eroberer erdulden musste und vielen Einwanderern eine neue Heimat gab: Kolonialarchitektur, Renaissance und Barock, spanischer bzw. französischer Klassizismus, italienischer Neoklassizismus, Art déco – alles ist vertreten. Besonders der im Stil des Eklektizismus bzw. **Art déco** erbaute Palacio Salvo in Montevideo sticht im wahrsten Sinne des Wortes heraus, war er doch mit 26 Stockwerken das erste Hochhaus des Landes und bis 1935 das höchste Gebäude Südamerikas. Ohnehin ist die Hauptstadt berühmt für ihre Paläste und Stadtvillen und die mit Stuck und anderen Ornamenten geschmückten Reihenhäuser. Viele Gebäude der Stadt sind zwar trotz wirtschaftlicher Erholung im Land in einem etwas heruntergekommenen Zustand, aber sie haben sich ihren Charme bewahrt und lohnen einen Blick – und es ist ein Glück, dass nur wenige abgerissen und durch hässliche Betonklötze ersetzt wurden.

Ein anderes architektonisches Highlight aus den letzten beiden Jahrhunderten sind die zahlreichen **Estancias.** Viele stammen aus der Gründungszeit der Republik und sind eher schlichte, oft sogar festungsähnliche Bauten mit meterdicken Mauern und Fenstern, die zum Teil handgeschmiedete Eisengitter aufweisen. In der Mitte ihrer Innenhöfe befindet sich noch oft ein Schöpfbrunnen. Ab der zweiten Hälfte des 19. Jahrhunderts fiel die Architektur der Landgüter dann schon sehr viel stattlicher aus. Die Herrenhäuser der Anwesen erstrahlen noch heute in ihrer meist kolonial inspirierten, stark spanisch beeinflussten Pracht. Einige haben sogar einen Turm *(Mirador),* der eher Repräsentationszwecken als der Verteidigung diente. Die Decken der „neuen" Estancias sind schon sehr viel höher und die Fenster deutlich größer. Die Fassaden zieren Stuck und andere Ornamente. Kurz: Wer sich für historische Landgüter und herrschaftliche, mediterran inspirierte Architektur mit Patios, Brunnen, Galerien, schweren Mauern, hohen Decken und kunstvoll geschmiedeten Fenstergittern interessiert, ist in Uruguay genau richtig.

Kleinere öffentliche Gebäude und die Wohnhäuser der Familien auf dem Land stammen mehrheitlich aus der Zeit zwischen 1900 und 1940 und sind in einer eher simplen, aber dennoch deutlich neo-kolonialen Bauweise errichtet. So wie in anderen Teilen der Welt waren auch in Uruguay nach der vorletzten Jahrhundertwende **historisierende Baustile** modern. Sie und die unter dem Einfluss des Art déco entstandenen Gebäude sind es, die oft den Eindruck erwecken, in manchen Orten Uruguays sei die Zeit stehen geblieben.

uru015_003 lbo

8 Anhang

Die Puerta de la Ciudadela (links) in Montevideo markiert den Übergang zwischen Altstadt und Zentrum

Reise-Gesundheitsinformationen

Stand: Juni 2017 /
© Inhalte: Centrum für Reisemedizin 2017

Die nachstehenden Angaben wurden nach bestem Wissen und sorgfältiger Recherche zusammengestellt. Eine Gewähr oder Haftung kann nicht übernommen werden. Die Angaben dienen der Orientierung, was für eine Reise nach Uruguay an Gesundheitsvorsorgemaßnahmen zu berücksichtigen ist. Die Informationen wurden uns freundlicherweise vom Centrum für Reisemedizin zur Verfügung gestellt. Auf **www.crm.de** („Reiseländer") werden diese Informationen stetig aktualisiert. Es lohnt sich, rechtzeitig vor der Reise dort noch einmal nachzuschauen.

Klima

■ **Subtropisch-feuchtes Klima** mit gelegentlichen Kaltluftvorstößen aus dem Süden; durchschnittliche Temperatur in Montevideo im Juli 9,4°C, im Januar 23,1°C.

Einreise-Impfvorschriften

■ **Bei Direktflug aus Europa sind keine Impfungen vorgeschrieben.**

■ Laut Gesundheitsbehörden von Uruguay ist die Forderung eines Gelbfieber-Impfnachweises „abhängig von epidemiologischer Situation und Risiko-Einschätzung".

■ Ärztliche Bescheinigungen zur Befreiung von der Gelbfieber-Impfung *(exemption certificate, waiver)* werden bei der Einreise anerkannt.

■ Gemäß den geänderten *International Health Regulations* der WHO (am 11. Juli 2016 in Kraft getreten) ist die Gelbfieber-Impfbescheinigung nach einmaliger Impfung lebenslang gültig. Es ist möglich, dass abweichend von der offiziellen Regelung bei Einreise ein Impfnachweis verlangt wird, der nicht älter als zehn Jahre ist.

Empfohlener Impfschutz

■ **Allgemein zu empfehlenden Impfschutz** (siehe dazu unter www.crm.de) **überprüfen, ggf. ergänzen bzw. auffrischen.**

■ Bei Reisen unter einfachen bzw. besonderen Bedingungen (z.B. Rucksack-, Trekking- oder Individualreisen mit einfachen Quartieren/Hotels, bei Camping-Reisen, Langzeitaufenthalten, einer praktischen Tätigkeit im Gesundheits- oder Sozialwesen, bei engem Kontakt zur einheimischen Bevölkerung etc.) ist **außerdem zu erwägen:** Impfschutz gegen Hepatitis A und B, Meningokokken (Serotypen A, C, W135, Y), Cholera, Tollwut und Typhus.

Wichtiger Hinweis: Welche Impfungen letztendlich vorzunehmen sind, ist abhängig vom aktuellen Infektionsrisiko vor Ort, von der Art und Dauer der geplanten Reise, vom Gesundheitszustand sowie dem eventuell noch vorhandenen Impfschutz des Reisenden. Da im Einzelfall unterschiedlichste Aspekte zu berücksichtigen sind, empfiehlt sich immer die rechtzeitige (4–6 Wochen vor der Reise) Inanspruchnahme einer persönlichen Reise-Gesundheits-Beratung bei einem reisemedizinisch erfahrenen Arzt oder Apotheker.

Malaria

■ **Das Land ist malariafrei.**

▷ Der Palacio Salvo in Montevideo war einst das höchste Gebäude Lateinamerikas

Ratschläge zur Reiseapotheke

Vergessen Sie nicht, eine kleinere oder größere Reiseapotheke mitzunehmen (zumindest Medikamente gegen Durchfall, Fieber und Schmerzen sowie Verbandstoff, Pflaster und Wunddesinfektion), damit Sie für kleinere Notfälle gerüstet sind. Nicht vergessen: Medikamente, die der Reisende ständig einnehmen muss!

Aktuelle Meldungen und Sonstiges

- Siehe unter **www.crm.de.**
- Seit vielen Jahren ist 2016 erstmalig wieder das **Dengue-Fieber** (grippeähnliches Krankheitsbild) in Uruguay aufgetreten. Bis Ende des Jahres wurden 1337 Verdachtsfälle und 60 bestätigte Fälle protokolliert. Die Übertragung erfolgt durch Stechmücken, Schutz bieten geschlossene Kleidung und Repellentien in Endemiegebieten.

uru017_012 lbo

Literaturtipps

■ **„Reise durch Uruguay und Paraguay"**, *Katharina Nickoleit u. Christian Nusch*, 2016. Herrlich differenzierter und abwechslungsreicher Bildband über diese unbekannten Länder. Geleitet von den mal beeindruckenden, mal dokumentarischen, oft künstlerischen Bildern tauchen die Leser ein in die entschleunigte und undramatische Vielfalt Uruguays.

■ **„Uruguay – ein Land in Bewegung"**, Hrsg.: *Britt Weyde, Theo Bruns, Gert Eisenbürger* und *Stefan Thimmel*, 2010. Eines der besten Sachbücher über Uruguay: In kürzeren und längeren Beiträgen werden hier so zentrale Themen wie Wirtschaft, Kultur und Politik ebenso behandelt wie die Rolle der Frauen (während der Diktatur) und das Exil. Aber auch Tango, Fußball, Küche und Fußball(fieber) haben in den gut recherchierten Geschichten Platz gefunden.

■ **„Montevideo ciudad de casas"**, *Alfredo Ghierra*, 2012. Ein sehr schöner Bildband, der die besondere Architektur Montevideos zelebriert. Er ist zwar in spanischer Sprache – doch die Fotos sprechen für sich.

■ **„Leichensammler"**, *Juan Carlos Onetti*, 1964. Der Inhalt ist lange nicht so düster wie der Titel, den der uruguayische Autor von Weltrang gewählt hat. In einem konservativen kleinen Städtchen des kleinen Landes Uruguay eröffnet jemand ein Bordell – und nichts ist mehr, wie es war. Anspruchsvoll gedacht und geschrieben. Aber es lohnt die Mühe.

■ **„Der Ball ist rund"**, *Eduardo Galeano*, 2006. Uruguays bekanntester zeitgenössischer Autor erzählt in spannenden Anekdoten vom Leder, das die Welt bewegt. Nicht nur Fußball- und Lateinamerika-Fans kommen auf ihre Kosten, sondern auch Leser, die sich eigentlich nichts aus Fußball machen.

■ **„Melancholie der Vorstadt: Tango"**, *Juan Carlos Castaldi* u. a., 1982. Alles über den Tango – in Noten, Zeitungsartikeln und Texten, aber auch alten Fotos und historischen Plakaten.

■ **„Auf Spurensuche am Río de la Plata. Aufzeichnungen einer jüdischen Emigration nach Uruguay"**, *Doris Ryffel-Rawak*, 2013. Die Autorin wurde als Tochter deutsch-jüdischer Emigranten in Uruguay geboren und ist dort aufgewachsen. In ihrem stark autobiografisch geprägten Roman behandelt sie auf berührende und beeindruckende Weise zugleich die oft unterschätzten Herausforderungen eines multikulturellen Lebens. Dabei bezeichnet sie ihr Buch zurecht als „ein sehr persönliches Porträt, ein Stück Zeitgeschichte und nicht zuletzt ein Reiseführer".

■ **„Frühling im Schatten"**, *Mario Benedetti*, 1982. Einer der bedeutendsten Autoren des Landes erzählt die bitteren, aber auch hoffnungsvollen Konsequenzen für die uruguayischen Dissidenten und Exilanten. Realistisch und einfühlsam beschreibt *Benedetti*, was aus den Menschen wird, die für ein besseres Leben gekämpft haben, und welchen Preis sie dafür zahlen mussten.

■ **„Heimat im Exil – Exil in der Heimat"**, *Ernesto Kroch*, 2004. Die Autobiografie eines Mannes, der im Dritten Reich ins KZ kam, weil er Jude und Kommunist war, später nach Uruguay floh und Anfang der 1980er Jahre zurück nach Deutschland kam, weil er ein Kritiker der Militärdiktatur war.

Mini-Sprachhilfe

Hallo	hola
Guten Tag	buenos días
Tschüss / Auf Wiedersehen	adiós
Ja	sí
Nein	no
Danke	gracias
Bitte	por favor
Entschuldigung	perdón
Gern geschehen	de nada
Ich heiße …	Me llamo …
Ich spreche kein Spanisch.	No hablo español.
Ich hätte gerne …	Quisiera …
Hilfe	ayuda
Ich brauche Ihre Hilfe.	Necesito su ayuda.
Wo finde ich …?	Dónde se encuentra …?
Ich suche …	Estoy buscando …
Wo ist …?	Dónde está …?
Was kostet …?	Cúanto cuesta / vale …?
Zahlen, bitte!	La cuenta, por favor!
Toilette	servicios (baño, aseos)
Boot / Schiff	barco
Fähre	ferry
Hafen	puerto
Pferd	caballo
Motorrad	moto
Auto	auto / carro
Kutsche	carro
Flughafen	aeropuerto
Busbahnhof	terminal de bus
Bus	(omni)bus, bondi
Campingplatz	(zona de) camping
Hotel	hotel
Restaurant	restaurante
Eingang	entrada
Ausgang	salida
Apotheke	farmácia
Arzt	médico
Krankenhaus	hospital
Zahnarzt	dentista
Wieviel Uhr ist es?	Qué hora es?
Wie viele Kilometer sind es noch bis …?	Cuantos kilometros faltan hasta …?
Wie lange dauert es noch, bis wir ankommen?	Cuánto falta hasta que llegamos?
Interessant	interesante
Ich bin begeistert.	Estoy fascinado.
Das gefällt / schmeckt mir (sehr).	Me gusta (mucho).
Das gefällt / schmeckt mir nicht.	No me gusta.
Schön	lindo
Schlecht	mal
Das Essen ist (sehr) gut.	La comida es (muy) buena.
Das Essen ist verdorben.	La comida está podrida.
Ich fühle mich nicht gut.	No me siento bien.

Buchtipp: „Spanisch für Uruguay – Wort für Wort“, Reihe Kauderwelsch, Reise Know-How Verlag, Bielefeld

Mir ist schlecht.	Estoy mal.
Es geht mir gut.	Estoy bien.
Langweilig	aburrido
Mir ist langweilig.	Estoy aburrido.
Eins	uno
Zwei	dos
Drei	tres
Vier	cuatro
Fünf	cinco
Sechs	séis
Sieben	siete
Acht	ocho
Neun	nueve
Zehn	diez
Zwanzig	veinte
Dreißig	treinta
Vierzig	cuarenta
Fünfzig	cincuenta
Montag	lunes
Dienstag	martes
Mittwoch	miércoles
Donnerstag	jueves
Freitag	viernes
Samstag	sábado
Sonntag	domingo

Wir bitten um Ihre Mithilfe

Dieser Reiseführer ist gespickt mit unzähligen Adressen, Preisen, Tipps und Infos. Nur vor Ort kann überprüft werden, was noch stimmt, was sich verändert hat, ob Preise gestiegen oder gefallen sind, ob ein Hotel, ein Restaurant immer noch empfehlenswert ist oder nicht, ob ein Ziel noch erreichbar ist oder nicht, ob es eine lohnende Alternative gibt usw.

Unsere Autoren sind zwar stetig unterwegs und erstellen ca. alle zwei Jahre eine komplette Aktualisierung, aber auf die Mithilfe von Reisenden können sie nicht verzichten.

Darum: Schreiben Sie uns, was sich geändert hat, was besser sein könnte, was gestrichen bzw. ergänzt werden soll. Nur so bleibt dieses Buch immer aktuell und zuverlässig. Wenn sich die Infos direkt auf das Buch beziehen, würde uns eine Seitenangabe die Arbeit sehr erleichtern. Gut verwertbare Informationen belohnt wir mit einem Sprachführer Ihrer Wahl aus der über 220 Bände umfassenden Reihe „Kauderwelsch“. Bitte schreiben Sie an:

Reise Know-How Verlag
Peter Rump GmbH | Postfach 140666 | 33626 Bielefeld
oder per E-Mail an: info@reise-know-how.de

Danke!

Register

A

B

F

G

H

I

J

K

L

M

N

O

P

Q

R

S

Anhang

8

T

U

V